民 商 事 审 判

疑 ▪ 难 ▪ 问 ▪ 题

裁 判 精 要 系 列

房屋买卖案件
疑难问题裁判精要

主编 安凤德

本卷执行主编 周荆

法律出版社
LAW PRESS · CHINA

总　　序

案例是“活的法”，是法律规范、法学理论、司法理念在法律实践中融会贯通的结晶。比较法上，重视案例不仅是英美法系的传统，在大陆法系各国也是普遍做法，司法判例既是法律研究的重要对象，也是法制发展的重要基石。在我国，比照成例断案一直是古代法律文化与司法传统的重要组成部分，如汉朝有“决事比”，清朝有“律例、会典”。当前，深入发掘与研究疑难案例，搜寻类案，比对案情与处理思路，总结提炼典型案例中的裁判要旨与司法规则，更是日常司法工作的常态和必修课。这一点在最高人民法院加强案例指导与文书上网工作的大背景下，意义更加突出。

北京市第三中级人民法院（以下简称三中院）地处首都社会经济发展的重要区域，下辖的六个区中，既包括首都副中心、金融商务中心区等发达区域，也覆盖城乡接合部和广大农村地区，案件数量大，纠纷类型多，新类型案件层出不穷。近年来，三中院每年的总收案量达两万余件，结案压力大，案多人少的矛盾异常突出。但即使在这一情况下，自 2013 年建院以来，三中院始终高度重视案例研究、讨论、提炼工作，并以此作为促进审判规范化建设与人才培养的重要一环，通过建立与完善民商事法官例会制度、制作二审发改案例库、发布类案会议纪要、组织案例投稿等方式，鼓励干警发现疑难典型案件的价值，积极总结有效的审判方法、审判流程、审判标准，建立系统、规范的案例指导体系，统一全院法官裁判标准，提高审判质效。

该套丛书是三中院建院至今案例研究工作部分成果的转化。我们在广泛征集民商事典型案件的基础上，组织各庭调研骨干力量对相关问题进行梳理、筛选后，经过各庭组织审判人员集中研讨，确定所收录案件规范化的审判思路、裁判要旨及相关理论问题，进而由各执笔人进行具体写作。通过“明事实、讲法理、说事理”，使读者在掌握书中所载案例的裁判思路的同时，为读者学习理论知识，了解司法实务提供参考与借鉴。

这套丛书既是我们对过去工作的阶段性总结，也是我们工作的新起点，我们将继续不断努力，为社会主义法治建设作出新贡献。

安凤德

2020 年 8 月

目　　录

第一章　房屋买卖合同的效力

一、夫妻共同所有的房屋未经一方同意而出售的，房屋买卖合同效力如何认定

实务难题

《最高人民法院关于审理买卖合同纠纷案件适用法律问题的解释》（以下简称《买卖合同司法解释》）第三条第一款之规定，出卖人处分权之欠缺不能导致合同无效。那么夫妻共同所有的房屋未经一方同意而出售的，房屋买卖合同效力应如何认定呢？

笔者认为，《买卖合同司法解释》第三条第一款实质上是对无权处分的一种区分，其初衷并非是以解决买卖合同效力问题为核心，从该条文文义表述来看，该条并未对买受人之主观状态予以限制，这并不意味着对买受人的主观状态不予考察。民事主体谨慎善意从事民事活动，才能实现法律保护交易安全，促进经济发展，维护社会和经济秩序的目的。从民法基本原理来说，善意是诚信原则在民事活动中的重要体现，该原则要求民事主体在从事民事活动时应处于善良的动机或愿望，不得侵害他人的合法权益。故相关纠纷的处理应当综合《合同法》第五十二条等规定予以考虑。

疑难案例

董某与于某原系夫妻关系，于1992年5月26日经法院调解离婚，董某某系二人之子。田某某提交的结婚证记载董某与田某某于2001年3月26日登记结婚。董某于2013年10月8日去世。

2005年11月17日，董某(买受人)与北京国华置业有限公司(出卖人，以下简称国华公司)签订《商品房买卖合同》，约定国华公司将涉案房屋出售给董某，建筑面积共243.39平方米，总金额4,145,175元，一次性付款。2005年11月23日，国华公司向董某开具发票，金额为4,145,175元。2006年9月28日，涉案房屋所有权证登记所有权人为董某。

2012年11月20日，董某(出卖人)与董某某(买受人)签订存量房屋买卖合同(经纪成交版)(合同编号C656547)，约定董某将涉案房屋出售给董某某，成交价格为5,000,000元。次日，税务部门出具契税完税证，记载计税金额5,853,573.3元，实纳金额175,607.2元。2012年11月22日，涉案房屋过户登记至董某某名下。董某某主张未向董某支付购房款，实际为董某将涉案房屋赠与董某某，为了减少税费支出而以房屋买卖为形式。缴税时税务部门告知其涉案房屋政府指导价为5,853,573.3元，故按此金额为基数缴纳契税。

现田某某诉至法院，要求确认董某某与董某2012年11月20日签订的存量房屋买卖合同(经纪成交版)无效。经询，田某某主张确认合同无效的理由为涉案房屋是在田某某与董某婚姻存续期间购买，属于夫妻共同财产，夫妻双方有平等的处理权，共有方式为共同共有，董某未经田某某同意擅自将房屋转移登记至董某某名下，在办理转移登记时，有欺骗登记机关的行为，主张合同自始无效。田某某主张其对董某将涉案房屋过户给董某某并不知情。

董某某主张其并不知道田某某与董某结婚。董某某先后提起行政复议、行政诉讼，要求撤销田某某与董某的结婚证，经黑龙江省哈尔滨市中级人民法院终审判决驳回了董某某的诉讼请求。

另查，涉案房屋于2013年12月4日过户至北京×建设投资有限公司名下，于2017年8月15日过户至北京公司名下。

田某某起诉至北京市朝阳区人民法院，称董某某是田某某故世丈夫董某的儿子。董某某生母于某与董某于1992年5月26日经黑龙江省绥芬河市人民法院调解离婚，董某某归董某抚养。田某某与董某某1996年相识，2001年3月26日在绥芬河市民政局登记结婚。2005年11月，田某某夫妻购买了北京市朝阳区×号院×号楼×层×房屋(以下简称涉案房屋)，所有权登记在董某名下。2013年10月8日，董某去世。董某某迅速将家中存放的现金、银行卡、房产证、合同等财产及凭证、资料等私自取走。2014年12月底，田某某到房屋管理局申请复印涉案房屋产权证等相关资料，意外得知涉案房屋产权已于2012年11月

22日“转移登记”到董某某名下，又于2013年12月4日由董某某“转移登记”到×公司名下。房屋转移登记材料显示：董某某与董某2012年11月20日签订的存量房屋买卖合同（经纪成交版）中出卖人是董某，买受人是董某某，房屋成交价格为500万元。房屋登记询问笔录中问申请登记房屋是否为共有房屋（包括夫妻共有），董某与董某某代理人（韩丽艳）均答“否”。《物权法》第九十七条规定：“处分共有的不动产或者动产以及对共有的不动产或者动产作重大修缮的，应当经占份额三分之二以上的按份共有人或者全体共同共有人同意，但共有人之间另有约定的除外。”董某从未告知田某某转让夫妻共同房产事宜，董某某是法律专业人士，其作为董某的唯一子女，明知涉案房屋是田某某和董某的夫妻共同财产，却委托代理人作出房屋不是夫妻共同财产的虚假陈述，故意误导房屋登记机关为其办理产权转移登记，明显具有侵犯田某某合法权益的恶意；此后再将房屋“转移登记”到×公司名下意图让田某某无法追回房屋。因此诉至贵院，请求判如所请。要求确认董某某与董某2012年11月20日签订存量房屋买卖合同（经纪成交版）无效。

董某某则认为，涉案房屋转移登记到董某某名下是权利人董某生前所做出的真实意思表示，房产证显示原登记人为董某，董某在存量房屋买卖合同以及其他相关文件上的签字及影像确认行为充分表明了其将涉案房屋转移登记到董某某下，是其真实意思表示。交易过程中董某某对于董某与田某某是否存在有效的婚姻关系并不知情，不存在过错。董某在生前从未向董某某提起过其与田某某领取结婚证，董某与董某某感情深厚，如果领取结婚证一定会告知。而且在2004年董某的户口簿仍然显示离婚状态。办理房屋产权登记变更过程中，董某明确地在房屋登记询问笔录上确认了涉案房屋并非共同财产。董某去世后，田某某才拿出结婚证，这时董某某才知晓，但发现结婚登记存在很大缺陷，所以才请求撤销结婚登记，虽然最终裁定、判决没有撤销结婚登记，但是在文书中都确认了结婚登记存在缺陷。董某某对结婚登记仍然存在质疑，并且已经提起申诉立案。田某某对于董某在生前将涉案房屋所有权转移至董某某名下是知情的，也是同意的。田某某对涉案房屋的存在是早就知情的，曾经借用涉案房屋地址注册过公司，其在三亚案的庭审中一再表示与董某感情深厚，她对于涉案房屋的处分是知情的。涉案房屋办理过户到董某去世近一年的时间，田某某从未提出过异议，如有异议可以在董某生前提出，而为何要在董某去世、死无对证的情况下提出。董某某是董某一手带大的，父子之间的感情非常深厚，董某实质上的意愿是将涉案房屋留给董某某，但是董某是在毫无准备的情况下突发疾病去世的，董某现在也无法出庭陈述意见。如果法院将董某的行为确认无效，董某也没有办法再采取措施对董某某进行补偿，而进一步捍卫他对儿子爱的承诺。请法庭充分考虑并尊重董某的意愿。退一步讲即使涉案房屋是夫妻共同财产，鉴于董某已经去世，其夫妻共有状态已经发生终止，董某在生前将涉案房屋有权处分的部分过户到董某某名下的行为，也应当认定是合法有效的。田某某没有对董某尽到应尽的照顾义务，对董某的突然离世也负有不可推卸的责任。在此情况下，将董某生前行为认定为无效，不但推翻了董某生前的意愿，而且意味着对董某未尽到义务的一方反而取得了涉案房屋的大部分，这种结果显然是董某在情感上无论如何所不能接受的。对于经常照顾父亲，尽到了子女义务的董某某，显然也是不公平的。故我方请求驳回田某某的全部诉讼请求。

一审法院判决驳回田某某的全部诉讼请求。

田某某不服，向二审法院提起上诉，要求撤销一审判决，改判支持其一审诉讼请求。其主要事实与理由为：1. 董某生前自 2001 年 3 月 26 日至 2013 年 10 月 8 日去世与田某某存在合法有效的婚姻关系。董某某对董某的再婚虽不同意但从一开始就完全知情。①董某、田某某自愿结婚并亲自到婚姻登记机关办理了结婚登记并公开举办了盛大的婚礼。②董某某针对董某与田某某婚姻效力提出的行政复议、行政诉讼均已处理完毕，董某某撤销董某与田某某婚姻的主张均被驳回，该行政诉讼判决已生效。2. 诉争房产为董某与田某某的夫妻共同财产，且共有方式为共同共有。董某与田某某结婚四年之后，2005 年 11 月 17 日，董某与国华公司签订商品房买卖合同，购买北京市朝阳区西大望路甲 6 号华贸中心 16 座 9 层×号房。合同价 4,145,175 元，一次性付款方式购买。2006 年 9 月 28 日，朝阳区建国路×号院×号楼×号取得房产证书，登记在董某名下。根据《婚姻法》第十七条的规定，诉争房产应当为田某某与董某夫妻共同所有的财产。3. 董某与董某某恶意串通、擅自将与田某某夫妻共有房产转移登记至董某某名下，且在办理转移登记时对房屋权属做了不实陈述，该房产转让合同自始无效。4. 董某某取得诉争房产不构成善意取得。首先，董某某作为法律专业人士，明知诉争房产为董某与田某某的夫妻共同财产，董某未经田某某同意擅自与其签订房屋买卖合同侵犯田某某的共有权利却执意为之，显属恶意。其次，董某某取得诉争房产，未支付任何对价。庭审中，董某某承认未支付任何购房款，系无偿取得诉争房产。总之，董某某取得诉争房产不构成善意取得，房屋转让合同应属无效，且自始无效。5. 原审法院因举证责任分配错误导致认定事实上存在错误。原审法院认定田某某对董某与董某某之间房屋转让行为“知情并同意”属于认定事实错误。6. 原审法院援引《北京市高院关于审理房屋买卖合同纠纷案件若干疑难问题的会议纪要》第六条判定本案合同效力，存在法律适用错误。

针对田某某的上诉请求与理由，董某某则认为：1. 涉案房屋过户时，董某某对于董某的婚姻状况不知情，其在董某死亡后，田某某拿出结婚证时，董某某才得知其父亲董某与田某某可能有婚姻关系，此后其提出行政诉讼，也记载了婚姻状况存在重大缺陷。2. 田某某对于董某生前将房屋过户给董某是知情的，且当时没有异议。田某某对于房产早就知情，并且用该房屋注册公司。另案中，田某某表示双方感情深厚，关系好，田某某对涉案房屋的处置是知情的。3. 从房产过户到董某去世将近一年，此期间田某某针对房屋过户没有提出任何异议，如果其有异议，完全可以在董某在世时主张。4. 关于适用法律问题，田某某认为一审判决违背了上位法，适用了会议纪要，但本案判决依据是合同法及最高院相关司法解释，对方提出的会议纪要并不是判决依据，也没有出现在一审判决中，不存在断章取义。5. 田某某提出的举证责任问题，田某某对主张的事实负有举证责任，其作为原告应当负有举证义务，根据《民事诉讼法》第六十四条及证据规则等规定，田某某主张原审法院让田某某承担了消极事实的举证责任，我国立法中不区分消极事实及积极事实，我国采用的是“谁主张，谁举证”原则。田某某提出应当适用《最高人民法院关于民事诉讼证据的若干规定》第五条，本案不是董某某主张合同生效，而是田某某主张合同无效，本案现有证据已经证实了合同生效。6. 本案田某某在一审中提交的证据可以证明，董某通过其真实意思表示将涉案房产通过订立买卖合同的方式过户给董某某，并且已经履行。田某某提交的证据不能证明其当时不知情，不能证明其当时不同意，更不能证明双方存在恶意串通，原审判决合理合法。关于知情与否问题，董某过户时，是带着户口本的，显示离异，在董某过世时，董某某去办理相关手续文件时，一直显示是离异状态。董某生前一直是一个人居住，衣食住行都是董某某负责的，一审也提交相应证据。2013 年 10 月 7 日，董某一个人在家中去世，10 月 7 日董某某一直给董某打电话，第二天董某某去探望董某时，发现其已经去世了一天了。以上种种，可以证明董某某对董某的状态是不知情的。

法院观点

一审法院认为，夫妻一方未经另一方同意，以自己名义转让登记在自己名下的法定共有房屋，当事人以出卖人在缔约时对房屋没有所有权或者处分权为由主张房屋买卖合同无效的，不予支持。本案中，涉案房屋系董某与田某某婚后取得，系夫妻共同财产。现田某某以董某转让涉案房屋给董某某时自己不知情、未经自己同意以及办理转移登记有欺骗登记机关的行为为由主张合同无效，依据不足，本院不予支持。综上所述，依照《合同法》第四十四条、第五十二条，《买卖合同司法解释》第三条之规定，判决驳回田某某的诉讼请求。

二审法院经审理认为，董某某所提房屋过户时，并不知晓董某与田某某之间为夫妻的主张，有悖常理。董某生前未经田某某同意，与董某某以签订房屋买卖合同的形式，私自将涉案房屋过户至董某某名下，侵害了田某某基于夫妻关系享有的财产所有权，其行为应属无效。遂判决撤销北京市朝阳区人民法院民事判决，并确认董某与董某某于2012年11月20日签订的存量房屋买卖合同（经纪成交版）无效。

法官点评

依据双方当事人的诉辩对抗过程，本案的审理思路可作如下梳理：首先，需要确定董某与田某某是否系夫妻关系，该房屋是否系其夫妻共同财产；其次，在涉案房产确定为董某与田某某夫妻共同财产的前提下，进而考虑田某某对于董某的过户行为是否知情并同意；最后，应确认董某某是否知晓董某与田某某之间为夫妻，其是否可以作为善意买受人，《买卖合同司法解释》第三条第一款之规定本案中怎样适用，这才是决定本案中房屋买卖合同是否有效的关键。最后一个问题为本案处理的重点所在，也是实践中的难点，对于该问题，笔者做以下分析。

买受人应为善意买受人，合同方可认定有效。

本案系夫妻一方未经另一方同意擅自处分登记于一方名下的法定共有房屋，而另一方不同意出售所引发的房屋买卖合同纠纷。关于出卖人无权处分而订立的房屋买卖合同的效力，根据《买卖合同司法解释》第三条第一款之规定，出卖人处分权之欠缺不能导致合同无效。笔者认为，最高法制定该条文的初衷是为了把无权处分分为不同情况,在买卖合同中,负担行为有效而处分行为效力待定,在其他合同中,如动产抵押,抵押合同的效力是待定的。在合同不存在《合同法》第五十二条所规定的无效情形的情况下,无权处分的买卖合同应方能认定有效。

涉案房屋系田某某与董某婚姻关系存续期间购买,因此,在无相反证据予以推翻情形下,涉案房屋应属田某某与董某夫妻共同所有。夫妻对共同所有的财产,有平等的处理权。董某与田某某结婚登记时,董某某已为成人,且董某与田某某婚姻关系存续了近 12 年之久,因此,董某某所提房屋过户时,并不知晓董某与田某某之间为夫妻的主张,有悖常理,本院不予采信。董某某亦未提供证据证明田某某对于董某的过户行为知情并同意。本案中,董某生前未经田某某同意,与董某某以签订房屋买卖合同的形式,私自将涉案房屋过户至董某某名下,侵害了田某某基于夫妻关系享有的财产所有权,其行为应属无效。田某某的上诉请求,于法有据,应予以支持。

裁判精要

夫妻共同所有的房屋未经一方同意而出售的,房屋买卖合同效力的认定对买受人的主观状态予以考察。民事主体谨慎善意从事民事活动,其交易安全才能受到法律保护。

《民法典》第三百一十一条规定:“无处分权人将不动产或者动产转让给受让人的,所有权人有权追回;除法律另有规定外,符合下列情形的,受让人取得该不动产或者动产的所有权:(一)受让人受让该不动产或者动产时是善意;(二)以合理的价格转让;(三)转让的不动产或者动产依照法律规定应当登记的已经登记,不需要登记的已经交付给受让人。受让人依据前款规定取得不动产或者动产的所有权的,原所有权人有权向无处分权人请求损害赔偿。”民法典的相关规定对本案例并无颠覆性影响。

(编写人:玄明虎、林家诚)

二、夫妻一方对另一方出卖夫妻共有房屋是否同意问题的认定

实务难题

司法实践中，存在许多房屋买卖合同签订后卖房人的配偶以涉案房屋为夫妻共同财产、出卖房屋行为未取得其同意、故卖房行为构成无权处分为由主张房屋买卖合同无效的案件。其中，部分案件是出卖房屋一方确实向配偶隐瞒了出卖共有房屋的事实，导致其配偶作为房屋共有人的合法财产权益受到了侵害，还有部分案件则是夫妻双方对房屋买卖一事均知情且同意，在房屋买卖合同签订后，因房价上涨等原因反悔，为阻断房屋买卖的交易过程而假称配偶对房屋买卖事宜不知情，要求确认合同无效。在此类案件中，判断出卖方的配偶是否知晓并同意该出售行为，系该类案件处理中的重点和难点。

疑难案例

张某向一审法院提出诉讼请求：1. 继续履行房屋买卖协议；2. 判令钱某甲协助张某办理北京市朝阳区安慧里1区×号楼×室的房屋产权转移手续，将上述房屋产权登记于张某名下。事实和理由：2001年12月24日，张某与钱某甲签订《房屋买卖协议》，约定张某购买钱某甲名下位于北京市朝阳区×号楼×室房屋。张某已经将购房款26万元按时如期支付给钱某甲，全面履行了合同义务，之后装修实际管理使用上述房屋至今。现张某要求钱某甲办理房屋过户手续，但是钱某甲总是以各种理由拖延。为此，诉至人民法院。

钱某甲辩称，其与张某签订的房屋买卖协议是名为房屋买卖，实为民间借贷法律关系。2001年，因钱某甲儿子出国留学急需用钱，钱某甲找到张某以北京市朝阳区×号楼×室房屋作抵押，并作价26万元，双方说好钱某甲有钱时可以赎回。这样，钱某甲与张某签订了房屋买卖协议，同时将该房屋产权证原件交给了张某，后来钱某甲找张某要求赎回该房屋，但是双方就赎回价格一直没有谈拢。钱某甲不同意张某的诉讼请求。张某要求继续履行合同，协助办理过户手续存在法律上的履行不能。张某在北京有多处房产，其起诉要求钱某甲协助办理北京市朝阳区×号楼×室过户手续，违反了北京市现行购房限购政策。涉案房屋是钱某甲与宋某的共同财产，未经宋某同意，钱某甲无权处分上述房屋。综上所述，张某之诉讼请求无法律和事实依据，请求法院驳回张某的全部

诉讼请求。

宋某辩称,不同意张某的诉讼请求。宋某与钱某甲是夫妻关系,涉案房屋是夫妻共有财产,钱某甲没有单独处分的权利。1980 年 12 月 20 日,宋某与钱某甲结婚,婚后生一子钱某乙。自 2003 年 1 月 14 日起至 2015 年 2 月 12 日,宋某在埃塞俄比亚陪同丈夫钱某甲,配合中资机构进行医疗服务的协助工作,其间只有钱某甲因公可以回国,因私偶尔回来。钱某乙前往英国留学。宋某对涉案房屋买卖不知情。

一审法院经审理查明:2001 年 12 月 24 日,钱某甲与张某签订房屋买卖协议,约定朝阳区×号楼×室房屋归钱某甲所有。1. 双方协商,钱某甲以 26 万元的价格将上述房屋卖给张某,同时房屋产权发生转移,房屋面积以房产证为准。2. 双方寻找适当机会找合适的中介办理立契过户手续,手续费用按有关规定双方各自负担自己的应付部分。3. 张某一次性将购房款 26 万元整交给钱某甲。经询,钱某甲、张某确认上述房屋至今登记于钱某甲名下,钱某甲已经收到上述 26 万元。

另查,1980 年 12 月 20 日,宋某与钱某甲登记结婚。

一审庭审中,双方的主要争议有:

1. 抵押借款问题。钱某甲称上述房屋买卖协议名为卖房,实为借款抵押。张某对此不予认可。经法院释明,钱某甲就此未提供相关证据。

2. 宋某问题。宋某提供结婚证、房改售房合同、证明,以此证明上述房屋为夫妻共同财产,其不知道钱某甲出售事宜,且 2003 年 1 月至 2015 年 2 月长期在国外。张某对上述证据的真实性予以认可,但是对于证明的证明目的不予认可,其就此提供录音,以此证明宋某对房屋出售事宜不可能不知情。钱某甲、宋某对上述证据真实性予以认可,但是认为其中反映了宋某一直不认可张某与钱某甲之间的交易行为。

一审法院认为,2001 年 12 月 24 日,钱某甲与张某签订房屋买卖协议是各方真实意思表示,各方应全面履行。钱某甲以涉案房屋名为买卖实为借款抵押抗辩,张某对此予以否认,经法院释明,钱某甲就此未提供相关证据,法院对钱某甲该抗辩意见不予采纳。钱某甲以张某不符合购房资格抗辩,涉案合同签订于 2001 年,此与北京限购政策出台时间相差很远,故法院对钱某甲该抗辩意见不予采纳。宋某以涉案房屋为夫妻共同财产,其不知道出售事宜抗辩,钱某甲与宋某系夫妻关系,张某支付了相应购房款并占有使用房屋多年,故法院对该抗辩意见不予支持。

据此，一审法院于2017年12月判决：一、张某、钱某甲继续履行双方于2001年12月24日签订的房屋买卖协议；二、钱某甲于判决生效后三十日内配合张某办理完毕位于北京市朝阳区×号楼×室房屋之过户手续。如未按判决指定的期间履行给付义务，应当依照《中华人民共和国民事诉讼法》第二百五十三条之规定，加倍支付迟延履行期间的债务利息。

钱某甲不服提起上诉，认为：1. 涉案房屋买卖协议并非双方买卖房屋的真实意思表示，实质是让与担保的性质。2. 涉案房屋系钱某甲与宋某的夫妻共同财产，钱某甲无处分权。在宋某不同意房屋转让的情况下，张某以诉讼方式逼迫钱某甲办理房屋产权过户手续，显属非善意第三人，无权取得房屋所有权。一审法院不允许宋某以有独立请求权第三人身份参加本案诉讼，适用法律错误。

张某辩称：对钱某甲的上诉请求不予认可，同意一审判决。张某与钱某甲签订的房屋买卖协议系当事人的真实意思表示，张某按照市场价格向钱某甲支付了购房款，且对房屋占有使用多年，合同已经实际履行，是合法有效的。宋某对于买卖房屋的事情是知情并且同意的。

宋某述称：宋某对房屋买卖的事情不知情，钱某甲告诉宋某的是钱某甲向张某借了一笔钱，把房子押在张某那儿。之后由于宋某在国外工作，很少回国内，就没有时间去解决这个事情。钱某甲一直跟宋某说的都是借款。一审判决是不公正的。

二审中，当事人均未提交新证据。

法院观点

二审法院经审理认为，依法成立的合同对当事人具有法律约束力，各方当事人均应依约履行。涉案房屋买卖协议系双方真实意思表示，内容亦不违反法律、法规的强制性规定，双方均应按照合同约定履行自己的义务。

钱某甲上诉主张涉案协议名为买卖实为借款抵押，但张某对此不予认可，且涉案协议中约定的均是房屋买卖合同关系项下的权利与义务，并未反映出借款抵押的相关内容，钱某甲亦未提出其他证据证明该主张。对于钱某甲的该项上诉意见，法院不予采纳。

钱某甲上诉另提出涉案房屋为夫妻共同财产,宋某对房屋买卖一事并不知情,该买卖行为构成无权处分。根据本案查明的事实,张某于2001年支付涉案房款,涉案房屋及其产权证自2001年交付给张某后一直由张某实际控制,宋某对此知情。现宋某主张其认为的是抵押借款而非房屋买卖,考虑到长达十数年时间钱某甲、宋某并未向张某主张返还,与抵押借款之常理不符,综合考虑房屋买卖协议的签订时间及履行情况,法院难以认定宋某对涉案房屋买卖行为不知情。故对于钱某甲的该项上诉意见,法院亦不予采纳。

综上所述,二审法院判决驳回上诉,维持原判。

法官点评

《物权法》第九十七条规定:"处分共有的不动产或者动产以及对共有的不动产或者动产作重大修缮的,应当经占份额三分之二以上的按份共有人或者全体共同共有人同意,但共有人之间另有约定的除外。"将该法条具体到夫妻共有关系中,则意味着夫妻一方要出售夫妻共同所有的房产应经作为共同共有人的夫妻另一方同意。《最高人民法院关于适用〈中华人民共和国婚姻法〉若干问题的解释(三)》第十一条规定:"一方未经另一方同意出售夫妻共同共有的房屋,第三人善意购买、支付合理对价并办理产权登记手续,另一方主张追回该房屋的,人民法院不予支持。夫妻一方擅自处分共同共有的房屋造成另一方损失,离婚时另一方请求赔偿损失的,人民法院应予支持。"上述司法解释的规定,符合善意取得制度的价值理念,目的在于维护交易安全。法律所保护的财产秩序的安全,有静态安全和动态安全两方面。从保护所有人的立场而言,其所有权不能因他人的无权处分而消灭,所有人得追及物之所在,而受让人仅能从无权处分人处寻求救济。但是,如果绝对贯彻所有权保护原则,漠视受让人对让与人占有物或权利登记的事实的合理信赖,则可能导致买受者人人自危,使交易难以进行或使征信成本极大提高;在市场交易频繁、迅速、复杂的现代市场经济中,要求买受人详细查知让与人是否为有权处分,亦属不可能之事。善意取得制度区分受让人善意恶意,并对善意第三人的利益作出保护,在公平原则上兼顾了动的安全和静的安全两种价值,适应了社会经济发展的要求。[1] 与国外立

---

〔1〕 参见江平主编:《民法学》,中国政法大学出版社2011年版,第308页。

法上善意取得的客体仅限于动产不同,我国《物权法》第一百零六条规定不动产亦可适用善意取得制度。

按照上述司法解释的规定,在夫妻一方擅自处分共有房屋的情形下,另一方无法追回房屋的要件包括:1. 第三人受让房屋为善意;2. 第三人支付了合理的对价。在未满足上述要件的情形下,不同意处分房屋的另一方可以追回房屋。

司法实践中,存在许多房屋买卖合同签订后、夫妻一方以其对房屋买卖行为不同意为由主张房屋买卖合同无效的案件。此类案件一般分为两种情况:一种情况是夫妻一方隐瞒了出卖房屋的事实,另一方对房屋买卖行为确实不知情,且知晓后未予同意,共有人的合法财产权益受到了侵害;另一种情况则是夫妻双方对房屋买卖一事均知情且同意,在房屋买卖合同签订后,因房价上涨等原因反悔,假称另一方对房屋买卖事宜不知情且不同意诉争的房屋买卖行为,要求确认合同无效,以此阻断房屋买卖的交易过程。对此类纠纷的处理存在一个很难把握的事实认定即为夫妻另一方是否同意该出售行为。

在具体认定是否同意时,需要注意以下三个方面:

1. 如何理解"同意"的意思表示形式

根据日常生活实践,夫妻一方出售共有房屋时,另一方可以通过书面、口头等多种意思表现形式表示同意或提出异议。对于另一方通过上述方式明示表示同意出售房屋的情况,房屋的买受人只要在诉讼中对此举证证明即可。但生活中也常存在房屋的买受人在购买共有房屋时向夫妻另一方征求意见、另一方未予表态的情况。《最高人民法院关于贯彻执行〈民法通则〉若干问题的意见(修改稿)》第六十四条规定,一方当事人向对方当事人提出民事权利的要求,对方未用语言或者文字明确表示意见,但其行为表明已接受的,可以认定为默示。不作为的默示只有在法律有规定或者当事人双方有约定的情况下,才可以视为意思表示。根据上述规定,如果夫妻另一方虽未对房屋出售事宜明确表示意见,但其行为已经表明其同意出售的,则可认定其对出售已经默示同意。至于夫妻另一方的同意是事先同意还是事后追认同意则在所不问。此外,为维护交易安全,保护买受人的合法权益,若作为房屋共有人的夫妻另一方明知房屋买卖事宜的存在而未提出异议的,也应推定为其同意。

2. 如何理解"同意"的意思表示范围

在司法实务中,经常会出现夫妻另一方参与了房屋买卖合同的前期协商过程,但在最后签约时并未在场的情形。若事后出现房屋价格上涨或其他因素,夫妻另一方往往以其签约时不在场、最后签订价格或合同内容未经其同意为由,要求确认合同无效。对此,要注意把握同意的意思表示范围是否包括出售价格、付款方式、交付时间等。从维护交易安全、夫妻间人身及财产关系的特殊性出发,该"同意"应为夫妻另一方对其配偶出售房屋的概括授权。[1]

3. 如何判断另一方是否同意出卖共有房屋

对于房屋的共有人是否同意出售共有房屋,应从合同的签订情况及履行情况两个方面,综合全案证据、当事人陈述、夫妻关系以及生活常理等因素进行判断。

第一,从合同的签订情况判断。例如,出卖人在出卖房屋时出示过夫妻另一方的知情同意书,或买受人有证据证明其曾征询过共有人对于房屋买卖的意见的,或有证据证明买卖双方协商房屋事宜时共有人在场但未提出异议的,均可作为夫妻另一方知情并同意的佐证。

第二,从合同的履行情况判断。合同的履行过程包括支付房款、交接房屋钥匙、变更房屋产权登记、办理物业手续、房屋装修、实际占有使用等多个部分,如买受人有证据证明作为共有人的夫妻另一方曾参与其中的部分或全部环节,或对于双方实际履行合同的行为明知而未提出异议,均可作为另一方对房屋买卖行为知情且同意的佐证。例如,买受人将房款打入夫妻另一方的银行账户的,另一方出具相应材料配合办理房屋产权转移登记的、协助办理物业交接手续或在物业交接手续上签字、买房人实际入住房屋后夫妻另一方曾到涉案房屋实地查看但未提出异议的,等等。

具体到本案中,钱某甲主张涉案房屋属于夫妻共同财产,而其配偶宋某对房屋买卖事宜并不知情,其出卖涉案房屋的行为并未取得宋某的同意,故其买卖房屋的行为构成无权处分,合同应为无效。法院经审查认为上述主张不成立,理由如下:第一,从合同的签订情况看,涉案的房屋买卖合同签订于2001年,当时钱某甲与宋某一直生活在一起,且双方系夫妻关系,2001年至诉讼时已经过十余年,房产作为家庭中的重大财产,十余年间宋某对于钱某甲处分房产的事宜完全不知情不合常理;第二,从合同的履行情况看,涉案房屋买卖合同签订后,张某即向钱某甲支付了全部26万元房款,并实际入住涉案房屋并居住至今,宋某对此明知,但始终未提出异议;第三,根据张某提供的录音证据显示,宋某对涉案房屋买卖的事

---

〔1〕 参见《最高人民法院婚姻法司法解释(三)理解与适用》。

宜是知情的，宋某主张其一直认为双方之间是抵押借款而非买卖房屋，但自合同签订至今十余年间，钱某甲、宋某从未向张某主张返还房屋，亦不符合常理。综上所述，对于钱某甲提出的宋某对于房屋买卖事宜不知情的主张，法院不予采信。宋某明知钱某甲将涉案房屋出卖给张某，但未提出异议，应视为对涉案房屋买卖行为的同意，故对于钱某甲的上诉请求，法院不予支持。

裁判精要

卖房人的配偶以涉案房屋为夫妻共同财产、出卖房屋行为未取得其同意、故卖房行为构成无权处分为由主张房屋买卖合同无效的，在认定作为房屋共有人的配偶是否同意出卖共有房屋时，应正确理解"同意"的意思表示形式及范围，并从合同的签订情况及履行情况两个方面，结合全案证据、当事人陈述、夫妻关系以及生活常理等因素综合作出判断。

《民法典》第三百零一条规定："处分共有的不动产或者动产以及对共有的不动产或者动产作重大修缮、变更性质或者用途的，应当经占份额三分之二以上的按份共有人或者全体共同共有人同意，但是共有人之间另有约定的除外。"第三百一十一条规定："无处分权人将不动产或者动产转让给受让人的，所有权人有权追回；除法律另有规定外，符合下列情形的，受让人取得该不动产或者动产的所有权：（一）受让人受让该不动产或者动产时是善意；（二）以合理的价格转让；（三）转让的不动产或者动产依照法律规定应当登记的已经登记，不需要登记的已经交付给受让人。受让人依据前款规定取得不动产或者动产的所有权的，原所有权人有权向无处分权人请求损害赔偿。当事人善意取得其他物权的，参照适用前两款规定。"

（编写人：江惠、冯妍）

三、夫妻一方签订房屋买卖合同是否构成表见代理及违约责任如何认定

实务难题

《合同法》第四十九条规定了表见代理制度，构成表见代理对相对人的主观方面有两层要求：一是相对人相信行为人有代理权；二是该相信是有理由的。在司法实践中，如何具体认定是否构成表见代理即成为时有争议的问题之一。本案的实

务难题在于夫妻一方签订房屋买卖合同是否构成表见代理以及违约责任如何认定?

疑难案例

侯某乙与侯某甲系夫妻,涉案房屋购买于夫妻关系存续期间,登记在侯某乙名下。2015年,侯某乙(出卖人)与李某(买受人)签订《北京市存量房屋买卖合同》,约定由买受人购买出卖人出售的位于北京市通州区的涉案房屋。合同约定:出卖人应当保证该房屋没有产权纠纷,未被限制转让。出卖人承诺其配偶和该房屋的共有权人均知晓并同意本次房屋交易,认可本合同及其他相关文件的约定,且无他人对该房屋享有优先购买权;买受人承诺其配偶和该房屋的共同买受人均知晓并同意本次房屋交易,且认可本合同及其他相关文件的约定。如因一方违反前述承诺,导致该房屋不能办理产权登记或发生债权债务纠纷的,由违反承诺方按照房屋成交总价款的20%赔偿守约方的损失。合同落款出卖人处侯某乙签名由侯某甲代写,委托代理人处有侯某甲签名、买受人处有李某签名。同日,侯某乙(甲方,出卖方)、李某(乙方,买受方)与某甲房地产经纪公司(丙方,居间人)还签订了《买卖定金协议书》《居间服务合同》《补充协议》,其中《补充协议》约定:乙方于2015年6月17日向甲方支付定金人民币2万元,乙方支付首付款时,该定金则视为首付款的一部分。乙方于2015年9月1日前(含当日)将第一笔首付款人民币42万元(不包括前期支付全部定金2万元),以非建委资金监管的方式支付甲方。甲乙双方应于2015年8月15日前(含当日)共同前往贷款机构办理贷款申请手续。甲乙双方同意在2015年10月16日前(含当日)应共同办理房屋所有权转移登记手续。补充协议同时约定:甲乙双方任何一方逾期履行本补充协议第二条约定义务的,每逾期一日,违约方应按日计算向守约方支付房屋总价款万分之五的违约金。甲方若出现下列情形之一的,甲方构成根本违约,且乙方有权以书面通知的方式解除房屋买卖合同:(1)甲方提供的该房屋所有权证、原购房合同等相关产权证明手续不真实、不完整、无效,导致乙方无法取得房屋所有权的;(2)该房屋被查封或限制转让,导致乙方无法取得房屋所有权的;(3)逾期履行本补充协议第二条约定的义务超过15日的;(4)拒绝将该房屋出售给乙方或者擅自提高房屋交易价格的;(5)将该房屋出售给第三方的。甲方出现上述根本违约情形之一的,甲方应在违约行为发生之日起15日内,以相当于该房屋总价款的20%向乙方支付违约金;丙方收取乙方的所有费用不予退还,由甲方直接赔偿乙方。补充协议落款甲方(出卖方)处侯某乙签名由侯某甲代写、乙方(买受方)处有李某签名,丙方(居间方)处有某甲房地产经纪公司印章,经办人处有宁某签名。上述合同签订后,侯某甲代侯某乙收取了李某定金2万元。同年7月29日,某甲房地产经纪公司核验网签时,发现涉案房屋于同年5月24日通过某乙房地产经纪公司已出售,并已向北京市通州区住房和城乡建设委员会网站提交完成网签合同。李某遂于同年8月10日提起本案诉讼。2015年9月15日该网签已撤销。

关于合同履行问题,李某认为合同未能继续履行是因涉案房屋已进行了网签,导致无法提交本次交易网签,合同已无法继续履行,故在起诉时要求解除双方签订的北京市存量房屋买卖合同及补充协议,并返还定金、赔偿中介费及违约金损失共计305,250元。现涉案房屋的网签已经撤销,合同继续履行的障碍已经解除,故其变更为现在的诉讼请求。侯某甲认为对涉案房屋已进行网签一事其并不知情,是某乙房地产经纪公司在未取得其与侯某乙授权下自行进行网签,其不存在过错,经侯某乙举报北京市通州区住房和城乡建设委员会已于2017年1月对某乙房地产经纪公司做出了处罚,对此侯某甲提供了北京市通州区住房和城乡建设委员会约谈记录、网站截图、登记回执、告知书,李某对此予以认可。对于李某要求继续履行合同的诉讼请求,侯某甲明确表示不同意,其认为合同约定的付款时间是不附任何条件的"绝对付款时期",涉案房屋已经进行网签、李某提起本案诉讼等任何情形都不能成为李某未按照补充协议约定的日期向其支付首付款的阻却事由,李某的行为已经构成违约,其不同意继续履行合同,并要求解除本案合同、赔偿其房屋总价款的20%即25万元违约金。

一审法院经审理后判决:一、李某给付侯某乙购房款125万元,扣除李某已支付的2万元定金,李某再给付侯某乙123万元,于判决生效之日起七日内执行清;二、侯某乙、侯某甲于判决生效之日起七日内协助李某办理位于北京市通州区涉案房屋的过户手续。三、侯某乙、侯某甲于判决生效之日起七日内赔偿李某违约金25万元。四、驳回李某的其他诉讼请求。五、驳回侯某乙、侯某甲的反诉请求。

一审法院判决后,侯某甲、侯某乙不服一审法院,向二审法院提起上诉。侯某甲上诉认为,一审法院认定《北京市存量房屋买卖合同》有效是错误,侯某甲签署买卖合同的行为不构成表见代理,该买卖合同应当被认定为无效。在整个房屋出售过程中,侯某乙从未授权或以其他任何方式同意侯某甲代为出售房屋，侯某乙对出售房屋的情况完全不知晓，李某也明确知晓侯某甲没有得到侯某乙同意而出售房屋，李某的行为并非构成善意，其本身也存在过错。李某一审期间提交的授权委托书本身没有原件，李某对授权委托书的来源未做合理解释，侯某甲有合理理由认为李某对授权委托书存在伪造嫌疑，李某在未见到侯某乙本人签署的授权委托书原件或公证书的前提下，签署买卖合同存在重大过错，侯某甲的行为不构成表见代理。即使买卖合同被认定为有效，李某迟延支付房屋首付款的行为已经构成根本违约，该行为严重违反了双方的合同约定。房屋在网签注销后，李某仍未做出任何同意继续支付首付款的意思表示，李某时至今日仅向侯某甲、侯某乙支付两万的定金，侯某甲签订房屋买卖合同的目的已经无法实现，继续履行合同将严重侵犯侯某甲的合法权益，且明显显失公平。上诉请求将本案发回重审或改判驳回李某的一审全部诉讼请求，支持侯某甲的一审全部反诉请求，一审、二审诉讼费、反诉费、保全费由李某承担。侯某乙上诉认为，侯某乙没有将本案诉争房屋卖给李某的事实，所有侯某乙的签字均系伪造。本案涉及的北京市存量房屋买卖合同、买卖定金协议书、居间服务合同、补充协议、声明、收条等所有文书都不是侯某乙的签字，侯某乙也没有授权给侯某甲等任何人签字，一审法院认定的李某所提供的授权委托书这一证据，侯某乙没有签过字，侯某乙对于卖房根本不知情，也不同意卖房。上诉请求撤销一审判决，将本案发回重审或者改判驳回李某的一审诉讼请求，案件受理费、保全费等所有诉讼费用由侯某甲、某甲房地产经纪公司、某乙房地产经纪公司承担。

法院观点

二审法院经审理认为，李某作为合同相对人有理由相信侯某甲具有代理权，双方签订的北京市存量房屋买卖合同及补充协议为有效合同，李某在2015年8月既已得知涉案房屋已进行网签、合同已无法继续履行的情况下向法院提起诉讼，其行为并不构成违约。遂判决：驳回上诉，维持原判。

法官点评

本案中，双方当事人签订房屋买卖合同后，双方因履行合同产生纠纷。依据双方当事人的诉辩对抗过程，综合各方当事人诉辩意见，本案主要涉及以下三个问题:1. 侯某甲签订涉案北京市存量房屋买卖合同及补充协议是否构成表见代理;2. 李某未按合同约定期限支付购房首付款是否构成违约;3. 侯某甲称系由于第三人某乙房地产经纪公司的原因导致的网签,是否因此免除其向李某承担的违约责任。结合本案涉及的法律问题,笔者分析如下:

(一)关于侯某甲签订涉案北京市存量房屋买卖合同及补充协议是否构成表见代理的问题

《合同法》第四十九条规定,行为人没有代理权、超越代理权或者代理权终止后以被代理人名义订立合同,相对人有理由相信行为人有代理权的,该代理行为有效。根据上述法律规定,构成表见代理行为不仅要求代理人的无权代理行为,在客观上形成具有代理权的表象,而且要求相对人在主观上有理由相信行为人有代理权。其中,"有理由相信"是指合同相对人善意且无过失地相信行为人有代理权,即相对人在不知道行为人无代理权方面不存在疏忽或者懈怠,并为此承担举证责任。具体到本案中,关于侯某甲是否取得涉案房屋所有权人侯某乙授权的问题,李某提交了以下证据:(1)侯某乙出具的声明,内容为:本人侯某乙作为坐落于北京市通州区涉案房屋的合法产权人,对该房产享有完整的处分权。(2)关于代理权的承诺书,内容为本人侯某甲受侯某乙的合法委托,代其出售北京市通州区涉案房屋,并签署相关合同文本。落款承诺人处侯某甲签名。(3)委托人为侯某乙、受委托人为侯某甲的授权委托书,内容为委托人欲通过居间人将位于通州区涉案房屋进行出售。就此事宜,委托人特授权受托人代其办理本授权委托书约定的事宜。受托人拥有以下权利:受托人有权以委托人的名义①与居间人就居间事宜进行洽商,签署居间及相关协议,履行居间及相关协议;②签署买卖合同及相关协议;③收取定金;④收取房款;⑤享有北京市存量房屋买卖合同项下的权利。授权委托期限直至房屋所有事项办理完毕。受托人在上述授权范围内所做的一切行为及签署的一切文件,委托人均予以承认并承担相关责任。落款委托人处侯某乙签名,并写有:"本人(受托人)侯某甲(侯某甲签名)确认并承诺本《授权委托书》由我提交给相关方且本《授权委托书》由委托人本人亲自签署并授权,本授权委托书真实、准确、有效。"(4)声明人为侯某甲的配偶(共有权人)同意出售证明,内容为本人侯某甲系房屋出售人侯某乙的配偶(或共有权人),现本人与房屋出售人共有的房屋位于通州区,本人同意房屋出售人出售上述房屋。落款声明人处侯某甲签名，并写有："房屋出售人侯某乙(侯某乙签名由侯某甲代为签写)确认并承诺本证明由我提供给相关方且本证明为声明人亲笔签署，本证明真实、准确、有效。"(5)侯某乙与侯某甲的结婚证。(6)某甲房地产经纪公司经办人宁某的证人证言。二审法院认为，根据在案证据及查明的事实，李某依据侯某甲向某甲房地产经纪公司提供的房屋所有权证、结婚证、侯某乙身份证、授权委托书及侯某甲签署的声明、配偶(共有权人)同意出售证明、代理人关于代理权的承诺书等文件，有理由相信侯某甲在涉案房屋买卖中具有代理侯某乙进行房屋买卖相关事宜的代理权。综合以上证据，结合证人宁某的证言，侯某甲一审中关于向李某出售房屋侯某乙知情的陈述，以及侯某甲本人签名的代理人关于代理权的承诺书的内容，应当认定李某作为合同相对人有理由相信侯某甲具有代理权，双方签订的北京市存量房屋买卖合同及补充协议为有效合同。

(二)关于李某未按合同约定期限支付购房首付款是否构成违约

本案中，双方在补充协议中约定，李某支付购房首付款的日期为 2015 年 9 月 1 日前。但在房屋买卖交易中，网签程序是整个交易过程中的重要环节，无法进行网签房屋买卖交易将无法完成。根据查明的事实，李某在 2015 年 8 月既已得知涉案房屋已进行网签，在合同已无法继续履行的情况下，向法院提起诉讼，故李某未按合同约定期限支付购房首付款并不构成违约。侯某甲、侯某乙的上诉意见，法院未予以采纳。根据《合同法》第一百零七条规定，当事人一方不履行合同义务或者履行合同义务不符合约定的，应当承担继续履行、采取补救措施或者赔偿损失等违约责任。本案中，侯某甲、侯某乙明确拒绝继续履行合同，要求解除合同，构成违约，应当承担违约责任。根据本案合同的实际履行情况、当事人的过错程度以及李某存在实际损失等综合因素予以衡量，一审法院确定的违约金数额并无不当，二审法院予以维持。

(三)侯某甲称系由于第三人某乙房地产经纪公司的原因导致的网签，是否因此免除其向李某承担的违约责任

本案中，侯某甲称系由于第三人某乙房地产经纪公司的原因导致的网签，其对合同无法履行没有过错。根据《合同法》第一百二十一条"当事人一方因第三人的原因造成违约的,应当向对方承担违约责任。当事人一方和第三人之间的纠纷,依照法律规定或者按照约定解决。"的规定,亦不能免除其向李某承担的违约责任。综上所述,侯某甲、侯某乙的上诉请求及理由,缺乏事实及法律依据,二审法院均未予支持。

裁判精要

在夫妻一方签订房屋买卖合同的情况下,应当注意审查夫妻一方是否向合同相对人出具共有权人同意出售的证明、授权委托书或签署声明以及房屋交易所需等相关文件,综合判断合同相对人是否有理由相信出卖人具有代理权,进而判定夫妻一方签订房屋买卖合同是否构成表见代理。

《民法典》中,对于构成表见代理的规定延续了之前《合同法》的规定,《民法典》第一百七十二条规定内容与《合同法》第四十九条规定一致。本案例阐释的内容为两项法律制度适用中的具体把握标准与审查要素问题,因相关法律条文内容无变化,故适用要点在《民法典》颁布之后亦无不同。

(编写人:张弘)

四、无权处分夫妻共有房产时,买受人可得主张之损害赔偿的认定

实务难题

在房屋买卖过程中,因真实权利人和登记权利人不一致情形的存在,在善意取得尚未成就前,真实权利人的拒绝出售行为即成为房屋买卖合同不能履行的阻却原因,买受人无法通过主张继续履行的方式实现合同目的,而只能通过违约赔偿或损害赔偿的方式寻求利益救济。由于房屋买卖合同所涉标的额较大,在房屋处于快速上涨通道的情形下,准确认定善意买受人的损失,对于其利益保护具有关键意义。尽管《合同法》和《买卖合同司法解释》确立了损害赔偿的认定规则,但实践中因履约程度、主观状态、违约阶段、履约可能性等因素的差异导致对善意买受人损害赔偿范围的认定存在一定困难。本案例系一起因无权处分夫妻共有财产而引发的损害赔偿案,通过重点分析可得主张损害赔偿的主体范围和可得主张的损害赔

偿范围等关键问题,探讨此类案件的裁判思路。

疑难案例

2012年11月25日,赵某与闫某经我爱我家公司居间签订房屋买卖合同,由赵某购买闫某名下涉诉房屋。合同约定成交价格373万元,并对合同履行和违约责任等作出详细约定。合同签订后,赵某支付定金5万元。2012年12月3日,赵某与我爱我家公司共同对涉诉房屋进行网签。网签之前,闫某即表示不再履行合同。因合同履行问题发生争议,赵某于2012年12月20日诉请闫某继续履行合同,闫某反诉要求撤销合同。该案依法追加闫某配偶李某作为第三人参加诉讼,李某在该案一审2013年3月8日庭审中明确表示不同意出售涉诉房屋。2014年5月20日,该案生效判决认定合同有效,同时认定赵某在签订合同时对闫某有配偶的事实明知,而闫某因未取得其配偶同意即出售涉诉房屋,导致合同因李某不同意出售而无法继续履行,闫某的行为构成违约,遂驳回了赵某的诉讼请求和闫某的反诉请求。

2014年6月11日,赵某再次起诉闫某,请求判令:1. 解除双方签订的房屋买卖合同;2. 闫某协助赵某办理涉诉房屋网签注销手续;3. 闫某向赵某双倍返还定金,共计10万元;4. 闫某向赵某赔偿预期利益损失93.3万元、中介费5.6万元。闫某辩称:房屋买卖合同因存在恶意串通、损害国家利益而无效,且赵某应对合同无效承担主要责任,出卖人无过错,不应承担责任;对于预期利益损失,闫某主张已在合同签订后告知赵某不再履行合同,赵某不仅没有减少损失,反而与我爱我家擅自办理了网签,导致其此后无法另行购买房屋,是赵某自己扩大了损失,其应自行承担不利后果。故反诉要求确认房屋买卖合同无效。

一审期间,法院委托的评估公司确定涉诉房屋在2015年4月9日的估价结果为476.03万元。

法院观点

一审法院认为,生效判决已认定买卖合同有效且无履行可能,故对解除合同并注销网签手续的诉讼请求予以支持。因闫某的行为构成违约,故应对赵某因合同解除而产生的损失承担违约责任。居间费系履行合同的实际支出,且金额符合居间合同的约定,应当赔偿。关于预期利益损失,该院认为,网签系履约的必要环节,居间公司基于居间合同的授权办理网签,系履行居间义务,不存在与赵某恶意串通行为;闫某虽在合同签订后即拒绝履行合同,但合同并未因此解除,赵某诉讼要求继续履行合同的请求虽未获支持,但诉讼解决纠纷的方式不应被认定为恶意扩大损失。故该院在2015 年4 月9 日的估价结果的基础上,综合考虑涉诉合同的实际履行情况等因素对预期利益损失予以酌定。遂判决解除合同、注销网签手续,闫某退还赵某定金 5 万元,闫某向赵某赔偿中介费 5.6万元、预期利益损失 70 万元。

被告闫某不服,提起上诉。

二审经审理后认为,生效判决已认定闫某未取得配偶同意即出售房屋,且其配偶拒绝履行房屋买卖合同,最终导致合同无法履行,其行为已构成违约,应承担合同解除的违约责任;而守约方可得主张的损害赔偿范围既包括实际损失,也包括可得利益损失。关于实际损失,其主要指守约方为履行合同所积极支出的费用,若合同因对方违约而解除,该费用支出即转化为守约方的实际损失。本案中介行为已经完成,赵某为此支付的中介费 5.6 万元即属于因合同解除导致的实际损失。关于可得利益损失,此系保护守约方的履行利益,在合同因出卖人一方的原因无法履行而导致解除时,一旦标的物价格上涨,该标的物涨价的预期利益不能为买受人所享有,其损失即属于可得利益损失。根据《买卖合同司法解释》第二十九条的规定,在计算和认定可得利益损失时,应当综合运用可预见规则、减损规则、损益相抵规则以及过失相抵规则等,从守约方主张的可得利益赔偿总额中扣除违约方不可预见的损失、守约方不当扩大的损失、守约方因违约获得的利益、守约方亦有过失所造成的损失以及必要的交易成本。二审法院最终判决闫某赔偿赵某中介费损失 5.6 万元、预期利益损失 30 万元。

法官点评

本案系夫妻一方未经另一方同意擅自处分登记于一方名下的法定共有房屋,而另一方不同意出售所引发的房屋买卖合同纠纷。关于出卖人无权处分而订立的房屋买卖合同的效力,根据《买卖合同司法解释》第三条第一款之规定,出卖人处分权之欠缺不能导致合同无效,在合同不存在《合同法》第五十二条所规定的无效情形的情况下,无权处分的买卖合同应认定有效;但因无权处分合同的履行涉及其他共有人的权利,若其他共有人不同意处分,则该合同因法律上的原因而不能继续履行,买受人只可主张解除合同并要求出卖人承担支付违约金或赔偿损失的责任,但在相关损害赔偿责任的案件中,房屋价格的快速上涨和诉讼周期等因素往往导致房屋差价损失等的不断扩大,法院应当综合买受人主观是否善意、买受人是否诚实减损等因素综合判断、合理确定损害赔偿之时间节点,对买受人主张之损害赔偿予以限制,具体分析如下:

(一)可主张损害赔偿之买受人应限定为善意买受人

因出卖人无权处分而订立之买卖合同,只有在违反《合同法》第五十二条规定之情形时方可认定无效,而《合同法》第五十二条所谓之恶意串通,除要求买受人非善意外,还需买受人与出卖人存在主观上之联络与沟通,因此就无权处分而订立的买卖合同而言,不排除买受人并非善意但尚未构成恶意串通而认定合同有效之情形,但明知出卖人无权处分而仍与之订立买卖合同的买受人,是否仍有权主张损害赔偿?从《买卖合同司法解释》第三条的文义表述来看,该条并未对买受人之主观状态予以限制,这是否意味着即使在主张损害赔偿时对买受人的主观状态不予考察,只要因出卖人违约导致合同解除,买受人均可以主张损害赔偿?笔者认为,该条所规定的的买受人应为"善意买受人,即不知或不应当知道出卖人无权处分之买受人"。从法的价值层面来说,善意是法的秩序、正义等价值对民事主体从事民事活动的必然要求,民事主体谨慎善意从事民事活动,才能实现法律保护交易安全,促进经济发展,维护社会和经济秩序的目的。从民法基本原理来说,善意是诚信原则在民事活动中的重要体现,该原则要求民事主体在从事民事活动时应处于善良的动机或愿望,不得侵害他人的合法权益。从立法层面来说,我国《物权法》《合同法》等法律在多个条文明确了对"善意"的保护,既体现了法律的指引与评价功能,又符合社会大众的一般期待和普世的道德准则。如《物权法》第二百四十三条就明确区分了占有中的善意和恶意,善意占有人有权要求权利人支付维护被占有物支出的必要费用;《合同法》第四十七条、第四十八条则赋予了善意相对人在合同订立一方因无权代理或欠缺行为能力导致合同生效障碍时的撤销权等。而在司法实践中,北京市高院于2014年12月16日发布的《关于审理房屋买卖合同纠纷案件若干疑难问题的会议纪要》第六部分“无权处分合同的效力和履行”中则明确规定了善意买受人的赔偿请求权，该部分规定夫妻一方无权处分法定共有房屋，尚未办理过户登记的，不构成善意取得，买卖合同因法律上的履行不能而解除的，善意买受人有权要求出卖人承担包括赔偿房屋差价损失在内的违约责任。“善意”的判断时点以买受人申请过户登记时为准。综上所述，笔者认为，将无权处分法定共有房屋中损害赔偿请求权的享有主体限定为善意买受人符合法的价值要求，是诚信原则的具体体现，并已为立法和司法实践所确认，应当作为司法裁判考量的因素。

（二）对可主张损害赔偿之善意买受人的认定应适用推定善意规则

法律上的善意往往体现为“不知情”，至于如何判断不知情以及不知情是否一定构成善意，则涉及善意的判断标准问题。在房屋买卖合同中，因交易的标的物系由国家进行登记公示的不动产，此时的不知情应为买受人对“不真实的不动产登记事实”不知情，因此，不动产交易中的善意与不动产登记制度息息相关。尽管对不动产交易中善意的判断标准仍存在争议，但理论与实务界已就“受让人须基于对登记的合理信赖”这一基本要件达成共识。争议在于，除合理信赖之外，受让人是否还负有调查核实之义务？笔者认为，从统一司法裁判尺度、保护交易安全与提升登记的公信力等角度出发，应当采用推定善意规则，即受让人基于对登记信息的合理信赖而为交易行为应推定为善意。在推定善意标准下，真实权利人对登记错误可能造成善意取得的严重后果有明确预期，其可以通过异议登记和变更登记等方法来纠正登记错误以防止善意取得的发生。若其怠于行使该权利，即应承受因登记权利和真实权利不一致而可能造成的风险。

本案中，诉争房屋登记为闫某单独所有，且不存在异议登记或更正登记的情形，赵某基于对不动产登记的合理信赖而与闫某签订房屋买卖合同并约定了合理的交易价格，即便在合同签订前赵某知道闫某有配偶，亦不能以此否定赵某的善意。因此，在出卖人闫某违约导致合同解除的情形下，赵某作为善意买受人可以要求闫某赔偿损失。

（三）无权处分夫妻共有房产致买卖合同解除，出卖人应赔偿房屋差价损失

《合同法》第一百一十三条确立了完全赔偿原则，违约方的赔偿范围包括实际损失和可得利益损失。可得利益是指合同在适当履行以后，当事人可以实现和取得的财产利益。[1] 它具有未来性、一定的确定性和可预见性等特征。本案中，买受人主张的预期利益实为房屋价格上涨后的增值利益或房屋差价损失，该增值利益是一种未来的利益，在合同签订时并非由买受人享有，而须通过合同履行来实现；其既具有不确定性又具有一定的确定性，不确定性源于它的未来性，而确定性在于只要合同依约履行，该利益就可能被当事人获得。作为理性人，出卖人应当预见到当买卖合同因其违约无法履行时，一旦房屋价格上涨，买受人将不能享有增值利益或需为替代购买多支付价格差额。因此，该预期利益符合可得利益的性质和特征，故在一方无权处分夫妻共有房产导致买卖合同解除时，买受人要求出卖人赔偿房屋差价损失属于可得利益损失，其合理部分应予支持。

（四）认定房屋差价损失应遵循可预见规则和减损规则确定合理的评估时点

《买卖合同司法解释》第二十九条规定了可得利益损失的认定和计算规则。就本案而言，房屋价格的不断上涨必然导致房屋差价损失也不断扩大，法院判决房屋差价损失应综合运用可预见规则、减损规则等规则来确定赔偿的时间节点。

《合同法》第一百一十九条明确规定了减损规则。减损规则是指一方违约并造成损害以后，另一方应及时采取合理的措施防止损失的扩大，否则，应对扩大部分的损害负责。[2] 减损规则与诚实信用原则密切相关，该规则要求受害人以善良人的注意，依照诚实信用原则及时采取合理措施避免损失的扩大。一方面，受害人采取的措施应当具有及时性，在对方明确表示将不履行合同的情形下，应当根据合同的性质和标的物的特征及时采取措施减轻已经发生的损害并防止损害的进一步扩大，而不能放任损害的扩大；另一方面，受害人采取的措施

---

〔1〕 参见王利明：《合同法研究（第二卷）》（第3版），中国人民大学出版社2015年版，第637页。

〔2〕 参见王利明：《合同法研究（第二卷）》（第3版），中国人民大学出版社2015年版，第669页。

应当具有合理性，即采取的措施的种类、方式和力度应依照诚实信用原则，综合考虑措施的成本、效益和合法性因素等确定，如果采取措施防止损失的扩大将严重损害受害人自身的利益或有悖于商业道德或付出的代价过高，则受害人可以不采取此种措施。

本案中，在我国法律明确规定出卖人因未取得所有权或处分权标的物所有权无法转移，合同因法律上原因不能履行的情形下，买受人作为理性的房屋购买人，应对合同无法履行的诉讼结果具有合理预期。在此情况下，买受人应当依据诚实信用原则和《合同法》第一百一十九条的规定及时采取解除合同、主张定金罚则、要求违约赔偿或进行替代房屋购买等合理措施等防止损失扩大，维护自己的合法权益。从替代性购买的角度来说，如买受人在合理期间内进行了替代性购买，其所购同区位、同类型房屋所支出的额外成本，在合理范围内闫某应当承担；如未在合理的期间内购买替代性的房屋，对于此后房价上升的风险与损失买受人应自行承担。

可预见规则明确规定于《合同法》第一百一十三条，该规则的目的之一系为确定违约行为与损害之间的因果关系提供客观依据。一方面，违约方仅对其在订约时可能合理预见到的损害负赔偿责任；另一方面，应将违约方在订约时不可预见的损害从损害赔偿的范围中扣除。

就本案而言，纠纷发生后，赵某通过诉讼方式来解决争议，而在较长的诉讼周期内，房屋价格一直处于快速上涨状态。诉讼的周期与诉讼期间房屋价格的涨幅均非当事人所能合理预见，即使违约方应承担违约责任，但对于其不能控制、不能预见的风险与损失亦应合理限制，此系可预见规则的题中应有之义。在第一次诉讼一审开庭时，闫某配偶已明确表示合同未经其同意从而拒绝履行，导致合同不能履行，此时点应作为合同无法履行的确定时点，法院应以此时点作为评估房屋价值的时间，判断房屋的价值，对买受人的可得利益损失予以赔偿。而第二次诉讼中一审法院委托评估机构作出的估价报告，距离第一次诉讼一审开庭时间已两年有余，房屋价格的大幅上涨已超出了一般人的合理预期，此估价结果不宜直接作为确定赵某可得利益损失的依据。

裁判精要

夫妻一方以自己名义转让登记在自己名下的共有房屋，配偶明确表示不同意转让,经审理房屋买卖合同不存在违反《合同法》第五十二条规定情形的应认定有效,但买受人要求继续履行的不应予以支持。法院应释明买受人可以主张解除合同,合同解除的,善意买受人有权要求出卖人承担包括赔偿房屋差价损失在内的违约责任。计算房屋差价损失时,应综合考虑出卖人的可预见程度和买受人对诉讼结果的合理预期,以不同意一方配偶到庭作出拒绝转让房屋之表示的时间为节点计算房屋差价损失,因诉讼持续而扩大的损失买受人应自行承担。

本案例所涉及的《物权法》第二百四十三条不动产、动产善意占有人的必要费用请求权,《合同法》第四十七条善意相对人对与限制民事行为能力人订立合同的撤销权、第四十八条善意相对人对与无权代理人等订立合同的撤销权、第一百一十三条可预见规则、第一百一十九条减损规则等条款分别为《民法典》第四百六十条、第一百四十五条、第一百七十一条、第五百八十四条、第五百九十一条等条款所替代,条款内容无实质性变化,本案仍具有典型性及参考意义。

(编写人:李丹、张荣华)

五、父母处分子女名下房产时“为了被监护人利益”的判断规则及买卖合同效力

实务难题

《民法典》第三十五条第一款规定:“监护人应当按照最有利于被监护人的原则履行监护职责。监护人除为维护被监护人利益外,不得处分被监护人的财产。”由此可见,法律虽然不禁止监护人处分未成年人的房屋,但监护人的处分权是以其“必须为了未成年人的利益”为基本原则的。一方面,一旦损害了未成年人利益,就可能涉及到买卖合同无效或效力待定的问题,交易无法继续进行;但另一方面,在与第三人签订的房屋买卖合同履行过程中,一旦发生争议,父母往往会以其不是为了被监护人的利益处分未成年人财产为由,主张买卖合同无效不再继续履行,这很可能损害买受人利益及交易稳定。因此,在处理此类案件时,如何判断“为了子女利益”成为一个核心问题。

由于法律上对何为“为了子女利益”的原则规定笼统,适用时较为抽象,加之目前不动产登记机构在过户登记环节对父母处分子女财产缺乏程序上的严格限制,通常停留在仅仅要求单方监护人出具为被监护人利益的书面保证即可办理相应登

记，并未进行实质性审查，加大了法院处理此类纠纷的难度，本案就是集中体现这一问题的典型案例。

疑难案例

高某与钟某系夫妻关系，高小某系二人之子，高某、高小某名下有一套位于北京市朝阳区广渠门外大街三号院×号楼×室的房屋（以下简称涉案房屋），其中高小某享有99%的份额，高某享有1%的份额。2016年7月22日，郭某与高某、高小某签订北京市存量房屋买卖合同，约定高某、高小某将涉案房屋出售给郭某，价值1030万元。双方自行交付定金200万元，并于2016年11月20日前（含当日）办理申请贷款手续，买受人拟贷款数额为150万元。第6项约定剩余购房款，(1)买受人于2016年10月5日前（含当日）支付出卖人购房款人民币100万元整，支付方式为(B)；(2)买受人于2016年11月20日前（含当日）支付出卖人购房款人民币300万元整，支付方式为福建金诚丰担保有限公司北京分公司（以下简称金诚丰公司）指定账户资金监管。全部监管款项于权属转移登记手续办理完毕后支付甲方。

合同签订后，郭某支付了前两笔定金共50万元，按照合同约定，第三笔定金100万元应于2016年8月15日前由郭某支付给高某、高小某，同日高某、高小某须将房屋交付郭某，但至今双方均未按约定履行2016年8月15日的付款和交房义务。究其原因，郭某称高某、高小某明确表示不同意交付房屋，且其后将账户封闭，拒绝接收后续款项。高某、高小某则解释称，是郭某未按照合同约定支付100万元款项，没有继续履行合同的诚意。

郭某起诉至法院，请求判令继续履行其与高某、高小某2016年7月22日签订的北京市存量房屋买卖合同；判令高某、高小某支付其违约金，违约金以1030万元为基数，从2016年8月16日起，按日万分之五的标准计算；高某、高小某支付其租金及中介费共计80,500元；判令高某、高小某支付其付给保险公司的担保费20,600元。

法院观点

一审法院认为，郭某与高某、高小某签订的北京市存量房屋买卖合同及其附件系当事人真实意思表示，属合法有效合同，各方均应严格按约履行各自义务。合同签订后，郭某按约支付了两笔定金。第三笔定金未交付系因高某多次在2016年8月15日前后向郭某及麦田公司建议终止合同，郭某有理由认为高某、高小某有不愿继续履行合同的意思表示，因此法院未支持高某、高小某履行顺序抗辩的意见，同时，高某、高小某所述房款提取事宜并不影响该案房屋买卖合同的效力，合同亦不存在履行上的障碍，在合同有效且可继续履行的前提下，法院认定高某、高小某不履约的行为构成违约，支付郭某违约金50万元。

高某、高小某不服，以该案涉及未成年人权益，高某单独处分高小某的财产，且无法证明是为了高小某的利益，合同应为无效为由，向二审法院提起上诉，要求撤销原判，改判支持我方诉讼请求或发回重审。

二审庭审中，房屋买卖合同的中介经纪人李某出庭作证，称高某出卖房屋的过程中曾多次通过电话与其妻钟某沟通卖房事宜，并通过微信发送给中介人员钟某的售房委托书，但后来因双方产生争议，没有再提交书面手续。

二审法院经审理认为，本案二审的审理焦点主要有两个：一是房屋买卖合同的效力问题；二是房屋买卖合同能否继续履行。

关于房屋买卖合同的效力问题。首先，高某、高小某与郭某签订合同时对房屋的基本状况、价款数额、价款支付方式、违约责任、解决争议的方式等房屋买卖合同的主要内容进行了明确约定，是双方买卖房屋的真实意思表示，房屋买卖合同关系成立。根据法律规定，限制民事行为能力人的民事活动可以由其法定代理人代理，由于出卖房屋时高小某作为房屋所有权人之一系限制民事行为能力的未成年人，高某以其父亲及房屋共有权人的身份与郭某签订房屋买卖合同，符合法律规定，不影响合同效力。其次，郭某、高某通过麦田公司达成房屋买卖意向并签订合同，系等价有偿交易，所约定的房屋交易价格并未低于当时市场价格，不存在双方恶意串通损害未成年人利益的情形。最后，关于售房款的用途，高某主张是因为做生意资金紧张，并非为了高小某的利益，但其并未就此提供有力证据予以证实，难以排除其以此理由恶意达到毁约目的的可能。且本案中虽无证据显示高某出卖房屋的真正意图，法院亦难以仅凭此就认定损害了未成年人利益。

关于合同能否继续履行的问题。首先，从双方实际履约情况来看，在郭某按照合同约定如期支付前两笔定金50万元后，高某、高小某因金诚丰公司无法向其办理出借资金而提出解约系其个人原因，并无合同依据，亦非郭某一方所致，在高某、高小某提出建议解除合同后，双方就此协商不成，郭某行使不安抗辩权，未继续支付剩余房款并无不当，应当由高某、高小某承担违约责任。而高某、高小某据此主张提出解除合同，并不符合法定解除或约定解除事由，不应予以支持。其次，一审已经判决过户产生的全部税费均由郭某承担，郭某未对此提出上诉，现郭某已将剩余全部购房款项980万元打入一审法院案款账户以保证其履约能力，在税费负担上亦不存在障碍，涉案合同具备继续履行的条件。

最终二审驳回高某、高小某的上诉请求，维持原判。

法官点评

判断父母是否为了未成年人利益出售子女名下房产，要结合售房价款合理性、售房款用途与被监护人利益之间的关联性、监护人与被监护人关系的紧密程度等多个因素进行判断；不能因"为子女利益出卖房产"保证书上仅有父母一方签字即否定房屋买卖合同的效力，避免损害善意买受人的利益及交易安全。

本案中，高某、高小某主张本次交易损害了高小某作为未成年人的利益，要求确认合同无效或解除；郭某则认为其作为买受人不可能了解出卖人出卖房屋的意图究竟是否为了未成年人的利益，只能从形式上进行审查，已尽到注意义务，不应承担因此带来的交易风险。就此争点作如下分析：判断是否为被监护人的财产利益，要根据案件的具体情形以及监护人与被监护人关系的紧密程度等因素进行分析，不能简单作出认定。具体而言，可综合考虑以下几个因素：

第一，监护人出售房屋的价格是否合理。虽然有偿出售并非认定是否损害未成年人利益的唯一标准，但出售房屋时标以相对合理的价款仍是判断监护人是否系善意管理和处分未成年人房产的一个重要因素。本案中，郭某、高某事先并不相识，而是通过中介公司达成房屋买卖意向并签订合同，系等价有偿交易，所约定的房屋交易价格亦未低于当时市场价格，并无证据显示高某存在恶意损害高小某利益的情形。

第二，售房意图与被监护人利益的关联性。就此问题，实践中一般认为应从严把握，只有在两种条件下父母才能处分子女名下房产，一是如果不处理，被监护人的房屋将会遭受损失，或者被监护人的成长发展会受到影响；二是处理结果客观上使被监护人获得利益，能为孩子的将来提供良好的学习和生活环境，保证其安定的居住条件。上述标准虽已经对"为了子女利益"的原则进行细化,但由于售房真实意图属家庭内部事务,外人难以知悉,买受人往往处于诉讼中举证的弱势一方,而原本有条件证明售房意图的出卖人为达到毁约目的,却怠于举证,并主张非为子女利益出售房产,使案件陷入僵局。因此,在该问题的处理上,不能仅凭出卖人的一面之词,应结合售房款用途与被监护人利益之间的关联性、监护人与被监护人之间的亲权关系等进行把握。

在我国亲权与监护权并未分离区别的情况下,作为监护人,经济状况好坏必然关乎抚养能力状态,即使其因自身经营状况恶化、资金周转困难等原因出卖房屋,取得的利润亦间接服务于家庭利益,难以仅凭此就认定损害了未成年人利益。退一步讲,即使父母在出售房产时承诺是为了子女利益,其是否真正为了孩子的利益仍有待于后续对该笔售房款的实际用途进行追踪检验。如果父母在出卖房产后确实行使了明显不利于子女利益的处分行为,那么这也是被监护人不得不承担的一种风险,其仍可以就所受损失向监护人主张侵权赔偿。因此,在审理此类案件时,应分两个方面来进行判断:一是卖房人是否有确凿证据证明其真实售房意图有损未成年人利益;二是买受人是否尽到了审慎注意义务,是否进行了必要的形式审查,如出卖人是否签订了为了未成年人利益保证书、配偶一方是否知情等,是否存在监护人与买受人恶意串通损害未成年人利益的情况。本案中,高某主张是因为做生意资金紧张出售房屋,并非为了高小某的利益,但其并未就此提供有力证据予以证实,难以排除其以此理由恶意达到毁约目的的可能。且本案中虽无证据显示高某出卖房屋的真正意图,郭某作为善意的买受人并不具备审查能力,无从知晓监护人处分财产的真实目的,如在产生纠纷之际,仅凭高某自述即认定此笔交易损害被监护人利益而无效,显然课以买受人过重的合同审查义务,不利于交易的安全和稳定,亦可能导致未成年人利益保护的滥用。

第三,父母仅单方签署"为了未成年人利益"的书面保证不能成为否定买卖合同效力的理由。根据《房屋登记办法》第十四条规定:"未成年人的房屋,应当由其监护人代为申请登记。监护人代为申请未成年人房屋登记的,应当提交证明监护人身份的材料;因处分未成年人房屋申请登记的,还应当提供为未成年人利益的书面保证。"北京市住房和城乡建设委员会《北京市房屋登记工作规范》(2014 年颁布)第 2.10.7 款规定:"……因处分未成年人房屋申请登记的,还应当提供由监护人出具的为被监护人利益的书面保证原件。"由于上述法律法规均未明确要求必须父母双方都在书面保证上签字方能出售未成年人财产,且经承办人联系北京市住建委房屋市场管理处、北京市国土资源管理委员会的工作人员亦答复只需父母一方在书面保证上签字即可过户。因此,在现行政策下,法院在审理此类案件时判断是否为了未成年人利益的问题,不应仅以父母未全部签字即否定该证明及房屋买卖合同的效力,还应结合案件实际分不同情况作出甄别。

例如,夫妻在离婚时明确约定房屋过户至子女名下,任何一方不得擅自出卖,那么此后父母一方出卖房屋时应由双方共同签字确认"为了孩子利益",法院应对此进行严格审查。而对于本案中的情况,首先,庭审中,中介公司的经手人明确陈述在交易过程中,高某多次电话与其妻钟某联系商量售房事宜,并出示微信上钟某签字的同意书照片,且交易的付款账户也是钟某的账号。其次,一审中钟某及高某从未提出过此问题,二审又提出,要求以钟某不知情为由发回重审,显然存在扰乱审判视线之嫌疑,且根据目前证据亦无法证明钟某对此交易不知情或明确表示过不同意。最后,对于买受人郭某而言,如果一味强调其注意义务,必然科以其过重的审查责任,有失公平。因此,本案中,高某作为高小某的法定代理人,与郭某签订房屋买卖合同,符合法律规定,不能因父母一方未签字即否定合同效力及为了未成年人利益的售房意图。

综上所述,结合本案证据,应当认定房屋买卖合同有效,并可继续履行。二审维持原判,是正确的。

裁判精要

判断父母是否为了未成年人利益出售子女名下房产,要结合售房价款合理性、售房款用途与被监护人利益之间的关联性、监护人与被监护人关系的紧密程度等多个因素进行判断;不能因"为子女利益出卖房产"保证书上仅有父母一方签字即否定房屋买卖合同的效力,避免损害善意买受人的利益及交易安全。

《民法典》第三十五条关于监护人履行职责的原则与要求中,规定监护人应当按照最有利于被监护人的原则履行监护职责。监护人除为维护被监护人利益外,不得处分被监护人的财产。该规定延续了此前《民法总则》的规定,在处理思路上是一致的。本案案例阐释的内容为法律制度适用中的具体把握标准与审查要素问题,因相关法律条文内容并无变化,故适用要点在《民法典》颁布之后亦无不同。

(编写人:杨夏)

六、"一房二卖"中恶意串通的认定

实务难题

在房屋买卖的过程中，恶意串通不仅损害了房地产交易的秩序和规则，更损害了相关权利人的合法权益。在因"一房二卖"引起的房屋买卖合同纠纷案件中，在先买受人常以出卖人与在后买受人恶意串通损害在先买受人利益为由，要求确认在后的房屋买卖合同无效。在房屋出卖人与在后买受人是否构成恶意串通的认定问题上，往往难以取得直接证据，而当事人是否存在恶意串通的主观心理状态也较难认定。

疑难案例

张某、颜某向一审法院起诉请求：1. 确认孙某、徐某2017年4月11日签订的《购房合同》及2017年4月21日签订的存量房屋买卖合同无效；2. 孙某、徐某将北京市朝阳区管庄西里×号楼×单元×号房屋（以下简称涉案房屋）产权恢复登记至孙某名下。

一审法院经审理查明：涉案房屋原为孙某的承租公房。2016年7月16日，孙某与张某、颜某签署北京市存量房屋买卖合同及补充协议，约定孙某将涉案房屋出售给张某、颜某，成交价格1,895,000元，其中首付款745,000元，剩余115万元以公积金贷款方式支付。孙某承诺在2016年12月31日前取得房屋所有权证，且在取得房屋所有权证后五日内通知张某、颜某及中介公司，并积极配合办理房屋产权转移登记手续。由于房本没有下来，面积不确定，暂定为53平方米至55平方米，如面积低于53平方米，则孙某向张某、颜某退款按照每平米3.5万元的标准；如面积大于55平方米则张某、颜某向孙某补缴房款，按照每平米3.5万元的标准……2016年7月19日至7月20日，张某、颜某共向孙某支付购房定金10万元。

2016年12月7日，孙某与北京某公司签署房屋买卖契约，以成本价购买涉案房屋，房款总价40,978元。

一审庭审中，孙某、徐某提交：1. 借款协议，落款日期为2015年12月24日，借款人为孙某，贷款人为徐某，担保人为武某，借款金额为45万元，期限自2015

年12月24日至2016年12月24日。孙某名下有一处公房位于朝阳区管庄西里×号楼×门×号,此房孙某正在办理购买公房变私产的手续,孙某办理完已购公房手续可上市后,徐某拥有优先购买权,孙某、徐某签订此房的购买合同(房屋总价为:壹佰万元整)后,本借款协议终止,借款本金45万元转成购房定金,借款协议约定的利息作废,孙某无须按本协议的约定向徐某支付利息。2.房屋买卖合同,落款日期为2015年12月24日,出卖人为孙某,买受人为徐某,约定孙某将涉案房屋出售给徐某,房屋成交价格为100万元,购房定金45万元,过户时支付45万元,剩余10万元在办理户口迁出手续时付清。3.房屋租赁合同,落款日期为2016年1月13日,出租人为徐某,承租人为武某,租赁期限自2016年1月17日起至12月17日止,租金每月2400元。4.武某与徐某的短信记录,显示内容为武某与徐某沟通给付租金事宜,徐某询问房管所是否有消息,武某答复让等着。5.购房合同,落款时间为2017年4月11日,出卖人为孙某,买受人为徐某,房屋成交总价为230万元,其中网签当日支付85万元,过户前两天支付90万元,过户当日支付35万元,迁户口当日支付20万元。出卖人收到买受人支付的85万元房款,将房屋交付给买受人。

一审庭审中,孙某、徐某表示在2015年对涉案房屋达成购买意向,但因未办理产权证,徐某担心资金无保障,故同时签署借款合同与买卖合同,定金45万元以现金方式支付,涉案房屋出租的租金由徐某收取。后因办证时间长,房价上涨,故调整交易价格为230万元。

2017年4月11日,孙某、徐某就涉案房屋进行网签,网签合同约定成交价为90万元,通过北京市朝阳区房屋管理局存量房自有资金监管账户划转自由资金。同日,孙某名下工商银行账户收到汇款40万元,汇款人为牟某,代理人为徐某,客户签字处为徐某,孙某当日出具收条一张,确认收到购房定金85万元。2017年4月17日,孙某、徐某办理购房缴税手续。2017年4月20日,徐某向北京市朝阳区房屋管理局账户打款90万元,一审庭审中,孙某认可收到该笔款项。2017年4月21日,徐某向孙某转账支付35万元整,孙某就该笔款项出具收条,同日,孙某、徐某办理涉案房屋产权过户手续,将涉案房屋过户至徐某名下。经询问,孙某、徐某表示涉案房屋已经交付徐某,目前由徐某占有使用。

张某、颜某对孙某、徐某关于涉案房屋的上述交易经过均不认可,认为孙某、徐某提交的多份合同内容互相矛盾,交易价款前后不一,且涉案房屋过户到徐某名下后立即在网上挂牌销售,故孙某、徐某系恶意串通损害张某、颜某的利益，孙某、徐某之间的买卖合同应当无效。

另查，张某、颜某曾以房屋买卖合同纠纷起诉孙某，要求继续履行合同，办理房屋过户手续。该案中，徐某作为孙某之委托诉讼代理人出庭。

一审法院判决：驳回张某、颜某的全部诉讼请求。

张某、颜某不服提起上诉，认为：1. 45万元的巨额款项，孙某、徐某称是现金交付，极其不合常理；2. 孙某、徐某买卖房屋的总价款是100万元，徐某却自愿再提高130万元，以230万元购买不属于正常行为；3. 一审法院对孙某、徐某系亲属这一特殊关系只字不提；4. 落款时间为2017年4月21日总价款90万元的存量房屋买卖合同、落款时间4月11日总价款230万元的购房合同系虚假的交易，合同无效；5. 孙某、徐某对落款时间为2017年4月21日、总价款90万元的存量房屋买卖合同当庭承认是虚假的，但一审却对孙某、徐某的该逃避国家税收、虚假交易的行为及过程只字不提；6. 孙某、徐某提出的涉案房屋交易价款有6个不同数字，一审仅以“交易价款前后不一”一笔带过；7. 孙某、徐某230万元房屋买卖合同落款时间(2017.4.11)、网签时间(2017.4.11)均是在张某、颜某提起诉讼后(2017.1.19起诉)；8. 过户至徐某名下的时间系在张某、颜某起诉后，一审仅以已经过户这一表面现象草率下判，却无视了过户是在张某、颜某起诉后，孙某、徐某为了逃避法院裁判的实质意图。故上诉请求撤销一审判决，支持张某、颜某的一审诉讼请求。

孙某辩称：对张某、颜某的上诉请求不予认可，同意一审判决。孙某与徐某签订的房屋买卖协议是在2015年，是早于张某、颜某的；孙某与徐某的买卖合同的最终交易价格230万元，之前支付了45万元，后来进行了网签、过户、缴税和付款。

徐某辩称：对张某、颜某的上诉请求不予认可，同意一审判决。徐某与孙某完成了房屋买卖合同的交易，不存在恶意串通损害张某、颜某利益的情况。房屋买卖价格从100万元涨到230万元是由于其间房地产市场价格普遍上涨。

二审中，当事人没有提交新证据。二审法院调取了张某、颜某另案起诉孙某房屋买卖合同纠纷一案的送达回证，显示该案向孙某送达起诉的时间是2017年5月5日。

二审经审理查明的其他事实与一审法院查明的事实一致。

法院观点

一审法院认为,《合同法》第五十二条规定:“有下列情形之一的,合同无效:(一)一方以欺诈、胁迫的手段订立合同,损害国家利益;(二)恶意串通,损害国家、集体或者第三人利益;(三)以合法形式掩盖非法目的;(四)损害社会公共利益;(五)违反法律、行政法规的强制性规定。”恶意串通,损害第三人利益的合同包括主、客观两方面的因素。主观方面,当事人具有恶意,即双方知道自身行为会导致第三人利益损失,仍勾结串通,以损害第三人利益为目的而订立合同;在客观方面,当事人的行为导致了第三人利益的损失。本案中,孙某、徐某之间虽就涉案房屋签订数份房屋买卖合同,交易价款前后不一,但第一份买卖合同显示的签署时间早于张某、颜某与孙某签署买卖合同的时间,且徐某确实向孙某支付了相应款项,涉案房屋已经过户至徐某名下。现有证据不足以证明孙某、徐某之间的交易是虚假的,或者系在张某、颜某与孙某签订合同后以损害张某、颜某利益为目的而有意为之,存在恶意串通之故意,故张某、颜某要求确认孙某、徐某之间就涉案房屋签署的买卖合同无效缺乏事实依据,法院无法支持。判决驳回原告的全部诉讼请求。

二审法院经审理认为,本案的争议焦点在于孙某、徐某是否恶意串通签订涉案房屋买卖合同。

《最高人民法院关于适用〈中华人民共和国民事诉讼法〉的解释》第一百零九条规定:“当事人对欺诈、胁迫、恶意串通事实的证明,以及对口头遗嘱或者赠与事实的证明,人民法院确信该待证事实存在的可能性能够排除合理怀疑的,应当认定该事实存在。”

恶意串通行为的构成要件包括主观要素和客观要素两个方面。主观要素为恶意串通,即当事人双方具有通过共同行为达到损害他人合法权益的目的。客观要素为恶意串通所实施的行为损害了他人合法权益。在主观要素方面,恶意并非道德上所谓恶的意思,而是与善意相对而称的概念,指明知某种情形存在。而在主观认知状态不够明确的情况下,对于恶意串通中明知的判断,应当根据一定的基础事实来确认当事人知道或应当知道。

本案中,孙某与徐某最终依据 2017 年 4 月 11 日签订的购房合同完成了涉案房屋的网签、完税及过户手续,张某、颜某主张该合同签订、履行的时间晚于其另案起诉孙某要求继续履行合同的时间,且徐某在该案中作为孙某的诉讼代理人出庭应诉,因而主张徐某与孙某系恶意串通,但该案送达起诉的时间晚于上述购房合同签订、履行的时间,现并无证据证明徐某在签订、履行上述购房合同时已经知道或应当知道张某、颜某与孙某也存在涉案房屋的买卖合同,故法院难以认定孙某与徐某之间系恶意串通;张某、颜某主张徐某在上述案件的庭审中陈述涉案房屋的真实交易价格时表示"260 万元左右,如这个官司需要赔偿,我还要再给被告本人钱",因而主张双方签订合同属于恶意串通,但该表述系反映庭审当时的情况,而该庭审时间晚于购房合同签订、履行时间,无法据此推定徐某在签订、履行合同时即知晓该诉讼的存在。至于张某、颜某另主张孙某、徐某对房屋交付时间、交易价格的陈述不一等情形,均不足以达到能够证明双方恶意串通的证明标准,故法院对其该项上诉意见亦不予采纳。现张某、颜某并无充分证据证明孙某、徐某存在恶意串通,故对于张某、颜某要求确认孙某、徐某签订的房屋买卖合同无效的请求,法院难以支持。

综上所述,二审法院判决驳回上诉,维持原判。

法官点评

《合同法》第五十二条规定:"有下列情形之一的,合同无效:(一)一方以欺诈、胁迫的手段订立合同,损害国家利益;(二)恶意串通,损害国家、集体或者第三人利益;(三)以合法形式掩盖非法目的;(四)损害社会公共利益;(五)违反法律、行政法规的强制性规定。"《最高人民法院关于审理商品房买卖合同纠纷案件适用法律若干问题的解释》第十条规定:"买受人以出卖人与第三人恶意串通,另行订立商品房买卖合同并将房屋交付使用,导致其无法取得房屋为由,请求确认出卖人与第三人订立的商品房买卖合同无效的,应予支持。"在因"一房二卖"而引起的房屋买卖合同纠纷案件中,在先的买受人常以出卖人与在后买受人恶意串通、损害在先买受人利益为由,要求确认在后的房屋买卖合同无效。此种情形下,如何判断出卖人与在后买受人是否存在恶意串通的情形,成为案件处理的争议焦点和难点。

(一)"恶意串通"的构成要件

恶意串通行为的构成要件包括主观要素和客观要素两个方面。主观要素方面,即双方存在恶意串通的故意,即当事人双方具有通过共同行为达到损害他人合法权益的目的。此处的"恶意"并非道德上所谓恶的意思,而是与善意相对而称的概念,指明知或应知某种行为会造成国家、集体或第三人的损害而故意为之。如果双方当事人或其中一方当事人不知道或不应当知道其行为的损害后果,则不构成恶意。恶意串通需要恶意串通的双方存在通谋,即双方当事人都希望通过实施某种行为而损害国家、集体或第三人的利益,可以表现为事先达成协议,也可以表现为一方作出意思表示,对方当事人明知其非法目的而用默示的方式接受;可以是双方当事人相互配合,也可以是双方共同作为。客观要素方面为恶意串通所实施的行为损害了他人合法权益。[1]

(二)如何认定是否构成"恶意串通"

通过以上分析可知,恶意串通的认定关键在于认定当事人的主观心理状态。在房屋买卖合同纠纷的司法实践中,恶意串通的行为一般较为隐蔽,在先买受人想要通过直接证据证明出卖人和在后买受人的主观心理状态是较为困难的,能够直接证明存在恶意串通的主观故意的证据也往往存在于进行恶意串通的当事人内部,他人则难以获取。因此,在主观认知状态不够明确的情况下,对于出卖人和在后买受人是否构成恶意串通的认定,则应当综合全案证据,根据案件的事实情况、结合交易市场背景和生活常理等来进行判断。例如,考察在后买受人是否明知在前房屋买卖合同的存在,房屋价款是否明显不合理,房款支付情况是否符合市场一般交易习惯,出卖人与在后买受人是否存在特殊关系,等等。

(三)认定构成"恶意串通"的标准

恶意串通损害他人利益系导致合同无效的事由之一,且在司法实践中往往通过推定的方法来证明,故在恶意串通的认定上应当严格把握。《最高人民法院关于适用〈中华人民共和国民事诉讼法〉的解释》第一百零九条规定:"当事人对欺诈、胁迫、恶意串通事实的证明,以及对口头遗嘱或者赠与事实的证明,

---

〔1〕 参见崔建远主编:《合同法》(第4版),法律出版社2010年版,第103页。

人民法院确信该待证事实存在的可能性能够排除合理怀疑的，应当认定该事实存在。”按照上述司法解释的规定，对于恶意串通的认定，不能采用一般的高度盖然性的证明标准，而应提高证明标准，即达到排除合理怀疑的程度。[1]

具体到本案中，法院并未认定孙某与徐某构成恶意串通，理由如下：第一，孙某在将涉案房屋出卖给张某、颜某之前即与徐某签订了房屋买卖合同，且该买卖合同系基于双方在先的借款合同关系产生；第二，徐某就其与孙某之间的房屋买卖合同已支付了部分房款对价，且双方约定的房屋价款并不存在明显低于市场价格的情况，前后两次房屋买卖合同中虽然存在房屋价款的变更，但孙某与徐某对于价款变更作出了解释，该解释亦符合当时房价快速上涨的市场背景；第三，张某、颜某主张孙某、徐某的房屋买卖合同的签订、履行的时间晚于其另案起诉孙某要求继续履行合同的时间，且徐某在该案中系孙某的诉讼代理人，据此主张徐某与孙某系恶意串通，但根据证据显示，另案送达起诉的时间晚于上述购房合同签订、履行的时间，且张某、颜某并无其他证据证明徐某在签订、履行上述购房合同时已经知道或应当知道张某、颜某与孙某也存在涉案房屋的买卖合同。综合全案情况来看，并无充分证据证明孙某、徐某存在恶意串通，未达到排除合理怀疑的证明标准，故对于张某、颜某要求确认孙某、徐某签订的房屋买卖合同无效的请求，法院未予支持。

裁判精要

在认定房屋出卖人与在后买受人是否构成恶意串通的问题上，由于当事人的主观心理状态难以认定，在缺乏直接证据的情况下，应综合全案证据及案件事实情况、交易市场背景及生活常理等因素进行客观判断，并采用较高的证明标准，达到排除合理怀疑的程度。

《民法典》第一百五十四条规定：“行为人与相对人恶意串通，损害他人合法权益的民事法律行为无效。”

（编写人：江惠、冯妍）

---

〔1〕 参见沈德咏主编：《最高人民法院民事诉讼法司法解释理解与适用》（上），人民法院出版社2015年版，第360～362页。

七、房屋买卖合同中，恶意串通的认定方法与标准

实务难题

根据《中华人民共和国合同法》第五十二条的规定，恶意串通，损害国家、集体或者第三人利益的合同，系无效合同。恶意串通为一种主观状态，意为双方或一方为牟取不当利益共同合谋，双方存在具有共同目的的通谋。要求行为人各方在主观上具有恶意性，行为上具有串通性，在行为的动机、目的、行为以及行为的结果上达成一致，使损害他人利益的结果得以实现。

恶意的主观性特点，决定了对于恶意串通损害第三人利益的行为，通常不可能存在直接的证据，仅能采取有条件的适用推定。卖房人“一房二卖”，并将房屋产权转移到后买受人名下，如何认定双方当事人是否存在恶意串通行为，应结合在案证据及各方当事人陈述，从主观目的、合同签订与履行过程、买卖各方是否存在关联关系、是否存在“不合理的低价”、买方是否明知卖方存在巨额债务等方面并结合交易习惯、日常经验法则进行全面分析，以作出判断。

疑难案例

2005 年 4 月 22 日，阿某取得了涉诉房屋的所有权证。2006 年 7 月，阿某与何某签订了协议书，何某以 41.5 万元购买涉案房屋，支付全款，由阿某出具收据。后涉案房屋一直由何某居住使用，并提交物业费发票、供暖费发票、冷热水发票、有线电视费发票及物业结清证明，显示何某已结清了涉诉房屋在 2011 年至 2014 年的物业管理费等相关费用。

2015 年 9 月 9 日，阿某与张某签订存量房屋买卖合同，约定阿某将涉诉房屋出售给张某，出卖人和买受人通过北京好代金房地产经纪有限公司居间成交，房屋成交价格 450 万元，买受人采取自行交割方式付款。合同其他条款包括具体付款时间及期限约定、各种税费承担、房屋交付时间、逾期交房责任、逾期付款责任、权属转移登记、争议解决方式等均为空白。阿某与张某称双方口头约定张某替阿某偿还中融信公司借款后，办理房屋过户手续，交房后支付尾款 100 万元。

何某提交派出所询问笔录，证明其曾在 2015 年 3 月 15 日因涉诉房屋门锁被法某更换而报警；受案回执，证明其曾在 2015 年 10 月 14 日因张某撬开涉诉

房屋门锁并将其屋内物品搬走而报警。

经法院依法委托，北京国地房地产土地评估有限公司于2016年4月20日出具《房地产估价报告》，评估结果为：涉诉房屋在2015年9月1日的市场价值为490.57万元。

张某表示其已付清了全部购房款，房款由孙甲代张某支付310万元。1. 此笔房款法某要求孙甲转入链家中融信担保有限公司业务经理陈某工商银行方庄支行账号内，三方均予以认可，落款处有法某、孙甲及见证人赵某的签字；2. 孙甲的工商银行转账凭证，证明孙甲在2015年9月10日向陈某转账310万元，在2015年9月15日向法某转账40万元；3. 张某的工商银行转账凭证，证明张某在2015年12月2日向法某转账100万元。

孙甲陈述证言如下：1. 我是做房产投资的，经常会和链家公司、我爱我家公司等中介联系；2. 我和张某是朋友，涉诉房屋是以张某的名义买的，我出了大部分资金，张某也出了一部分资金；3. 2015年三四月，有经纪人给我打电话告知了涉诉房屋的出售信息；4. 2015年七八月，我让我朋友孙乙去看了房，当时孙乙和链家公司的员工一起去的涉诉房屋，到达时法某已经在屋里了，屋里的家居摆设是齐全的，简单看了一下就回去了；5. 签合同过程中，我先和法某谈好了价格，到代办公司提交了购房资质并办理了网签，因为阿某欠中融信公司的钱，因此协商由我先缴税后将中融信公司的钱还清再过户，之后再交房；6. 向中融信公司还钱时，中融信公司让把钱付给其公司经理陈某，法某也同意了。

一审庭审中，阿某称赵某参与了其向中融信公司借款以及房屋委托链家出售的全过程。涉诉房屋于2015年6月至9月在链家公司挂牌出售。

关于看房情况，孙某生于一审庭审中出庭作证称2015年6月至7月，曾查看过涉诉房屋，孙某生与张某、孙甲等几个人合作炒房子已经十多年了，房源自链家公司处得知，看房时法某与链家公司人员在场，记不清房屋是二居室还是三居室，看完涉诉房屋后，去物业核实过房屋产权人情况，孙某生表示没有听说过孙乙。张某表示孙某生就是孙乙，孙乙是孙某生小学前的小名。

张某于公安机关询问中表示，其为北京正原立信房地产公司主管，2014年认识法某，2015年7月左右，法某找到其想向其出售一套已抵押给链家公司的房产。7月其与法某共同看房，并商议具体售房事宜；房屋过户后才听链家公司的员工说该房屋可能有纠纷；2015年10月14日其报“110”开锁，民警告知其此房屋有纠纷。法某于公安机关询问中表示，2015年3月左右曾将涉诉房屋换锁，并且张某和其他人均看过涉诉房屋，更换涉诉房屋门锁后见到何某，何某已告知其涉诉房屋系其本人购买；2015 年 9 月又找到张某协商房屋出售事宜。

张某 2015 年 10 月 21 日向丁某高息借款 350 万元，借款期限一个月，该款项至今尚未偿清。涉诉房屋现已抵押，抵押权人为丁某。

2015 年 9 月 14 日，涉诉房屋过户至张某名下。

何某诉至法院，请求 1. 确认阿某与张某于 2015 年 9 月 9 日签订的存量房屋买卖合同无效；2. 张某将北京市朝阳区将台路乙×号院×号楼×座×号房屋（以下简称涉诉房屋）过户回阿某名下；3. 张某将涉诉房屋腾退交还给何某。

法院观点

一审法院认为，根据阿某、张某的举证，并结合链家公司出具的回函，形成了较为完整的证据链，能够证明张某是由中融信公司员工找来的买房人，房屋成交价格较之于评估结果并未明显低于市场价值，且张某亦支付了全部购房款，现有证据尚不足以证明阿某、张某之间存在恶意串通，故何某的诉讼请求依法应予驳回。判决驳回何某的全部诉讼请求。

何某不服，以张某并非善意受让人为由，向二审法院提起上诉，要求撤销原判，改判驳回支持其一审诉讼请求。

二审法院经审理认为，本案中，处分人阿某及其代理人法某对再次出售涉诉房屋具有明显恶意。张某作为买受人的诸多情形亦难称为善意具体表现为：第一，张某未尽应有的审慎义务。张某系房地产公司高级从业人员，炒房十余年，须承担更重的审慎义务。第二，从合同条款的签订来看，双方仅就涉诉房屋签订了一份网签合同，且该网签合同对上述列举的重要条款均未进行约定，没有证据表明买卖双方存在一般房产买卖交易的磋商过程，与常理相悖。第三，买受人是否查验过交易房屋存在众多疑点：看房人存疑、看房时间存疑、看房细节存疑、看房可能性存疑。第四，张某欲购涉诉房屋时，应对涉诉房屋存在权属纠纷一节明知。第五，阿某与张某的意思与行为高度一致，对交易的目的及利益具有一致性。综合上述案件事实，纵观涉诉交易的过程，在张某与阿某不能合理解释交易中诸多不合常理情形的情况下，本院有理由认为阿某与其代理人法某在签订涉诉买卖合同过程中明显存在损害何某的恶意，张某在买卖涉诉房屋的过程中明知何某对涉诉房屋可能存有权属主张，张某与阿某的意思及行为相互结合所形成的涉诉房屋买卖合同损害了何某利益,双方签订的北京市存量房屋买卖合同应被认定为无效。遂一审对此认定有误,本院予以改判。

法官点评

恶意串通是以双方的故意性通谋过程作为条款要件,并同时对当事人心理动态进行探究,以损害利益为意图的过程。司法实践中,如何认定双方当事人存在恶意,如何认定该恶意存在行为上的串通,从而保护善意第三人的合法财产,成为司法实践中的传统难点。

(一)恶意串通的构成要件

恶意串通为一种主观状态,意为双方或一方为牟取不当利益共同合谋,当事人双方存在具有共同目的的通谋。要求行为人各方在主观上具有恶意性,行为上具有串通性,在行为的动机、目的、行为以及行为的结果上达成一致,使损害他人利益的结果得以实现。第一,须有行为人双方基于恶意串通而损害国家、集体或者第三人利益之故意;第二,须有双方共同恶意串通之行为,即双方恶意通谋之意思已经付诸实施;第三,须串通之双方有通过恶意串通行为而谋取不正当利益之非法目的,至于行为后果是否实现了不当利益在所不问;第四,须双方恶意串通之行为直接有损于国家、集体或第三人之利益。

从司法实践来看,债权人选择以债务人与他人恶意串通、损害其利益为由主张合同无效的案件从相对数量而言较少,因该类案件对于原告在举证方面设定的严苛的条件,导致该类案件胜诉率不高。恶意串通,是以损害他人利益为目的而相互同谋、相互勾结作出的意思表示,债权人不仅要证明债务人与受让人主观上具有加害债权人的故意,还要证明客观上具有勾结、串通的行为。这种举证对处在合同关系外部的债权人而言非常困难。

(二)认定恶意串通的基本方法

关于恶意串通损害第三人利益行为的实务认定,我国《民法通则》及《合同法》中对其均未涉及,我国现行民事法律及司法解释中并未对恶意串通作出明确界定。故司法实践中，恶意的主观性特点，决定了对于恶意串通损害第三人利益的行为，通常不可能存在直接的证据，仅能采取有条件的适用推定。所谓推定，是一种证据法则，根据法律或者法官依照经验法则、判例，在诉讼过程中，由已经查明的事实推断未知的结果事实存在，并允许行为人反驳的一种证明法则。该适用推定必须达到一定的客观事实标准为基础，且推定事实需要以可知事实为基础或者以在案证据佐证，这种假定的适用，不仅要遵循一般的逻辑规则，还要受特定的法律规则的约束。推定具有推理的形式，具有间接证明的某些特点，是不完全的间接证明，是降低了标准的间接证明，只要求作为根据的基础事实查证属实。

（三）本案中当事人恶意串通之认定

据已查明的事实，何某与阿某于2006年签订买卖涉案房屋协议书，自2006年起一直居住在涉案房屋并每月归还房贷，在其掌控房屋期间不可能允许阿某对外再行出售房屋，也不可能允许阿某带其他买受人看房。而张某、阿某作为北京市存量房屋买卖合同的双方当事人在合同签订前后及合同履行过程中却存在诸多不合理之处，本院查实情况有：根据张某所述其特殊职业背景及长期"炒房"经验看，其应当对涉案房屋可能存在其他权利人明知；张某与阿某签订买卖合同关键条款缺失，不符合普通房屋买卖合同交易特征；张某称其实际查看过涉案房屋证据不足；张某于明知涉案房屋存在其他权利人后，仍向阿某大额转账于理相悖等。综合以上情况，结合全案案情，本院大胆认定张某与阿某房屋买卖合同签订过程中有恶意串通，损害何某权益行为，双方签订的房屋买卖合同无效，从而作出改判结论。

裁判精要

司法实践中，当事人诉请要求认定合同无效，通常依据《合同法》第五十二条有关恶意串通损害第三人利益。但恶意串通为一种主观状态，要求当事人双方存在具有共同目的的通谋。恶意的主观性特点，决定了对于恶意串通损害第三人利益的行为通常不可能存在直接的证据，仅能采取有条件的适用推定。认定双方当事人是否存在恶意串通行为，应结合在案证据及各方当事人陈述，从主观目的、合同签订与履行过程、买卖各方是否存在关联关系、是否实地查看过房屋、是否存在“不合理的低价”、买方是否明知卖方存在巨额债务等方面并结合交易习惯、日常经验法则进行全面分析，以作出判断。

《民法典》将原《合同法》中总则部分有关合同可撤销、无效部分规定移入《民法典》总则第六章民事法律行为。将原《合同法》第五十二条第(二)款有关“恶意串通，损害国家、集体或者第三人利益”导致合同无效情形，修改为第一百五十四条“行为人与相对人恶意串通，损害他人合法权益的民事法律行为无效。”将损害国家、集体、第三人利益改为损害他人合法权益。

（编写人：孙妍）

八、二手房买卖合同中恶意串通的认定

实务难题

二手房交易过程中“一房二卖”的现象时有发生。出卖人违背诚信原则毋庸置疑，第二买受人是否明知第一买受人存在而故意或恶意与出卖人达成买卖协议，是二手房买卖合同中恶意串通的认定问题。出卖人“一房二卖”，房屋产权转移至第二买受人名下，虽然没有直接证据证明第二买受人存在故意或恶意，但可以根据在后的房屋买卖合同签订和履行中买卖双方不合常理之处，推定双方存在恶意串通。

疑难案例

张某杰(原审被告、被上诉人)原系702号房屋所有权人，产权登记时间系2011年4月21日。2016年9月19日，借款人张某杰与出借人张某明签署借款合同，张某明向张某杰出借1200万元，如果实际放款金额与约定借款金额不一致，借款金额以实际放款金额为准。借款期限自2016年9月19日起至12月18日止。同日，张某杰、张某明申请对借款合同予以公证。后张某明分别于2016年9月19日至10月24日向张某杰分三笔转账共1210万元。

2016年10月26日，张某杰与张某明签署委托书，张某杰委托张某明作为代理人办理关于702号房屋的售房事宜，同日，张某杰对委托书申请公证。

2016年11月12日，张某杰（甲方）、李某（原审被告、被上诉人）（乙方）、张某明（丙方）签署《协议》，其中明确了上述借款及委托售房事项，同时约定李某以710万元的价格购买上述房屋，购房款由李某直接向张某明支付，用于清偿所借金额中的710万元，于2017年6月30日前全部付清，剩余款项500万元借款，由张某杰继续向张某明偿还。同日，张某杰（出卖人）与李某（买受人）签署《北京市存量房屋买卖合同》（以下简称《买卖合同》），约定以710万元售卖702号房屋，出卖人应于2016年12月31日前办理解押注销手续，出卖人未将房屋出租，出卖人应当在2017年1月31日前将房屋交付给买受人，自合同签订之日起90日内，双方共同向房屋权属部门申请办理房屋权属转移登记手续。李某分别于2017年1月11日、20日、3月6日、7日向张某明转账支付100万元、150万元、275万元、185万元，张某明分别出具房款收条。

庭审中吴某（上诉人、原审原告）称：其与张某杰于2009年达成口头协议，张某杰以1,702,528元的价格将702号房屋出售给吴某。吴某于2009年7月21日支付租户22,500元作为提前解约违约金，并于当日搬入该房屋居住至今，并陆续支付购房款160余万元。2015年11月，双方补签转让协议，明确吴某就702号房屋已付房款1,552,500元，剩余部分于办理房屋权属转移登记后再行支付。后吴某支付房款至162万元，因张某杰一直不配合办理房屋权属转移登记手续，吴某于2017年起诉，才得知702号房屋被另行出售。李某未入户看房，明知房屋已经出售，与张某杰恶意串通损害吴某的利益，且张某杰“一房二卖”的行为构成欺诈，其买卖合同应属无效。

法院观点

一审法院认为，吴某认为张某杰与李某就702号房屋签订之买卖合同无效，应审查是否属于法律规定的合同无效事由。恶意串通意为双方或一方为牟取不当利益共同合谋，当事人双方存在具有共同目的的通谋。张某杰向李某出售702号房屋时，已经取得了702号房屋所有权证书。李某信赖房屋登记簿中关于物权登记的记载购买702号房屋，尽到了购房人的审查注意义务。且李某采用正常买卖交易途径并支付合理对价购买702号房屋，在案证据不足以证明李某与张某杰存在恶意串通之通谋。张某杰与李某就702号达成买卖协议并依约履行，不存在以合法形式掩盖非法目的之情形，亦不存在欺诈胁迫形式损害国家利益之情形。判决:驳回吴某的诉讼请求。

吴某不服,以李某并非善意买受人为由提起上诉,请求确认张某杰与李某签署的《买卖合同》无效。

二审中法院补充查明,2017 年 1 月吴某就其与张某杰之间的房屋买卖合同关系提起诉讼。2017 年 3 月 3 日该案庭审过程中,李某到庭主张权利,称涉案房屋已经过户至其名下。该案尚在审理过程中。

经二审法院询问,张某杰称看房时间是买房前一个月左右,由吴某开门。李某称其系张某明的妻弟,张某杰带其看房,由其他人开门。吴某对二人的陈述不予认可,称涉案房屋一直由其居住,不可能允许他人看房。

二审法院认为,恶意串通意为双方或一方为牟取不当利益共同合谋。认定双方当事人是否存在恶意串通行为应从主观目的、合同签订与履行过程、买卖各方是否存在关联关系、是否存在"不合理的低价"、买方是否明知卖方存在巨额债务等方面加以判断。

据已查明的事实,吴某系张某杰的债权人,自 2009 年起一直居住在涉案房屋。2015 年 11 月,吴某与张某杰签订转让协议,张某杰同意将涉案房屋出卖给吴某,双方之间形成房屋买卖关系,此后吴某继续掌控房屋。从上述事实及其与张某杰、李某就涉案房屋发生纠纷的过程,吴某前后表现一致,一直以房屋买受人的身份主张权利,其主张在其掌控房屋期间不可能允许张某杰对外再行出售房屋,也不可能允许张某杰带其他买受人看房的陈述符合正常人的心理状态及通常做法,应予采信。而张某杰、李某以及张某明在合同签订前后及合同履行过程中却存在诸多不合理之处:第一,张某杰对外欠有巨额债务,2015 年 11 月与吴某签订转让协议后又将涉案房屋过户给李某,试图通过"一房二卖"获得巨大利益,主观恶意明显,其称吴某同意其出售房屋,但未能提供证据证明双方之间的买卖合同关系已解除或其与吴某之间的债权债务纠纷已解决,故张某杰的陈述明显缺乏可信性。第二,张某杰在拿到张某明最后一笔借款后立刻委托张某明出售房屋,借款期限未满即与李某签订合同并办理房屋过户,由李某直接向张某明付款以抵消债务。第三,李某身份特殊,其通过张某明介绍与张某杰签订房屋买卖合同,在明知张某杰负有债务,在法院存有诉讼,且涉案房屋并非在张某杰控制之下,理应查验房屋,向房屋实际居住人询问占住房屋原因、居住情况等细节。李某就看房事实无法提供证据,而吴某与张某杰签订转让协议买房时间明显早于李某,且一直控制涉案房屋,吴某允许张某杰带其他购买人查看房屋明显不符合常理。第四，从李某的付款时间和行为来看，李某始终未能控制房屋，2017年年初张某杰又与吴某就涉案房屋发生争议，并于2017年3月参加了吴某诉张某杰案件的庭审，明知吴某、张某杰之间房屋买卖合同纠纷，应意识到继续履行合同将存在巨大的风险，但其仍选择继续向张某明支付大笔购房款，其行为明显有异于正常购房人。李某仅将上述行为解释为因为已将房屋过户，故只得选择按合同履行过于牵强。综合上述案件事实，张某杰及李某不能进行合理解释，可以认定张某杰及李某存在恶意串通，以实现帮助张某杰完成多重买卖，损害吴某利益的行为，双方签订的买卖合同应被认定为无效。二审改判确认合同无效。

法官点评

2017年10月1日起施行的《民法总则》保留了恶意串通规则，即第一百五十四条，在表述上有所改进，但大旨未变。《合同法》第五十二条规定的恶意串通，损害国家、集体利益或者第三人利益的合同，其无效的判定主要由主观因素和客观因素两个方面构成。“恶意串通”为主观因素，即合同双方当事人均希望通过订立合同来达到损害国家、集体或者第三人利益的目的，“恶意”表示明知该合同内容违反法律法规，并会损害国家、集体或者第三人利益，“串通”说明双方当事人通谋，具有“共同的”意图。恶意串通可以表现为合同双方当事人事先已达成协议，也可以是当事人一方作出意图订立合同的意思表示，对方当事人在明知该合同具有违法内容的情况下仍采取默示接受的方式与其达成协议。它是合同双方当事人互相配合或共同作为的结果。客观因素即客观方面表现为损害国家、集体或者第三人的利益。若合同虽属恶意串通，但并未损害任何人的利益，则此时不宜将合同认定无效，否则既损害了当事人订立合同的自由，又不利于鼓励交易。因此，利用《合同法》第五十二条第二款判定合同无效，该主观因素与客观因素缺一不可。鉴于恶意串通在性质上是一种纯主观的状态，诉讼中恶意串通当事人很少出现自认情形，因此更多的是由法官根据客观证据加以认定。恶意串通涉及主观评价，其构成要件通常难以简单地通过成文法加以规定，更多的是依循司法实践经验，在案例类型的总结基础上进行分析处理。在《民法总则》施行后，就恶意串通规则的解释适用，最高人民法院发布的案例和相关裁判文书仍具有较强的指导作用。

《最高人民法院公报》2010年第10期刊登的最高人民法院(2009)民申字第1760号民事裁定书,即陈全、皮治勇诉重庆碧波房地产开发有限公司、夏昌均、重庆奥康置业有限公司合同纠纷案中,最高人民法院认为:构成恶意串通确需行为人明知或应知该行为侵害国家、集体、第三人利益,即行为人主观上具有恶意。而判断行为人主观上是否有恶意则需结合具体案情予以综合评判。该案中,根据协议签订前后行为及合同约定和履行综合判定,是否明显违背商业规律,与履约事实及常理是否相符。最高人民法院指导案例33号瑞士嘉吉国际公司诉福建金石制油有限公司等确认合同无效纠纷案中,判定恶意串通主要考虑了如下因素:(1)买卖双方的特殊身份关系导致买受人在签署和履行合同中对债务人的状况非常清楚;(2)买受人在明知债务人欠债权人巨额债务的情况下,以明显不合理低价购买债务人的主要资产,足以证明其与债务人在签订合同时具有主观恶意,属恶意串通,且该合同的履行足以损害债权人嘉吉公司的利益;(3)通过对账确认买受人并未实际支付价款。

综合以上两则最高人民法院的裁判,在司法实践中,认定恶意串通可以从以下角度考量:(1)具有恶意串通的主观动机;(2)协议签订前后行为及合同约定和履行细节有违经济性与合理性;(3)债务人将主要财产以明显不合理低价转让给其他人或关联公司;(4)买方明知卖方欠有巨额债务;(5)买方未实际支付对价或仅支付部分对价;(6)从交易结果来看,是否获得了不应该获得的暴利,与低价转让具有直接的因果关系;(7)实际上导致债权无法实现,直接损害了债权人的合法利益。

具体到房屋买卖合同案件中,还应当增加以下几项因素,通过在案证据各项因素相互作用、综合考量,用来证明串通恶意的存在:(1)第一买受人已实际入住的事实;(2)第二买受人是否具有作为正常购房人的理性和审慎,购房手续和程序是否完备;(3)购房款的支付及办理不动产权转移登记的时间及过程。[1] 例如,在有的案例中,第二买受人为出卖人公司法定代表人的配偶,其特殊身份使其对买卖合同签订和履行情况有深入了解的可能,则可以被认定为存在恶意串通的可能。在2007年上海市第二中级人民法院判决的一则案件中,一审原告与一审被告签订房屋买卖合同并完成交付后,又就同一标的物与第二买受人签订房屋买卖合同,并完成了产权的变更登记。法院依照客观标准,对

〔1〕 参见韩峰:《"恶意串通"的推定》,载《上海法治报》2008年7月30日。

第二买受人是否存在主观恶意进行了确认：第一，第二买卖合同每平米的价格3800元远低于同期市场房价10000元左右；第二，第二买卖合同的付款义务是否真实履行缺乏证据支持；第三，第二买受人没有理由不对房屋的状态进行必要调查和了解。基于此，法院认定二者存在恶意串通，从而判决第二买卖合同无效，并判决一审被告协助第一买受人办理诉争房屋的产权过户手续。[1]总结来看，正如最高法院在裁判中所指出的"构成恶意串通确需行为人明知或应知该行为侵害国家、集体、第三人利益，即行为人主观上具有恶意。而判断行为人主观上是否有恶意则需结合具体案情予以综合评判。"[2]自2015年2月4日起施行的《最高人民法院关于适用〈中华人民共和国民事诉讼法〉若干问题的解释》第一百零九条规定："当事人对于欺诈、胁迫、恶意串通事实的证明，以及对于口头遗嘱或者赠与事实的证明，人民法院确信该待证事实存在的可能性能够排除合理怀疑的，应当认定该事实存在。"欺诈、胁迫和恶意串通等事实，在实体法立法上使用"足以""显失公平"的表述的，均反映立法者有对此类待证事实拔高证明标准的意图，审判实践中对这些事实也应当适用高于高度盖然性的证明标准。可见，恶意串通等事实的证明标准，需要达到排除合理怀疑的程度，高于民事诉讼中高度盖然性的一般证明标准。当然，不能苛刻地要求第一买受人直接证明第二买受人与出卖人存在串通恶意的事实，而是可以适当放宽标准提交相关证据，使法院足以通过在案证据，结合交易各方在合同签订和履行过程中的不合常理之处，认定恶意串通的存在。

恶意串通，致合同无效。这是认定恶意串通后的法律后果。合同无效，意味着合同自始没有法律约束力，应将财产后果恢复到合同订立以前的状态。对于无效合同的处理，人民法院应当首先根据《合同法》第五十八条的规定，合同无效后，因该合同取得的财产，应当予以返还；不能返还或者没有必要返还的，应当折价补偿。有过错的一方应当赔偿对方因此所受到的损失，双方都有过错的，应当各自承担相应的责任，判令取得财产的一方返还财产。恶意串通"一房二卖"的案件中，出卖人与第二买受人通谋并以此逃避债务履行或强制执行时，可认定其行为构成恶意串通，并据此确认不动产物权变动的基础关系及物权合

---

[1] 参见上海市第二中级人民法院(2007)沪二中民二(民)终字第102号"杨建荣诉上海复佳房地产开发有限公司商品房预售合同案"。

[2] 最高人民法院(2009)民申字第1760号民事裁定书(载《最高人民法院公报》2010年第10期)。

意无效，若第二买受人明知第一买受人的存在，仍然坚持参与竞争，第一买受人可据此请求恢复原状，确认第二买卖合同无效，撤销不动产权登记，并请求出卖人履行合同，移转所有权。

裁判精要

司法实践中，认定恶意串通可以从以下角度考量：(1)具有恶意串通的主观动机；(2)协议签订前后行为及合同约定和履行细节有违经济性与合理性；(3)债务人将主要财产以明显不合理低价转让给其他人或关联公司；(4)买方明知卖方欠有巨额债务；(5)买方未实际支付对价或仅支付部分对价；(6)从交易结果来看，是否获得了不应该获得的暴利，与低价转让具有直接的因果关系；(7)实际上导致债权无法实现，直接损害了债权人的合法利益。具体到房屋买卖合同案件中，还应当增加：(1)第一买受人已实际入住的事实；(2)第二买受人是否具有作为正常购房人的理性和审慎，购房手续和程序是否完备；(3)购房款的支付及办理不动产权转移登记的时间及过程等几项因素，通过在案证据各项因素相互作用、综合考量，用来证明串通恶意的存在。

关于恶意串通，《民法典》第一百五十四条与《民法总则》第一百五十四条的规定一致，其出台不影响本案例对司法实践中认定恶意串通需考量之因素的探讨及总结。

（编写人：薛妍）

九、涉借贷的房屋买卖交易中恶意串通的司法审查

实务难题

涉借贷的房屋买卖交易中经常存在借款合同、委托合同和连环房屋买卖合同等多个法律关系，且各合同之间相互牵连、互相影响。借款人在签订借款合同的同时又将其房产的处分全权委托给代理人，代理人后期将该房产以明显低价出售给买受人，实务中对于认定代理人与买受人之间是否存在恶意串通损害借款人利益的情形存在一定困难。本案例认为，对恶意串通的认定应结合案件细节综合认定。同时，对买受人又将房屋转售的，其与新买受人之间是否存在恶意串通同样需要进

行审查,并将直接影响借款人能否从新买受人处追回涉案房屋的所有权。

疑难案例

涉案房屋所有权原登记于赵某名下,2011 年 9 月 6 日,赵某与万某签订借款合同,赵某向万某借款人民币 220 万元,借款期限 1 个月,自 2011 年 9 月 6 日至 10 月 5 日,利息按同期央行贷款利率的 4 倍计算,赵某以自己的房屋作为担保。同日,借款合同办理了强制执行公证。万某将 190 万元汇入赵某账户。同时,赵某向常某出具经公证的全权售房委托书,委托常某代为办理涉案房屋买卖的全部交易手续,包括代签房屋买卖合同、代办网签、代办产权转移、代办税务手续、代收房款等。委托期限为自 2011 年 10 月 6 日起至委托事宜办完为止。

2011 年 11 月 17 日,常某以赵某代理人的身份与杨某签订存量房屋买卖合同,以 220 万元的价格将涉案房屋出售给杨某,合同未约定款项支付和房屋交付时间。次日,杨某取得所有权证。2013 年 2 月 1 日,杨某又将涉案房屋以 216 万元的价格出售给吴某,后吴某取得所有权证。经评估,涉案房屋 2011 年 11 月 17 日的市场价格为 760 万元。

关于购房款的支付情况,杨某于合同签订前的 2011 年 11 月 5 日支付常某购房首付款 25 万元,于 2012 年 9 月 16 日支付常某购房款 195 万元。常某及杨某称,合同虽未约定支付购房款及交付房屋的时间,但双方口头约定先支付首付款,在办理产权过户手续后支付全款;因杨某未能入住涉案房屋,故未及时支付剩余购房款;后代理人常某告诉杨某支付完购房款后,可以起诉赵某腾退涉案房屋,买受人杨某无奈才在 2012 年 9 月支付剩余购房款。赵某表示从未收到过购房款。代理人常某称其为赵某的借款作了担保,在出借人万某催款的情况下,其将涉案房产出售,并已代赵某还清了对出借人万某的借款。代理人常某向出借人万某转账时间和金额分别为:2011 年 10 月 12 日 40 万元,2012 年 6 月 14 日 12.5 万元,2012 年 9 月 26 日 80 万元,2012 年 11 月 22 日 60 万元,2013 年 1 月 30 日 30 万元,以上共计 222.5 万元,包括偿还本金 220 万元、利息 2.5 万元。

就买受人杨某是否知晓赵某和万某之间的借贷关系以及其与代理人常某、出借人万某之间是否存在恶意串通的行为,杨某明确表示不知情并对恶意串通行为予以否认。赵某主张买受人杨某与代理人常某、出借人万某相识且知晓借贷关系的存在。赵某还表示，代理人常某和出借人万某系某投资公司的同事，共同为赵某设下了骗局。法院就买受人杨某在购买涉案房屋时是否对房屋进行勘查询问了双方当事人，买受人杨某表示，其在购房前曾对涉案房屋进行过查看，并对该房屋的状况进行了描述。对此赵某表示，杨某并未去过涉案房屋，杨某的描述多与事实不符，并称代理人常某、出借人万某在签订借款合同前曾经去过涉案房屋，杨某对该房屋的描述应是从代理人常某及出借人万某处得知。

赵某提起本案之诉，要求确认代理人常某代赵某与买受人杨某签订的房屋买卖合同无效。

法院观点

法院经审理后认为，常某以代理人的身份与买受人杨某签订房屋买卖合同的行为，存在恶意串通损害赵某利益的情节，房屋买卖合同应当无效。

首先，关于代理人常某方面。常某作为赵某的代理人与买受人杨某签订涉案合同，其有义务在交易中保护被代理人赵某的合法权益，以被代理人的利益为代理行为。根据查明的事实，代理人常某不仅未尽到勤勉注意义务，反有损害被代理人利益的行为发生。第一，委托书上载明的授权事项中并未对房屋具体售价进行授权。代理人常某未在出卖房屋时与赵某核实价格，亦无证据证明其通知或提示了被代理人赵某，即将涉案房屋以远低于市场价的价格卖与买受人杨某，明显侵害了被代理人的合法权益。第二，代理人常某在仅收取买受人杨某首付款 25 万元、剩余 195 万元款项尚未收取时即把房屋过户到买受人杨某名下，且未在合同中约定房款支付时间及违约责任，此举显与一般交易习惯不符。代理人常某与买受人杨某先是称经朋友介绍相识，后又改称双方之前相熟，并以相互信任作为解释，此主张前后矛盾，且即使该主张成立，亦将被代理人利益陷于高度风险之中，不仅存在损害被代理人利益的可能，亦有串通之虞。第三，代理人常某称其为赵某与出借人万某借款关系的担保人，所以急于出售房屋偿还款项，但其该项主张并无书面证据佐证，赵某亦不认可代理人常某的担保人身份，因此，法院对此主张不予采信。第四，代理人常某陈述其代理卖房的原因是为了偿还借款人赵某向出借人万某的借款，但在收取买受人杨某房款之后,既未将款项转给赵某,也未及时将款项偿还给出借人万某,代理人常某向出借人万某转账的时间与收取买受人杨某款项的时间存在较长的时间差,此举与其陈述自相矛盾。综上所述,应当认定常某在以代理人身份与买受人杨某签订合同过程中存在恶意。

其次,关于买受人杨某方面。杨某作为买受人,在购买房屋这样的大宗财产时,应负有较之一般交易更高的审慎注意义务。但根据查明的事实,买受人杨某陈述其购买涉案房屋用于自住,但其未在合同中对房屋交付时间和违约责任进行约定,亦无证据证明其在取得房屋产权并支付全部价款后曾要求过赵某腾房,此行为将自身置于不能得房的高度风险之中,与正常交易习惯和其购房目的不符。更为重要的是,买受人杨某自认其于购买涉案房屋前就已有购房意向,作为居住生活于本市的完全民事行为能力人,其对于涉案房屋的市场价格应有基本了解和认知。而在涉案房屋价格明显低于市场价的情况下,没有证据证明买受人杨某曾对涉案房屋进行过查看,其也自认未询问过房主赵某委托常某卖房的原因,即径行与代理人常某签订了房屋买卖合同。如前所述,买受人杨某作为完全民事行为能力人,应当意识到其进行的买卖行为可能存在涉及他人合法权利的事实。在此情况下,买受人杨某在未予进一步审查的情况下仍坚持与代理人常某进行交易,足见其对于此损害事实的发生,在主观上即使不属于积极追求亦属明知而放任损害结果发生的态度,应认定其存在主观恶意。

最后,从一般常理理解,如房屋交易过程中出现本案所查明上述情节的某一点,尚可解释为个案的特殊性。但诸如本案一并出现在同一交易过程中,则难以偶然性自圆其说。故代理人常某与买受人杨某之间存在串通损害赵某合法利益的行为,房屋买卖合同应无效。

法官点评

(一)应结合案件细节对涉借贷房屋买卖交易中的恶意串通进行综合认定

我国法律对于恶意串通的法律后果有相应的规定,司法实践的审查重点在于对恶意串通的认知和判定,需要对案件细节进行全面分析后作出认定。

“恶意串通”包括“恶意”与“串通”两个要素,“恶意”即当事人明知串通行为会造成损害他人利益的结果，仍积极追求的主观状态。“串通”包含主客观两个方面：主观上需当事人具有共同的意思联络与沟通，即均明知道恶意行为会损害他人利益而欲积极为之；客观上需要求当事人互相配合或共同实施该恶意串通的行为。

对涉借贷房屋买卖交易中代理人和买受人恶意串通的认定，也需从恶意和串通两个方面来进行。从恶意的角度来说，需代理人和买受人明知串通行为会造成损害被代理人利益的结果，主观上仍积极追求或放任这种结果的发生；从串通的角度来说，需代理人和买受人互相配合或共同实施了恶意串通损害被代理人利益的行为。对于恶意串通的证明，司法实践中常采用推定的方法。在涉借贷的房屋买卖合同中，恶意串通的代理人和买受人在交易过程中会有诸多反常行为，这些反常行为为推定恶意串通的成立提供了依据。一是合同内容反常。主要表现在价款过低、主要条款缺失。房屋买卖合同的成交价款往往与借贷的金额接近，并明显低于交易时房屋的市场价格；合同对于购房款支付、房屋过户、违约责任承担等重要条款往往没有具体约定，而对于不动产交易来说这些条款恰恰是不可缺少的关键条款。二是合同履行反常。主要表现在购房资金闭合空转、房屋过户迅速等方面。从资金流向来说，出借人转款给买受人，买受人付款给代理人，代理人收到款项后以还款名义将款项转给出借人，形成了闭合性的资金链条，购房款空转一圈后又回到出借人手中。实际上等于涉案房屋完成了所有权变更登记，但是没有任何人实际向卖房人支付款项。从房屋过户来说，买受人支付首付款后，在双方对剩余款项的支付未作约定的情形下，代理人即将房屋过户至买受人名下，过户过程显得急迫而迅速。三是房屋的所有和占有分离的情况反常。主要表现在房屋所有权的变动和实际使用状况严重背离，房屋所有权虽经数次变更，但房屋却仍由原出卖人（借款人）实际控制，并未完成实际交付；而买房人在购房过程中并未现场勘查房屋，一般也怠于向原出卖人主张腾房。四是借款合同的履行反常。因借款合同和房屋买卖合同的牵连性，出借人往往兼具抵押权人和委托售房的代理人等多重身份（即便某些案件中出借人不是代理人，其也与代理人有着某种牵连关系），而借款人也会应出借人要求办理借款合同的强制执行公证，赋予借款合同以强制执行效力。但在借款人不能按期还款时，出借人往往不催告借款人还款或申请法院强制执行，而是直接出卖房屋以售房款来获偿。在出借人和代理人分离的情形下，代理人在出借人未催告还款亦未申请法院强制执行的情形下，径行出售房屋并将售房款直接支付给出借人以替借款人“清偿”债务的做法也有悖于正常的商业习惯。综合上述房屋交易中的反常情形,法官可以形成对代理人和买受人恶意串通的内心确信。

(二)代理人与买受人恶意串通签订的合同无效

在认定代理人和买受人构成恶意串通的情形下,如何认定房屋买卖合同的效力既事关对法律条文的正确理解,更事关被代理人合法权益的保护。从《民法总则》的规定来看,该法用两个条文对恶意串通的效力与法律后果进行规定,第一百六十四条第二款规定,代理人和相对人恶意串通,损害被代理人合法权益的,代理人和相对人应当承担连带责任。第一百五十四条规定,行为人与相对人恶意串通,损害他人合法权益的民事法律行为无效。虽然第一百六十四条第二款未对代理人和相对人恶意串通行为的效力直接作出评价,但这种串通的行为模式能够为该法第一百五十四条行为人与相对人恶意串通的范围所涵摄,将恶意串通代理行为认定成无效行为具有体系和逻辑的自洽性。同时,代理制度的本质要求代理人诚实信用的履行代理职责,忠实维护被代理人的利益,而恶意串通的代理行为则背离了代理制度的宗旨,既是对代理权的滥用又违反了社会的善良风俗,应认定为无效。

在认定无效的情形下,该恶意串通行为究竟属于绝对无效行为还是相对无效行为,对于当事人的权益有着重要影响。对该问题的解决有赖于对《民法总则》第一百五十四条中“他人”的正确解读。虽然《民法总则》第一百五十四条中的“他人”未做明确规定,但结合《合同法》第五十二条来看,“损害社会公共利益”和“恶意串通,损害国家、集体或者第三人利益”的合同均无效,对于损害社会公共利益的行为并不要求“恶意串通”的条件,因此,将“他人”解读为特定的第三人在体系上更为协调。代理人和相对人恶意串通损害的也是特定的第三人即房屋所有权人的利益,在相对无效的模式下,仅利害关系人能够主张合同无效,在利害关系人不主张时,法院不能依职权认定合同无效。

(三)房屋转售交易中的新买受人是否善意应综合认定

从权利的外观来看,新的买受人已成为房屋所有权人,但其该项权利能否受到法律保护，能否免于原所有权人对房屋的所有权追索则取决于其主观上是否“善意”。

结合善意取得制度的立法本意、《最高人民法院关于适用〈中华人民共和国物权法〉若干问题的解释(一)》(以下简称《物权法司法解释(一)》)以及司法实践，对受让人的“善意”应综合认定。其基本的判断标准是受让人在受让不动产时，不知且非因重大过失不知转让人无处分权。对重大过失的认定宜采用主客观结合的方法，主要通过受让人的外在表现是否违反了某种行为标准来判断其是否具有过失，若行为人稍加注意即可以避免出现认识错误或发生损失，而其没有尽到此注意义务时，应认为存在重大过失。在我国已确立不动产登记制度且以不动产登记作为不动产物权公示的主要方式的情形下，不动产的权利障碍或瑕疵一般都会在不动产登记簿上进行记载且允许利害关系人进行查阅，而受让人在进行不动产这类重大交易时，亦负有全面了解房屋权属实际状况的合理注意与谨慎义务，若不动产登记簿明确记载有权利障碍或瑕疵的状况而受让人未进行查阅即可推定其具有重大过失。除此之外，对受让人善意的认定还应根据具体案件的情况，如受让人与转让人的关系、不动产的基本情况、交易价格、交易时的场所、所处的市场环境及相关交易信息以及占有和交付情况等具体认定。[1]

对于转售合同中的买受人来说，受让人与转让人是否属于陌生人间的交易、受让人是否通过公开和正规的市场中介购买房屋、受让人在房屋交易方面的经验情况、受让人在交易过程中是否对房屋进行实际查看以及房屋的交易价格是否明显过低等因素都对认定受让人是否构成善意具有重大影响。需要注意的是，转售合同中新买受人的善意取得是以转售合同有效为前提的，若转售合同被认定无效或被撤销，则无善意取得制度适用的前提，自无必要再对买受人是否善意进行判断。从结果来说，如果转售合同中的新买受人构成善意取得，原房屋登记权利人则不能实现将涉案房屋转移登记回己方名下的目的，其已经不能够收回房屋的所有权。此时，其可以追究代理人和买受人的连带赔偿责任，损失范围可以包括房屋评估价和实际出售价格的差价。

---

〔1〕 参见杜万华主编:《最高人民法院物权法司法解释(一)理解与适用》，人民法院出版社2016年版，第387～389页。

裁判精要

涉借贷的房屋买卖交易中经常存在借款合同、委托合同和连环房屋买卖合同等多个法律关系，且各合同之间相互牵连、互相影响。借款人在签订借款合的同时又将其房产的处分全权委托给代理人，代理人后期将该房产以明显低价出售给买受人，对于代理人与买受人之间是否存在恶意串通损害借款人利益的情形，需要通过对全案细节的分析进行综合认定。对于确认上述房屋买卖合同无效的案件，因与代理人具有法律上的利害关系，应当追加代理人为无独立请求权第三人参加诉讼。买受人又将房屋转售的，其与新买受人之间是否存在恶意串通同样需要进行审查，并将直接影响借款人能否从新买受人处追回涉案房屋的所有权。

《民法典》第一编第六章第三节民事法律行为的效力与《民法总则》第六章第三节民事法律行为的效力的规定并无实质性变化，本案引用的《民法总则》第一百五十四条及第一百六十四条第二款亦是《民法典》第一百五十四条及第一百六十四条第二款的内容，二者无变化，本案仍具有典型性及参考意义。需要说明的是，本案在论述《民法总则》第一百五十四条规定的恶意串通行为属于绝对无效行为还是相对无效行为时，曾通过将《合同法》第五十二条第(二)项“恶意串通，损害国家、集体或者第三人利益”与《合同法》该条第(四)项“损害社会公共利益”进行对比，以“损害社会公共利益”无需“恶意串通”的要求，来论证《民法总则》第一百五十四条恶意串通条款中的“他人”为特定的第三人，因此该行为属于相对无效行为。因《民法典》第三编“合同”第三章“合同的效力”部分未再延续原《合同法》第五十二条关于合同无效的规定。故对该段内容做相应修订。

（编写人：齐晓丹、张荣华）

十、通谋虚伪行为的要件、效力认定及相关问题

实务难题

《民法典》第一百四十六条对通谋虚伪行为的效力作出了原则性规定，但实践中，对通谋虚伪行为的认定和构成要件、通谋虚伪行为中的伪装行为和隐藏行为的效力认定、认定伪装行为效力需否以对隐藏行为进行明确定性为前提、通谋虚伪行为之效力对善意第三人的影响、通谋虚伪行为与我国实证法类似行为的区别等问

题的实务规定、裁判标准还不尽具体明确。

本案虽裁判于《民法典》正式实施前，但适用了该法第一百四十六条关于"当事人之间的意思表示构成通谋虚伪表示行为的，伪装行为无效"的相关理论，从民事法律行为应当具备的条件出发，从当事人签订房屋买卖合同的目的、内容、履行以及涉案房屋过户后的使用情况四个方面深入剖析，最终认定当事人签订房屋买卖合同的行为并非其真实意思表示，当事人之间的真实自由之意愿并非在于买卖，该民事行为无效。本案对通谋虚伪表示的要件及效力认定等问题进行了剖析，对司法实践中的相关问题具有一定的参考意义和示范效果。

疑难案例

李某1与李某2于1981年1月10日登记结婚。1982年3月22日生育一子李某3。1999年2月4日，李某2与北京市公路局密云分局签订职工购房协议。协议约定：李某2购买北京市密云区某号房屋（以下简称×号房屋一套），面积为61.5平方米，房价款为19,369.23元。2003年1月3日李某2取得房本（原房产证号：京房权证字第××号），房屋登记所有权人李某2。2007年3月16日，李某3与李某4结婚。2011年3月17日，李某2与李某3、李某4签订《存量房屋买卖合同》，李某2将×号房屋以6万元的价格卖给李某3、李某4，并办理了房屋权属转移登记手续（房产证号：X京房权证密字第××号）。但办理房屋权属转移登记手续时，李某1、李某2、李某3、李某4均未在此房内居住。2016年12月19日，李某4起诉李某3离婚，2017年2月23日，北京市密云区人民法院判决驳回李某4的诉讼请求。2017年5月4日，李某1提起诉讼，要求确认李某2与李某3、李某4于2011年3月17日签订的房屋买卖合同无效。现各方当事人均未在涉案的房屋内居住且涉案房屋已出租。一审审理期间，各方对于是否给付购房款事项，陈述不一。

另查，李某2作为出卖人与买受人李某3、买受人共有人李某4签订的存量房屋买卖合同约定：第三条　出卖人与买受人自行成交达成交易……第四条成交价格、付款方式及资金划转方式（一）经买卖双方协商一致，该房屋成交价格为：人民币60,000元，定金人民币×元（小写）……支付日期为：×。该房屋附属设施设备、装饰装修等有关价格另有约定的，具体约定见附件一。（二）具体付款方式及期限的约定见附件四。（三）关于贷款的约定买受人不申办抵押贷款……庭审中,李某2、李某3和李某4均认可,《存量房屋买卖合同》无附件。2011年3月17日,涉案房屋过户登记至李某3、李某4二人名下,房屋所有权证上载明为共同共有,李某4称现李某3、李某4各持有一份涉案房屋产权证。二审中,李某4称:双方口头商定的房屋价款为10万元,合同约定的价款为6万元是为了避税,但是当时钱在李某3的账户里,李某4听李某3说19万元全部用于给其父母××××的房子装修,故李某4认为该19万元是涉案房屋的价款。李某2和李某3不认可李某4的上述陈述,均称未支付涉案房屋房款,李某2其他房屋的装修款系自行支付。李某4未向本院提交支付涉案房屋房款的证据。

关于使用涉案房屋入学情况。李某3、李某4之子李某5于2010年2月5日出生,李某3、李某4与李某5的户口均登记在涉案房屋。李某5使用该学区房指标于2016年9月入学。

关于涉案房屋过户后的使用情况。涉案房屋过户至李某3、李某4名下后,李某1称其控制房屋并进行出租。根据李某1在二审提交的证据,2013年至2014年、2015年至2016年的供暖费收据的抬头均写明"支票号:李某2",2017年4月15日的水费收据载明名称"李某1",贾某的证言与其签订的书面租赁合同内容基本一致。李某4认可涉案房屋过户后一直出租,其没有收取过涉案房屋的租金。

另查,李某4向北京市密云区人民法院提起的离婚纠纷一案中,李某4的诉讼请求未提及要求分割涉案房屋。

法院观点

一审法院认为,根据《买卖合同司法解释》第三条的规定:"当事人一方以出卖人在缔约时对标的物没有所有权或者处分权为由主张合同无效的,人民法院不予支持。"李某2于2011年3月17日,将登记在自己名下的×号房屋以6万元的价格转让给其子李某3及儿媳李某4,双方签订合同后办理了房屋权属变更登记手续。李某2与李某3、李某4订立房屋买卖合同,合同双方均具有完全行为能力,且合同双方均认可订立合同系其真实意思表示,合同内容亦不违反法律或社会公共利益,合同合法有效。虽然签订合同时未有李某2之妻李某1同意出售房屋的书面承诺材料,但买卖双方已办理房屋过户手续多年,且李某1、李某2、李某3、李某4又系亲属关系,李某1称对李某2转让房屋一事不知情，有悖常理。现其以对房屋转让一事不知情为由，主张李某2与李某3、李某4签订的房屋买卖合同无效，不符合现行法律规定，该院不予支持。依据《买卖合同司法解释》第三条、《民事诉讼法》第六十四条第一款之规定，判决：驳回李某1的诉讼请求。

李某1不服一审判决，提起上诉。要求：1.撤销(2017)京0118民初4391号民事判决；2.依法改判确认李某2与李某3、李某4于2011年3月17日签订的房屋买卖合同无效或发回重审。二审中，李某1围绕上诉请求依法提交了如下证据：证据1.密云区2016年幼升小一年级新生入学划片方案网页打印件、李某5的学生卡、学龄人口信息采集表、出生证明、李某5的户口本，证明涉案房屋过户到李某4和李某3名下是为了李某4与李某3的孩子李某5能够就近进入密云县第二小学上学；证据2.2013年至2014年、2015年至2016年的供暖费票据，证明涉案房屋的供暖费系李某2缴纳；证据3.李某1在2017年4月15日交纳水费的票据；证据4.两份房屋租赁合同及收条，证明涉案房屋一直由李某1控制，房屋买卖合同是虚假的意思表示，只是为了孩子上学；证据5.证人贾某的证人证言，证明涉案房屋一直由李某1出租。

二审法院经审理认为，《中华人民共和国民法通则》(2009年修正)第五十五条规定："民事法律行为应当具备下列条件：(一)行为人具有相应的民事行为能力；(二)意思表示真实；(三)不违反法律或者社会公共利益。"因此，行为人意思表示真实是民事法律行为的基本条件。本案中，李某2与李某3、李某4于2011年3月17日签订存量房屋买卖合同，依照常理，各方之间当存有买卖房屋的意思表示及相应的履行行为。但是，结合已经查明的事实，各方当事人之间一系列的外在行为与上述意思表示存在相悖之处，具体如下：第一，从签订《存量房屋买卖合同》的目的来看，李某2系李某3之父，李某2与李某3、李某4均认可签订《存量房屋买卖合同》系为了李某3与李某4之子李某5上学，且李某5使用涉案房屋的学区房指标已于2016年9月入学，对此李某1亦知晓。第二，从存量房屋买卖合同的内容来看，该合同仅约定了成交价格6万元，未约定定金、付款方式、付款期限、交房时间、违约责任等重要条款，且约定的成交价格显著低于当时房屋的市场价格，各方亦认可该价格系为避税。第三，从存量房屋买卖合同的履行来看，该合同签订当日，在李某3和李某4未支付购房款的情况下，李某2就把涉案房屋过户至李某3和李某4名下，此举与房屋买卖的交易习惯不符。且在此之后，李某1和李某2未向李某3和李某4主张过购房款，李某3认可未支付购房款，李某4亦未提供证据证明其和李某3已付购房款。李某4虽主张李某3为其父母支付装修款应视为购房款，但是李某2、李某3均予以否认，李某4亦未对此提供证据予以证明，故本院对其该项主张不予采信。第四，从涉案房屋过户后的使用情况来看，根据李某1提交的证据，涉案房屋以李某1的名义出租并收取租金，李某2仍继续交纳供暖费，李某1也曾交纳过水费，李某4未收取过租金。综合上述情况，李某2与李某3、李某4之间不具有出卖房屋的真实意思表示，亦不存在真实的房屋买卖合同关系并就此履行相应义务，而是通过签订存量房屋买卖合同的形式实现李某5利用涉案房屋入学指标上学的目的。因此，李某2与李某3、李某4签订存量房屋买卖合同的行为并非其真实意思表示，当事人之间的真实自由之意愿并非在于买卖，应属无效民事行为。

综上所述，李某1关于确认李某2与李某3、李某4于2011年3月17日签订的存量房屋买卖合同无效的上诉请求，于法有据，本院予以支持。因李某1二审提交新证据，致使一审判决遗漏部分事实，且一审判决适用法律错误，本院予以纠正。依照《民法通则》(2009年修正)第五十五条，《民事诉讼法》第一百七十条第一款第二项之规定，判决：一、撤销北京市密云区人民法院(2017)京0118民初4391号民事判决；二、确认李某2与李某3、李某4于2011年3月17日签订的存量房屋买卖合同无效。

法官点评

本案虽裁判于《民法典》实施以前，且系依据《民法通则》第五十五条第二款即民事法律行为应当意思表示真实所作出的裁判，但该案适用了《民法典》第一百四十六条关于“当事人之间的意思表示构成通谋虚伪表示行为的，伪装行为无效”的相关理论，在对本案进行阐述分析时，融合了对《民法典》第一百四十六条的适用与分析，从通谋虚伪行为的定义、构成要件、效力认定及其与实证法类似行为的区别等方面对本案涉及的法律问题展开详细分析，对司法实践中通谋虚伪行为的要件及效力认定等问题具有一定的借鉴性和参考意义。

(一)通谋虚伪行为的定义及构成要件

1. 通谋虚伪行为的定义

通谋虚伪行为,又称通谋虚伪意思表示、虚伪行为、伪装行为、虚假行为,即表意人与相对人进行通谋,双方一致对外作出虚假的、非自己真意的意思表示,其特征在于当事人之间欠缺效果意思。[1]德国学者卡尔·拉伦茨的定义更形象:“虚假行为是指表意人和表示的受领人一致同意表示事项不应该发生效力,亦即双方当事人一致同意仅仅造成订立某项法律行为的表面假象,而实际上并不想使有关的法律行为的法律效果产生。”[2]通谋虚伪行为是《德国民法典》创设的概念,1896年《德国民法典》第一百一十七条规定:“须向他人做出的意思表示,系与相对人通谋而只是虚伪地做出的,无效。因虚伪行为,致另一法律行为隐藏的,使用关于该隐藏的法律行为的规定。”[3]

2. 通谋虚伪行为的认定和构成要件

通谋虚伪行为,即行为人与相对人通谋以虚假的意思表示实施的民事法律行为,该行为以假意掩盖真意。包含两个行为:一是伪装行为;二是隐藏行为。通谋虚伪行为应具备四个要件:一是须有意思表示。二是须表示与内心目的不一(传统民法意思表示瑕疵分为:意思与表示不一致和意思表示不自由。通谋虚伪表示属于前者,关于其与后者的区别将在下文阐述)。三是须有虚伪故意即表意人和相对人对其表示与意思不一致具有明知性(如果表意人或者相对人中有一人“应知而实不知”,即存在一方因重大过失而为虚伪表示的情形,即不能适用《民法典》第一百四十六条)。四是须行为人与相对人通谋实施(没有“通谋”或者没有相对人的,为单独虚伪表示,又称真意保留,不构成通谋虚伪表示;该“通谋”要求表意人、相对人之间具备双向的、积极的意思联络;该“通谋”不同于“恶意串通”,不以意图欺骗第三人为必要,只要事实上具有隐蔽性即可;

---

〔1〕 参见梁慧星:《民法总则立法的若干理论问题》,载《暨南学报》2016年第1期。

〔2〕 魏然君:《通谋虚伪表示研究——以合同纠纷的审判实践为背景》,吉林大学2016年硕士学位论文,第18页。

〔3〕 陈卫佐译:《德国民法典》,法律出版社2006年版,第36~37页。

该"通谋"不同于"以合法形式掩盖非法目的",即不以存在非法目的为要件)。[1] 关于上述要件,其中要件一是所有民事法律行为皆需具备的基本要件;要件二是使通谋虚伪行为区别于意思和表示一致的民事法律行为的要件;要件三是使通谋虚伪行为区别于无意的意思与表示不一致的民事法律行为的要件;要件四是使通谋虚伪行为区别于单独虚伪行为的要件。

(二)通谋虚伪行为的效力认定

通谋虚伪行为应归类于意思表示瑕疵,而意思表示瑕疵实为传统民法上的无效事由之一。[2] 上文已论述,通谋虚伪行为包含"伪装行为"和"隐藏行为"两个层面的法律关系,"隐藏行为"的效力认定应依照《民法典》第一百四十六条第二款之规定,即依照相关法律规定处理。

1. 伪装行为的效力

伪装行为,系指体现行为人和相对人虚假意思表示的民事法律行为。根据《民法典》第一百四十六条第一款之规定,行为人与相对人以虚假的意思表示实施的民事法律行为无效。

具体到本案,依照常理,各方当事人之间当存有买卖房屋的意思表示及相应的履行行为。但是,结合已经查明的事实,各方当事人之间一系列的外在行为与上述意思表示存在相悖之处,从签订房屋买卖合同的目的、内容、履行及涉案房屋过户后的使用情况综合来看,合同双方即李某2与李某3、李某4之间所达成的房屋买卖合同是行为人与相对人通谋而为的虚伪的意思表示,双方真实意思表示并不是为了促成房屋买卖,即双方房屋买卖的"意思表示"所指向的法律效果并非双方所欲求,双方并无接受该意思表示的约束且已就此达成合意,而是通过签订存量房屋买卖合同的形式实现李某5利用涉案房屋入学指标上学的目的。因此,李某2与李某3、李某4签订存量房屋买卖合同的行为并非其真实意思表示,当事人之间的真实自由之意愿并非在于买卖,应属无效民事行为。

---

〔1〕参见黄海:《以通谋虚伪表示理论分析〈民法总则〉第146条之适用》,载搜狐网:https://www.sohu.com/a/211387712_159412,2017年12月18日发表。

〔2〕参见谢鸿飞:《论法律行为生效的"适法规范"——公法对法律行为效力的影响及其限度》,载《中国社会科学》2007年第6期。

2. 隐藏行为的效力

隐藏行为，是被伪装行为所掩盖的，代表行为人和相对人真实意思的行为。根据《民法典》第一百四十六条第二款之规定，隐藏行为的法律效力依照相关法律规定处理。其所谓相关法律规定，系指《民法典》“民事法律行为的效力”一节的相关规定，以及其他与法律行为效力有关之规定。隐藏行为依其情形，可呈现有效、无效、效力待定、可撤销等多种法律效力状态。对于隐藏行为法律效力的判断，与未被隐藏的民事法律行为效力之判断，并无二致。[1] 伪装行为无效，双方之间法律关系的性质应根据隐藏行为进行判断，进而再依照法律规范确定其效力。故此，如当事人之间的法律关系名为房屋买卖，实为其他法律关系的，应以隐藏的法律关系为基础确定其效力及相应权利义务。

3. 认定伪装行为无效是否需要以对隐藏行为进行明确定性为前提

本案中，上文已论述，“伪装行为”所指向的房屋买卖合同应认定无效。但李某2、李某3、李某4签订房屋买卖合同的真实目的是为了使用该学区房指标为李某5上学，该“隐藏行为”应如何定性或者说是否需要明确定性以进一步分析其效力具有一定的探讨价值。为此，存在两种观点：一种观点认为，认定通谋虚伪行为需要以对隐藏行为所对应的实际法律关系作出认定为前提，因为，通谋虚伪行为本身就涵盖伪装行为和隐藏行为这两层关系，如果不能认定隐藏行为的实际法律关系，则不应适用《民法典》第一百四十六条。本案中，李某2、李某3、李某4之间签订买卖合同以此实现入学的隐藏行为到底该如何定性？系赠与合同，借名买房合同还是其他法律关系，本案均无法准确定性，且经过合议庭释明当事人之间的隐藏行为实际系何种法律关系，李某1、李某2、李某3均未提出明确主张，只是坚持并非存在房屋买卖的意思表示。按照第一种观点，本案在不能对隐藏行为进行准确定性的情况下，便不能适用《民法典》第一百四十六条之规定。另一种观点（二审合议庭也持此观点）认为，只需认定虚伪行为即行为人与相对人以虚假的意思表示实施的民事法律行为无效即可，对隐藏行为的效力无须考虑和审查，即对隐藏行为无法进行明确定性时，亦可依照《民法总则》第一百四十六条第一款之规定，认定伪装行为无效。本案中，结合现有证据和当事人陈述，能够认定双方所签订的房屋买卖合同系以虚伪的意思表示所为

---

〔1〕参见沈德咏主编：《〈中华人民共和国民法总则〉条文理解与适用》（下），人民法院出版社2017年版，第976～977页。

的民事法律行为,故应认定为无效。而隐藏行为能否以及如何明确定性并不影响认定本案房屋买卖合同无效。

4. 通谋虚伪行为之效力对善意第三人的影响

通谋虚伪行为之效力探讨的是在表意人与相对人之间的对内效力问题,而其对善意第三人的影响,探讨的则是该行为的对外效力问题。按照日本民法第九十四条第二项或我国台湾地区“民法”第八十七条第一项但书的规定,表意人与相对人通谋而为虚伪意思表示的,其意思表示无效,但不得对抗善意第三人。所谓不得对抗善意第三人,是指第三人有权主张假设表意人与相对人的意思表示不是通谋虚伪时的法律状态。[1] 民法总则草案中,《民法典》第一百四十六条第一款本有“但双方均不得以此对抗善意第三人”之表述,后该表述删除,删除此语并非否定对善意第三人的保护,而是为具体规则的制定留出空间,由民法典的物权编、合同编等分编作出具体规定。故在司法实践中,仍应坚持保护善意第三人的基本理念,适用合同法、物权法等现有规范中的相关条款,切实保护善意第三人的信赖利益,维护市场交易安全。[2]

(三)通谋虚伪行为与我国实证法类似行为的区别

通谋虚伪行为与实证法中的恶意串通和法律规避行为存在相似之处,对其区别分析。

1. 通谋虚伪表示与恶意串通

我国《民法典》第一百五十四条规定:“行为人与相对人恶意串通,损害他人合法权益的民事法律行为无效。”然而,通谋虚伪表示与恶意串通并非同一概念。

(1)主观因素不同。通谋虚伪主要考察当事人是否具有效果意思,其并不意味着存在恶意,通谋虚伪可能存在多种原因,本案中的合同当事人系为了实现利用案涉学区房指标为李某5上学。恶意串通是以当事人主观“恶意”及目的违法为前提。

---

〔1〕 参见陈自强:《民法讲义Ⅰ》,法律出版社2002年版,第188页。

〔2〕 参见沈德咏主编:《〈中华人民共和国民法总则〉条文理解与适用》(下),人民法院出版社2017年版,第978页。

(2)意思表示外观含义不同。通谋虚伪表示,系指违背真意之表示,表面行为虚假,真实意愿被隐藏起来。恶意串通的意思表示并不以虚假为要件。如在已经签订房屋买卖合同的前提下,出卖人与第三人恶意串通,另行签订买卖合同高价出售房屋,此时,很难确定出卖人与第三人之间并非真实意思表示。

(3)法律评价基础不同。就词语性质而言,通谋虚伪表示为中性概念,其可出于各种动机,尽管虚假行为大多是想欺骗他人,但该意图并非其构成要件,对其并无道德上的否定性评价。而恶意串通,我国法律显然持道德上的否定态度,"恶意""损害"均为贬义,已表明法律对其的价值判断。

2. 通谋虚伪行为与法律规避行为

法律规避行为,是指借助于表面合法的形式达到迂回法律意旨,实现非法目的。当事人采取迂回手段行为是利用了契约自由,然其目的在于实现现行法律所不允许的行为及目的。其在我国实证法上的体现即《合同法》第五十二条第三项规定的"以合法形式掩盖非法目的"。

关于二者的区别:首先,前者的当事人不愿意让表面行为发生效力,后者的当事人则希望表面行为发生效力。其次,前者的表面行为被认定无效主要理由为非真意,不符合私法自治的原则,后者的表面行为被认定无效主要是违反法律的强制性规定。再者,前者只能是双方行为,不要求非法目的,后者则包括单方行为或双方行为,必须存在非法目的。

裁判精要

认定当事人之间的意思表示是否构成通谋虚伪表示行为,应从意思表示行为的具体情况入手,结合当事人订立合同的根本目的、合同的主要内容是否完备,是否符合常理、合同的具体履行情况以及当事人之间是否有特殊的身份关系等因素,进行综合判断,进而评判伪装行为和隐藏行为的法律效力。

本案例中的相关法律适用与即将实施的《民法典》第一百四十三条、第一百四十六条关于民事法律行为效力、通谋虚伪行为的效力认定的相关规定是一致的,《民法典》的实施对本案的典型性及对类案的参考意义没有影响。

(编写人:巴晶焱、田子阳)

十一、购买已被有权国家机关采取查封等强制措施的房屋而签订的房屋买卖合同应认定无效

实务难题

关于被有权国家机关采取查封等强制措施的房屋买卖合同的效力问题，实践中存在不同观点，一种观点认为，审判实践中应当根据强制措施和房屋买卖合同签订的先后顺序，区分情况分别处理。如果强制措施在先，则出卖人处分房屋的权利受到限制，该房屋也属于限制流通物，故房屋买卖合同一般认定为无效；如果签订合同在先，则有权国家机关采取的强制措施不影响已经成立的房屋买卖合同的效力。另一种观点认为，基于物权行为与债权行为的区分原则，对房地产物权变动的限制，不影响买卖合同这一债权行为的效力。出售已被查封房屋订立的房屋买卖合同只要是当事人的真实意思表示，合同即合法有效，但在解除查封前，房屋买卖合同不能发生物权变动的效力，因此受让方不能直接请求办理房屋产权转移登记。

笔者赞同第一种观点，认为出卖人擅自将已被有权国家机关采取了查封等强制措施的房屋转让给他人的，买卖合同一般认定为无效，但相应有权国家机关或申请采取强制措施的权利人同意转让，或者一审法庭辩论终结前强制措施已经解除的，可以认定合同有效。出卖人转让房屋后，有权国家机关对房屋采取了查封等强制措施的，不影响已成立的房屋买卖合同的效力。

合同无效或者被撤销后，因该合同取得的财产，应当予以返还；不能返还或者没有必要返还的，应当折价补偿。有过错的一方应当赔偿对方因此所受到的损失，双方都有过错的，应当各自承担相应的责任。下面案例中，合同被确认无效后，卖方应将收取的买方的购房款及利益予以返还，卖方将被有权国家机关采取查封保全等强制措施的房屋出售，中介公司作为居间方，亦未审查上述信息并向买方予以告知，双方均存在过错，应当按照双方的过错程度等分别承担相应的赔偿责任。买方无权要求未收取购房款的中介公司返还购房款及利息，亦无权要求卖方与中介公司对其损失共同承担赔偿责任。

疑难案例

2015年12月18日，出卖人（甲方）林某某委托代理人刘某某与买受人（乙方）付某某、居间人（丙方）某房产经纪公司签订北京市存量房屋买卖合同，约

定:出卖人所售房屋座落为北京市顺义区某号房屋,建筑面积38.67平方米。该房屋成交价格为人民币1,035,000元。第十三条:居间方服务约定:居间方提供购房人信息,发布房屋出售信息;为买受人提供房屋出售信息,提供市场信息咨询;居间方促成房屋出卖人、买受人签订房屋买卖合同。居间服务具体事项由三方另行约定。

出卖人(甲方)林某某委托代理人刘某某与买受人(乙方)付某某、居间人(丙方)某房产经纪公司签订居间服务合同,三方约定:丙方向甲乙双方提供如下居间服务:1.为甲乙双方提供相关政策、市场咨询;2.利用丙方平台、资源为甲方发布房屋信息,寻找潜在购房人;3.利用丙方平台、资源为乙方收集房源信息,寻找合适房屋;4.带领乙方实际查看房屋;5.促成甲乙双方签订北京市存量房屋买卖合同;6.法律、法规所规定的其他义务。

2015年12月18日,付某某给付林某某定金20,000元。2015年12月21日,付某某给付林某某购房款580,000元。林某某于2015年12月22日将诉争房屋钥匙交给付某某,后诉争房屋由付某某之子居住至今。

2015年11月10日,宁夏回族自治区银川市金凤区人民法院作出(2015)金民初字第×号民事裁定书,裁定查封诉争房屋。2015年11月18日,该院实际查封诉争房屋。后付某某至宁夏回族自治区银川市金凤区人民法院申请中止对该房屋的执行。该院于作出(2018)宁0106执异×号执行裁定书,裁定:驳回案外人付某某的异议请求。

付某某申请就诉争房屋现值进行评估,法院委托某房地产评估有限公司进行评估。该公司作出房地产评估报告,其估价结果为:按照国家关于房地产评估的有关规定,运用比较法、收益法评估得到估价对象于价值时点2017年11月1日,在价值定义和估价假设限制条件下的估价结果房地产价值总额150.28万元。付某某垫付评估费5000元。

法院观点

一审法院认为,根据《民事诉讼法》的规定,当事人有答辩并对对方当事人提交的证据进行质证的权利,本案林某某经法院合法传唤,无正当理由拒不出庭应诉,视为其放弃了答辩和质证的权利。

付某某、林某某与某房产经纪公司签订北京市存量房屋买卖合同时,诉争房屋已处于宁夏回族自治区银川市金凤区人民法院财产保全措施下，故法院认定诉争合同应为无效。

合同无效或者被撤销后，因该合同取得的财产，应当予以返还；不能返还或者没有必要返还的，应当折价补偿。有过错的一方应当赔偿对方因此所受到的损失，双方都有过错的，应当各自承担相应的责任。诉争合同无效，林某某应返还收到付某某的购房款600,000元并支付利息，就付某某要求林某某返还购房款并支付利息的诉讼请求，法院予以支持。因购房款并未向某房产经纪公司交付，付某某要求某房产经纪公司返还该购房款并支付利息，于法无据，法院不予支持。就付某某要求林某某、某房产经纪公司共同赔偿467,800元的诉讼请求。法院认为林某某将处于财产保全措施下的房屋向付某某出售，其主观存在过错，就该损失的产生，应承担50%的责任。某房产经纪公司作为居间方，有义务审查诉争房屋是否存在查封的限制信息，但某房产经纪公司未进行查询，就该损失的产生，应承担50%的责任。法院根据各方过错程度，以及付某某遭受损失的情况，确定赔偿数额。综上所述，一审法院判决：一、确认付某某与林某某、某房产经纪公司于2015年12月18日签订的北京市存量房屋买卖合同无效；二、林某某于判决生效之日起七日内返还付某某购房款60万元并支付付某某该款利息（自2015年12月22日起至实际返还之日止，按中国人民银行同期贷款利率计息）；三、林某某于判决生效之日起七日内赔偿付某某合同损失23.39万元；某房产经纪公司于判决生效之日起七日内赔偿付某某合同损失23.39万元；四、驳回付某某的其他诉讼请求。

付某某不服一审判决，向二审法院提起上诉，请求：1. 撤销一审判决第二项、第三项、第四项，发回重审或依法改判；2. 一审、二审诉讼费由林某某、某房产经纪公司负担。付某某提起上诉的事实和理由：1. 一审判决认定事实有误。某房产经纪公司未尽到勤勉尽责义务，导致未发现涉案房屋存在影响房屋过户的重大法律瑕疵，直接导致付某某无法收回其已支付购房款60万元。某房产经纪公司给付某某提供居间服务时的经纪人不具有执业资格，应属于重大过错。除赔偿付某某所遭受的损失外，某房产经纪公司还应就林某某无法归还给付某某的购房款承担赔偿或归还责任。2. 一审判决适用法律有误。某房产经纪公司的重大过错与付某某购房款的无法收回之间存在因果关系，因此，某房产经纪公司除应承担合同上的违约责任外，还需要承担侵权责任。

二审期间，当事人均未向法院提交新证据。对一审法院查明的事实，二审法院予以确认。

二审法院经审理认为,本案二审的争议焦点为某房产经纪公司是否应返还付某某支付给林某某的购房款60万元并支付利息,以及某房产经纪公司是否应对付某某主张的损失与林某某承担共同赔偿责任。

合同无效或者被撤销后,因该合同取得的财产,应当予以返还。本案付某某依据北京市存量房屋买卖合同的约定,将60万元购房款支付给林某某,某房产经纪公司并未取得该笔款项,因此,合同被确认无效后,返还主体应是林某某而非某房产经纪公司,付某某要求某房产经纪公司返还该购房款并支付利息的上诉请求,法院不予支持。林某某将处于财产保全措施下的房屋向付某某出售,其主观存在过错。某房产经纪公司作为居间方,在房屋交易过程中未对上述情况进行查询并告知,导致付某某的损失,亦存在一定的过错。一审法院综合考虑本案的实际情况及双方的过程程度,确定林某某与某房产经纪公司对付某某的损失各承担50%的赔偿责任,并无不当。付某某关于某房产经纪公司应与林某某就付某某的损失承担共同赔偿责任的上诉请求,缺乏依据,法院不予支持。故二审法院认为付某某的上诉请求不能成立,应予驳回。一审判决认定事实清楚,适用法律正确,应予维持。依照《民事诉讼法》第一百七十条第一款第一项规定,判决:驳回上诉,维持原判。

法官点评

关于被有权国家机关采取查封等强制措施的房屋买卖合同的效力问题,实践中存在不同观点,一种观点认为,从维护司法的权威和强制措施的效力,简化纠纷处理方式的角度出发,审判实践中应当根据强制措施和房屋买卖合同签订的先后顺序,区分情况分别处理。如果强制措施在先,则出卖人处分房屋的权利受到限制,该房屋也属于限制流通物,故房屋买卖合同一般认定为无效;如果签订合同在先,则有权国家机关采取的强制措施不影响已经成立的房屋买卖合同的效力。另一种观点认为,《城市房地产管理法》第三十八条规定,司法机关和行政机关依法裁定、决定查封或者以其他形式限制房地产权利的房地产不得转让。基于物权行为与债权行为的区分原则,上述规定限制的是房地产的物权变动,而不影响转让合同这一债权行为的效力。转让已被查封房屋订立的房屋买卖合同只要是当事人的真实意思表示,合同即合法有效,但在解除查封前,房屋买卖合同不能发生物权变动的效力,因此受让方不能直接请求办理房屋产权转移登记。

笔者赞同第一种观点,法院在处理类似案件中应作如下处理:出卖人擅自将已被有权国家机关采取了查封等强制措施的房屋转让给他人的,买卖合同一般认定为无效,但相应有权国家机关或申请采取强制措施的权利人同意转让,或者一审法庭辩论终结前强制措施已经解除的,可以认定合同有效。出卖人转让房屋后,有权国家机关对房屋采取了查封等强制措施的,不影响已成立的房屋买卖合同的效力。合同约定的履行期限届满时针对出卖人的强制措施仍未解除,致使买受人不能办理房屋所有权转移登记的,买受人请求解除合同,并要求出卖人承担相应违约责任的,应予支持;买受人要求继续履行合同,办理房屋所有权转移登记,经法院释明后仍坚持不变更的,对其诉讼请求,不予支持,但买受人同意并能够代为清偿债务解除强制措施的除外。《合同法》第九十四条规定:"有下列情形之一的,当事人可以解除合同:(一)因不可抗力致使不能实现合同目的;(二)在履行期限届满之前,当事人一方明确表示或者以自己的行为表明不履行主要债务;(三)当事人一方迟延履行主要债务,经催告后在合理期限内仍未履行;(四)当事人一方迟延履行债务或者有其他违约行为致使不能实现合同目的;(五)法律规定的其他情形。"实践中,若在双方房屋买卖合同签订后,标的房屋被法院等有权国家机关采取查封等强制措施,且卖方不能及时解除上述强制措施以协助买方办理房屋产权转移登记手续的,该合同依旧有效,但买方可以依据上述法律规定要求解除合同,并依据相关法律规定及买卖双方合同约定追究出卖方的违约责任等。当事人一方不履行合同义务或者履行合同义务不符合约定的,应当承担继续履行、采取补救措施或者赔偿损失等违约责任。若买方要求继续履行合同并办理房屋所有权转移登记,法院应当予以释明,经法院释明后其仍坚持不变更的,则因房屋处于查封等强制措施中无法进行物权变更,买方的请求自然无法支持,但买受人同意并能够代为清偿债务解除强制措施的除外。

本案中,因付某某、林某某与某房产经纪公司签订北京市存量房屋买卖合同时,诉争房屋已处于宁夏回族自治区银川市金凤区人民法院财产保全措施下,故法院依法认定涉案合同应为无效。

《合同法》第五十八条规定:"合同无效或者被撤销后,因该合同取得的财产,应当予以返还;不能返还或者没有必要返还的,应当折价补偿。有过错的一方应当赔偿对方因此所受到的损失,双方都有过错的,应当各自承担相应的责任。”涉案合同被认定为无效后,林某某应返还收到付某某的购房款600,000元并支付利息,因付某某系依据涉案合同约定,将购房款支付给林某某,其并未向某房产经纪公司交付,某房产经纪公司亦未取得该笔款项,故涉案合同被确认无效后,返还主体应是林某某而非某房产经纪公司,付某某要求某房产经纪公司返还该购房款并支付利息,无事实及法律依据,不应得到支持。

关于某房产经纪公司是否应对付某某主张的损失与林某某承担共同赔偿责任的问题。林某某将处于财产保全措施下的房屋向付某某出售,其主观存在过错,应就付某某的损失,承担相应赔偿责任。某房产经纪公司与其他各方签订居间服务合同,作为居间方有义务审查涉案房屋的相关信息,其在房屋交易过程中未对林某某所出售房屋处于财产保全措施下的相关情况进行查询并告知,导致付某某的损失,亦存在一定的过错。法院综合考虑本案的实际情况、双方的过错程度以及付某某遭受损失的情况,确定赔偿数额,并确定林某某与某房产经纪公司对付某某的损失各承担50%的赔偿责任,并无不当。付某某主张某房产经纪公司应与林某某就付某某的损失承担共同赔偿责任,缺乏依据,法院不予支持正确。

裁判精要

出卖人擅自将已被有权国家机关采取了查封等强制措施的房屋转让给他人的,买卖合同一般认定为无效,但相应有权国家机关或申请采取强制措施的权利人同意转让,或者一审法庭辩论终结前强制措施已经解除的,可以认定合同有效。出卖人转让房屋后,有权国家机关对房屋采取了查封等强制措施的,不影响已成立的房屋买卖合同的效力。

本案例阐释的核心问题并无明确法律规定,实践中亦存在不同认知,相关内容系法律适用中的具体把握标准与审查要素问题,因相关法律条文内容并无颠覆性变化,故适用要点在《民法典》颁布之后亦无不同。

（编写人:邢军、李君）

第二章　房屋买卖合同的履行

一、存在外籍当事人的房屋买卖合同纠纷案件中涉及的身份确认及购房资格等问题

实务难题

随着市场经济的发展和改革开放的深入，外籍人士在我国购房的情况越来越普遍，相关的纠纷也有逐渐增多的趋势，存在外籍当事人的房屋买卖合同纠纷案件可以比照一般的房屋买卖合同案件进行审理，但是因为根据一些外籍人士购房的特殊政策，外籍人士在我国购房有一些特别的要求，因此还存在一些特殊的问题，如外籍人士的身份确认及购房资格问题等。

笔者认为，当事人对外籍当事人英文名、中文名书写顺序等提出异议的，应通过涉案合同、护照、护照译本公证件等证据进行比对，确认当事人身份。外籍当事人是否具有购房资质，应以住建委审核的购房资格审核文件等作为依据。其他相关问题，均应依照相关政策，类比上述问题进行处理。

疑难案例

外籍人士高某与中国公民张某签订房屋买卖合同购买张某的房屋，张某借故迟迟不履约进行房屋交接过户相关事宜，高某向法院起诉。针对高某的起诉，张某除了对涉案合同履行情况相关事项提出抗辩外，还主张高某中文名用高某与高某签署的外文名字 XIN GAO 不同，两者中有一个为不真实无效的名字，另外，张某还在二审中主张高某不具备购房资质，合同无法履行。

2016 年 8 月 7 日，高某与张某签订买卖定金协议书，约定高某于本协议签

订时向张某支付定金5万元。同日,双方签订北京市存量房屋买卖合同(经纪成交版),约定张某出售朝阳区×号楼×单元×号房屋给高某,该房屋成交价格为154万元,家具等作价166万元。高某向张某支付定金5万元。张某出具收据,其内容为今收到高某定金5万元。同日,双方签订补充协议,其内容为双方同意交易房屋总计为320万元(此价格为张某净得价),分四期支付高某于2016年8月7日前将第一笔定金5万元自行支付给张某,高某于购房资质审核通过后5日内将第一笔首付款150万元自行支付给张某,高某于过户前5日内将第二笔首付款160万元以理房通托管方式支付给张某,双方应在过户当日自行办理物业交割手续,从购房款中预留5万元作为物业交割保证金。若高某逾期履行本补充协议第二条约定的义务超过15日的,高某构成根本违约,且张某有权以书面通知的方式解除房屋买卖合同,高某应在违约行为发生之日起15日内,以相当于该房屋总价款的20%向张某支付违约金,张某向高某已支付的全部款项冲抵违约金,多退少补。

2016年11月17日,高某购房资质审核通过。

高某向法院提出诉讼请求:1.要求张某配合我办理权属转移登记手续并交付房屋;2.要求张某支付我违约金64万元;3.要求张某支付我律师代理费6万元;4.要求张某支付我公证费230美元、差旅费204.4元。事实和理由:2016年8月7日,双方签订北京市存量房屋买卖合同及补充协议,约定我购买位于北京市朝阳区双惠苑×室,房屋成交价154万元,家具、装修等作价166万元,共计320万元。后我依约支付了定金5万元,在我购房资格通过后要求张某配合办理网签手续、缴税、过户及交付房屋义务,但是张某拒绝,其行为构成违约。

张某答辩并反诉称:双方签订的买卖定金协议书,高某称其英文名为"GAO XIN",但签名处却用"XIN GAO"。两个名字至少有一个是假名,甚至两个都是假名。5万元的汇款是徐浩宇支付的,高某称其依约支付了定金5万元,此不能证明是高某支付的。高某称其与人结婚,且生育两个子女,其在朝阳居住的房屋是其爱人名下的,但是现在高某提供的材料显示未婚,是否生育子女不明,此与生活常识不符,明显作伪。高某应在所谓的购房资质审核通过后5日内将第一笔首付款150万元自行支付给张某,另外160万元应当在过户前5日内支付。高某以各种借口推迟付款,其也没有提供担保。高某所谓在2016年11月17日应采取自行支付的方式给张某150万元,依据合同超过15日,张某享有合同解除权,张某依法按约给高某发送书面解除合同通知,有事实和法律依据。高某在接到通知3个月以后才起诉,人民法院不应该支持,应该判决解除合同。张某卖房的目的是另行购房,因为高某的违约行为,所以张某只能民间借贷购房,导致年利息损失高达100多万元。现提出反诉请求:1.判令解除张某、高某的买卖定金协议书;2.解除双方之间的北京市存量房屋买卖合同、补充协议;3.判令高某支付违约金64万元;4.判令高某支付律师代理费10万元。

高某针对反诉辩称:张某的反诉没有事实和法律依据,其反诉的主要理由是名字不一致,但是通过定金协议、补充协议、护照、买卖合同等都说明高某的身份一致,签订合同之初张某没有提出异议,视为其认可高某的身份。对于定金收据说明认可高某支付定金的行为,所以没有事实和法律依据解除合同。另行购房发生的借款与本案无关,不能让高某承担,张某反诉的诉讼请求没有事实和法律依据。

诉讼中,高某自愿向法院提存剩余房款315万元。

庭审中,双方的主要争议:

1.高某姓名问题。张某提供购房资格核验结果,以此证明审核的中文名高某与高某签署的外文名字XIN GAO不同,两者中有一个为不真实无效的名字。高某对上述证据真实性予以认可,但是对证明目的不认可,并提供护照译本公证件,以此证明高某名字前后统一,不存在不一致的情形。张某对上述证据真实性、关联性、证明目的均不予认可。

2.涉案合同履行情况。高某提供微信,以此证明张某希望提供首付款金额,所以在高某购房资质通过后,双方需要签署书面变更协议变更首付款数额,但张某以出差为由拖延签署补充协议及提供其他材料。张某对上述证据真实性予以认可,但是对证明目的、关联性不予认可,2016年11月2日之前的微信没有,同时张某要求增加首付款,仅属于要约邀请,不属于诺成性合同,所以高某应该在2016年11月21日前将首付款支付给张某。证人陈某到庭作证陈述涉案合同履行中高某资质审核问题、首付款变更问题、双方约谈事宜等。

法院观点

一审法院认为,关于涉案合同履行一节,依据涉案合同约定高某于购房资质审核通过后5日内将第一笔首付款150万元自行支付给张某,而高某于2016年11月17日通过购房资质审核,所以高某应于2016年11月22日前支付张某首付款 150 万元，但依据涉案微信、证人陈述等显示高某、张某已经就首付款变更达成一致，后张某单方一直拖延签署相关书面协议直至发送解除合同通知，高某未在涉案合同约定时间内支付款项不构成违约，2016 年 11 月 17 日之后涉案合同未能履行的责任在于张某。

关于过户、交付房屋一节，鉴于双方之行为，考虑高某提存剩余购房款、房价波动等因素，法院确定涉案合同继续履行，故对高某该部分诉讼请求均予以支持；关于违约金 64 万元一节，考虑到房价波动、高某购房资质审核、张某之抗辩意见等，法院酌定张某支付高某违约金 4 万元；关于律师代理费 6 万元一节，高某该部分诉讼请求无法律依据，法院对此不予支持；关于公证费 230 美元、差旅费 204.4 元一节，鉴于法院已经支持相关违约金，法院对高某该部分诉讼请求不予支持。

关于解除买卖定金协议书、北京市存量房屋买卖合同、补充协议一节，鉴于法院已经确认涉案合同继续履行，故法院对张某该部分诉讼请求不予支持；关于违约金 64 万元，考虑张某在涉案合同履行中的行为，法院对其该部分诉讼请求不予支持；关于律师代理费 10 万元一节，张某该部分诉讼请求无法律依据，本院对此不予支持。

关于高某的身份以及购房资质问题一审法院认为，2016 年 8 月 7 日，高某与张某签订的北京市存量房屋买卖合同（经纪成交版）系双方真实意思表示，依法成立、合法有效，各方均应全面履行。根据高某提供护照译本公证件，以此证明高某名字前后统一，不存在不一致的情形。法院判决继续履行合同。

张某不服，向二审法院提起上诉，其上诉的理由除了一审时的答辩意见外，还在二审中主张高某不具备购房资质，合同无法履行。要求撤销原判，改判驳回对方诉讼请求。

二审中，张某提交以下证据材料：高某的户籍档案复印件和户籍注销证明，证明高某当时是中国人，在境内有房屋，已婚且有两个孩子。针对该证据材料，高某称：上述证据不能证明高某的购房资格问题，只能证明可能的户籍情况，判断高某购房资格的材料应当属于高某一审中提交的住建委审核的购房资格审核文件。

二审法院经审理认为，关于张某主张高某购房资质的问题。一审中双方均认可高某已通过了购房资质审核，张某现虽对高某购房资质不予认可，但根据现有证据不能推翻高某通过的购房资质审核，故对张某的该项主张不予采信。

结合合同履行相关的事实，遂判决驳回上诉，维持原判。

法官点评

2007年1月29日北京市建设委员会、北京市人民政府外事办公室、北京市公安局、北京市工商行政管理局、北京市商务局发布的《关于规范境外机构和境外个人购买商品房的通知》规定凡境外个人（含港澳台侨个人）购买商品房的，在办理预售登记和权属登记时，除提交房屋交易权属管理部门有关登记规范规定的文件外，还应分别提交以下材料的原件和复印件一份：1. 港澳地区人员提交有效的港澳人员来往大陆通行证和港澳居民身份证、华侨提交有效的中华人民共和国护照和驻在国长期居留身份证件、台湾地区居民提交有效的台湾居民来往大陆通行证，港澳台个人和华侨还须提交北京市公安局出入境管理处出具的境外个人在境内居留状况证明；2. 外国个人提交有效的护照和北京市公安局出入境管理处出具的境外个人在境内居留状况证明；3. 各国驻华大使馆、各国际组织驻华代表机构享有外交特权与豁免的人员提交外交部同意其购房的照会。境外个人在本市购买自住商品房的，一人只能购买一套住宅，法律法规另有规定的，从其规定。交易权属管理部门通过全市统一信息平台的交易权属管理系统验证其购房情况。境外机构购买自用商品房，在办理预售登记和权属登记时，除须提交房屋交易权属管理部门有关登记规范规定的文件外，还须提交相关管理部门核发的该境外机构在北京设立分支、代表机构的营业执照或登记证书；各国驻华大使馆、各国际组织驻华代表机构提交外交部同意其购房的照会。境外机构和境外个人购买自用、自住商品房的，在办理预售登记和权属登记时，须提交所购商品房符合实际需要自用、自住原则的书面承诺；购买后不得随意出租、转让，但境外机构在北京设立的分支、代表机构注销的，可以按规定办理商品房的转移登记手续。境外机构和境外个人投资本市非自用、自住商品房，应当遵循商业存在的原则，按照外商投资房地产的有关规定，申请设立外商投资企业，在办理预售登记和权属登记时，除须提交房屋交易权属管理部门有关登记规范规定的文件外，还须提交商务管理部门核发的外商投资企业批准证书和工商管理部门核发的营业执照。原自用、自住商品房进行出租、转让的，按上述原则办理。

2010年11月4日中华人民共和国住房和城乡建设部和国家外汇管理局发

布《关于进一步规范境外机构和个人购房管理的通知》规定:“一、境外个人在境内只能购买一套用于自住的住房。在境内设立分支、代表机构的境外机构只能在注册城市购买办公所需的非住宅房屋。法律法规另有规定的除外。二、各地房地产主管部门在办理境外个人的商品房预售合同备案和房屋产权登记时,除应当查验城市商品房预售管理办法、房屋登记办法规定的材料及验证购房人持有房屋情况外,还应当查验:1. 有关部门出具的境外个人(不含港澳台居民和华侨)在境内工作超过一年的证明;港澳台居民和华侨在境内工作、学习和居留的证明。2. 境外个人名下在境内无其他住房的书面承诺。”

2015 年 5 月 29 日北京市住房和城乡建设委员会、北京市公安局发布《关于进一步规范境外个人购买商品住房有关问题的通知》规定:“一、境外个人在本市购买商品住房前,应按京建发〔2011〕65 号、京建交〔2007〕103 号文件的规定,如实向房地产开发企业、经纪机构、区县存量房网签窗口等网签服务机构,提供有效身份证明材料,申请购房资格审核。二、房地产开发企业、经纪机构、区县存量房网签窗口等网签服务机构对材料进行初步核查后,在北京交易登记系统填报相应信息,网上向市住房城乡建设委提交购房资格审查申请,并按京建发〔2011〕65 号文件规定留存申报材料。三、市住房城乡建设委会同市公安局在 10 个工作日内对境外个人购房资格进行审核。审核结果可在市住房城乡建设委网站查询。通过审核的境外个人方可办理网上签约手续。境外个人对审核结果有异议的,可持相关证明材料到市住房城乡建设委申请复核。四、本通知自 2015 年 6 月 1 日起执行。自执行之日起,市公安局不再为境外个人开具纸质境外个人在境内居留状况证明(以下简称居留证明);境外个人新申请购房资格审核的,通过审核后办理网签购房合同,不再出具居留证明,后续办理转移登记手续时,各房屋登记部门不再收存居留证明纸质材料。之前已完成网上签约,办理后续权属登记手续的,仍按原规定执行。”

根据上述相关规定,外籍人士在京购房首先要在中国居住满一年,通过网签服务机构,提供有效的身份证明资料,申请购房资格。虽然近期出台了一系列的房地产市场调控政策,但港、澳、台、华侨、外籍人士购房不受政策影响;仍然按照北京市城乡住房建设委员会发布的《关于进一步规范境外个人购买商品住房有关问题的通知》执行。根据该通知规定,自 2015 年 6 月 1 日起,境外个人在本市购房不再要求提交纸质的境外个人在境内居留状况证明,可直接通过网签服务机构,提供有效的身份证明资料,申请购房资格。资格审核通过后办理过户时需提供向国外及港澳台人员和机构、售房审批表、有效的身份证明及译本公证。境外个人在境内只能购买一套用于自住的住房。外籍人士在北京购房资质审核需要提供护照及护照的译文公证和居留许可证。外籍人士购房，办理过户手续时需要提供护照、译本公证、涉外审批单（向国外及港澳台人员和机构、售房审批表）。购房资格审核通过后，持该证明可到市政务服务中心办理涉外审批单（向国外及港澳台人员和机构、售房审批表）。

依法成立的合同，对当事人具有法律约束力。本案中，高某与张某签订的买卖定金协议书、北京市存量房屋买卖合同（经纪成交版）、补充协议系双方真实意思表示，且不违反法律、法规的强制性规定，应属合法有效，双方均应依合同约定履行各自义务。

本案争议的焦点在于高某姓名问题、涉案合同履行问题。关于姓名一节，现张某以英文名、中文名、英文书写顺序等抗辩，通过涉案合同、护照等证据比对显示高某的护照号均相同，张某该抗辩意见无事实依据。另根据高某一审中提交的住建委审核的购房资格审核文件亦可证明高某具备购房资格。

裁判精要

当事人对外籍当事人英文名、中文名书写顺序等提出异议的，应通过涉案合同、护照、护照译本公证件等证据进行比对，确认当事人身份。外籍当事人是否具有购房资质，应以住建委审核的购房资格审核文件等作为依据。其他相关问题，均应依照相关政策，可以类比上述问题进行综合判断。

《民法典》第二百一十条规定，不动产登记，由不动产所在地的登记机构办理。国家对不动产实行统一登记制度。统一登记的范围、登记机构和登记办法，由法律、行政法规规定。《民法典》第四百六十五条规定，依法成立的合同，受法律保护。依法成立的合同，仅对当事人具有法律约束力，但是法律另有规定的除外。《民法典》实施后，本案情况及裁判结果没有变化。

（编写人：申峻屹、林家诚）

二、以签订买卖合同作为民间借贷合同担保的处理

实务难题

当事人以签订买卖合同作为民间借贷合同的担保，借款到期后借款人不能还款，出借人请求履行买卖合同的，人民法院应当按照民间借贷法律关系审理，并向当事人释明变更诉讼请求。当事人拒绝变更的，人民法院裁定驳回起诉。

疑难案例

2010 年 9 月 19 日，L 公司作为买受人与 W 公司作为出卖人签订合同编号为 XF249274 商品房现房买卖合同，约定出卖人将涉案房屋出售给买受人，房屋成交价格为 1,267,700 元，合同约定买受人一次性付款，关于房屋的交付、违约责任、权属转移登记等事项均未约定。在落款处，有 L 公司及其法定代表人李某，W 公司及郭某的印章和签字。

L 公司主张其按照 W 公司付款指令通过转账支票向其支付购房款（含本案及另案共 7 套房屋款）共计 1100 万元，W 公司收到购房款后，向其出具收据。2010 年 9 月 20 日，W 公司出具编号为 023××01 收据，载明“今收到 L 公司交来朝阳区兴隆西街×号院×号楼×层、负一层房款人民币壹仟万元整”，该收据右上角手写记载支票号：228158××。同日，W 公司再次出具编号为 023××02 收据，载明“今收到 L 公司交来朝阳区兴隆西街×号院×号楼×层、负一层房款人民币壹佰万元整”，该收据上无支票号码记载。

另查，2012 年 10 月 22 日，张某作为买受人与 H 公司作为出卖人签订北京市商品房现房买卖合同，约定出卖人将涉案房屋出售给买受人，房屋成交价格为 2,218,000 元，张某支付全部购房款，并于 2012 年 12 月起实际占有使用涉案房屋。诉讼中，法院依 L 公司申请调取了涉案房屋档案材料，2014 年 4 月 1 日，涉案房屋设立抵押，目前处于查封状态。

L 公司以房屋买卖合同纠纷为由起诉 W 公司要求其分别对兴隆西街 7 处房屋配合办理过户，其中在北京市朝阳区兴隆西街×号院×号楼第×层×室一案中，第三人王某提交房产购买及回购协议复印件佐证 L 公司、W 公司间并非房屋买卖法律关系。房产购买及回购协议约定 L 公司购买 W 公司名下本案中

兴隆西街7处房屋，房屋总价款1100万元，L公司同意W公司在2011年3月20日前以1100万元将上述房产全部回购等内容，在落款处有L公司及其法定代表人李某，W公司及郭某的印章和签字。对此L公司不予认可，坚持主张双方之间系房屋买卖法律关系。

再查，郭某系H公司法定代表人，其因合同诈骗罪于2014年11月被判处无期徒刑，剥夺政治权利终身，并处没收个人全部财产。诉讼中，法院至北京市第一看守所就本案向郭某进行调查，郭某表示兴隆西街7处房屋的买卖合同及房产购买及回购协议均为其本人签订，L公司、W公司之间不存在真实的房屋买卖关系。在2010年H公司向L公司借款1000万元，L公司要求H公司提供担保，因H公司为W公司的控股公司，W公司名下的房屋由H公司实际控制，故双方合意通过L公司、W公司之间就兴隆西街7处房屋签订房屋买卖合同的方式为借款提供担保。后L公司通过支票方式出借借款本金1000万元，另外100万元未实际支付，相当于是预扣的借款利息，双方约定借期1年，后做了一次展期，期间H公司向L公司归还借款本金100万元。郭某主张其因合同诈骗罪被提起公诉，因此H公司未能继续还款。在其取保候审期间，其与L公司法定代表人李某就借款一事有过协商，并由H公司出具承诺书，对H公司欠付L公司的借款金额及还款期限作出承诺，该承诺书加盖H公司公章，交由L公司法定代表人李某。对于L公司诉讼请求，郭某称L公司、W公司之间不存在房屋买卖法律关系，其同意由H公司向L公司归还借款，但不同意L公司诉讼请求。对于上述调查结果，L公司认可兴隆西街7处房屋买卖合同上均为郭某本人签字，但坚持主张L公司、W公司之间存在真实的房屋买卖关系。就L公司、W公司双方签订的商品房现房买卖合同中就涉案房屋的交付、违约责任、权属转移登记等事项为何未作约定，兴隆西街7处房屋为何单价均相同且低于市场价等问题，L公司未能作出合理解释，经法院释明，L公司坚持以房屋买卖合同纠纷为案由要求W公司配合办理过户。

法院观点

一审法院经审查认为，本案争议焦点系L公司、W公司之间是何法律关系。现L公司主张双方存在房屋买卖合同法律关系，并提交商品房现房买卖合同加以证明，判断L公司、W公司之间法律关系的性质，不应受制于当事人签订合同的外观与名称，而应当根据当事人的真实意思表示和合同的实质内容来判定。第一，L公司、W公司签订房屋买卖合同时间在2010年9月，而L公司到2015年才请求履行合同，且合同中对房屋的交付、违约责任、权属转移登记等事项均未进行约定，不符合一般的市场交易习惯；第二，从涉案房屋价格来看，所涉房屋不论户型、朝向，价格一律定为1万元每平方米不符合常理；第三，张某于2012年12月入住涉案房屋至今，L公司认可其未对涉案房屋进行验收，直到2011年才发现房屋有人入住，亦不符合市场交易流程；第四，L公司、W公司均认可涉案合同签署人为郭某，郭某表示L公司、W公司之间订立房屋买卖合同系为H公司向L公司的借款提供担保；第五，涉案房屋目前被查封，L公司要求W公司向其过户不具备履行条件。现L公司就买卖合同签订及履行过程中的上述疑点未能做出合理解释，其仅凭商品房现房买卖合同无法充分证明L公司、W公司在签订买卖合同当时存在真正转移房屋所有权的意思表示。结合法院调查的结果可以认定，L公司、W公司双方签订商品房现房买卖合同真实的效果意思是为借贷合同设定担保，在经释明后L公司仍坚持主张买卖合同关系，故应予驳回。W公司经法院合法传唤未到庭应诉，法院依法缺席审理。综上所述，依照《最高人民法院关于审理民间借贷案件适用法律若干问题的规定》第二十四条第一款和《民事诉讼法》第一百四十四条之规定，裁定如下：驳回北京揽众投资发展有限公司的起诉。

L公司不服提起上诉，认为：1. 一审法院认定事实错误，将房屋买卖合同纠纷定性为担保合同关系无充分证据支持；2. 市场交易习惯、市场价格、市场交易流程均无法否定商品房现房买卖合同的有效性，且这三种事项并非民事证据的种类；3. 利害关系人的单方陈述不能单独作为证据或审判依据；4. 涉案房屋被查封，不能等同于涉案房屋过户不具备履行条件。要求依法改判支持L公司一审的全部诉讼请求。

二审中，当事人均未提交新证据。

二审法院经审理认为，本案的争议焦点在于L公司与W公司之间存在何种法律关系。L公司持商品房现房买卖合同主张双方存在房屋买卖合同法律关系。法院经审查后认为，首先，从合同双方的意思表示来看，涉案合同签署人郭某陈述表示L公司、W公司之间订立房屋买卖合同系为H公司向L公司的借款提供担保，双方之间并不存在真实的房屋买卖关系；其次，从合同的约定内容来看，合同中对房屋的交付、违约责任、权属转移登记等重要事项均未进行约定,在价格上不论房屋户型、朝向均为1万元每平方米,与房产市场交易习惯和常理不符;再次,从合同的履行上来看,L公司在2010年9月签订合同并付款后未对涉案房屋进行验收,各项税费亦未缴纳,直至2015年才请求履行合同,亦与常理不符;最后,上述合同签署人陈述、合同内容及另案房产购买及回购协议等能够相互佐证,证明双方并不存在真正的转移房屋所有权之合意。在L公司未能对上述问题作出合理解释或提供相反证据、涉案合同未在相关部门进行过备案的情况下,L公司主张其与W公司之间存在房屋买卖关系,依据不足,法院不予采纳。当事人以签订买卖合同作为民间借贷合同的担保,借款到期后借款人不能还款,出借人请求履行买卖合同的,人民法院应当按照民间借贷法律关系审理,并向当事人释明变更诉讼请求。当事人拒绝变更的,人民法院裁定驳回起诉。根据法院查明的事实,L公司与W公司之间不存在买卖房屋真正合意,双方真实的效果意思是为借贷合同设定担保。在经法院释明后L公司仍坚持主张双方系买卖合同关系,一审法院据此驳回L公司的起诉,并无不当,法院予以维持。遂判决驳回上诉,维持原判。

法官点评

《最高人民法院关于审理民间借贷案件适用法律若干问题的规定》第二十四条规定:"当事人以签订买卖合同作为民间借贷合同的担保,借款到期后借款人不能还款,出借人请求履行买卖合同的,人民法院应当按照民间借贷法律关系审理,并向当事人释明变更诉讼请求。当事人拒绝变更的,人民法院裁定驳回起诉。"实践中存在以买卖合同作为民间借贷合同担保的情况,对此,法律有明确的规定。从该规定的内容来看,该条款适用应符合以下几个条件:

第一,买卖合同非真实意思表示。适用该规定的前提是双方之间的买卖合同不成立,即实际关系为民间借贷合同。那么从哪些角度对涉案合同并非买卖合同进行认定值得研究。首先,合同双方的意思表示。合同的订立是两个或两个以上的当事人为意思表示、达成合意成立合同的过程或状态。这是一个缔约各方自接触、洽商直至达成合意的过程。本案中,涉案合同签署人郭某陈述表示L公司、W公司之间订立房屋买卖合同系为H公司向L公司的借款提供担保,双方之间并不存在真实的房屋买卖关系。其次,合同的具体约定。合同的内容就是合同的权利义务,确定合同的权利义务是合同履行的基本前提。本案中，合同中对房屋的交付、违约责任、权属转移登记等重要事项均未进行约定，在价格上不论房屋户型、朝向均为1万元每平方米，与房产市场交易习惯和常理不符。最后，合同的履行。合同的履行需要有履行的给付行为，包括积极的作为和消极的不作为。合同的履行既是合同效力的主要内容，又是合同关系消灭的主要原因。[1] 本案中，L公司在2010年9月签订合同并付款后未对涉案房屋进行验收，各项税费亦未缴纳，直至2015年才请求履行合同，亦与常理不符。

第二，买卖合同签订的目的系作为民间借贷合同的担保。随着社会经济的进一步发展，企业等法人及自然人在发展过程中对资金的需求亦随之扩大，民间借贷也屡见不鲜。在为民间借贷提供担保的形式上，有以动产和不动产抵押及保证人担保等形式。《担保法》第三十三条第一款规定："本法所称抵押，是指债务人或者第三人不转移对本法第三十四条所列财产的占有，将该财产作为债权的担保。债务人不履行债务时，债权人有权依照本法规定以该财产折价或者以拍卖、变卖该财产的价款优先受偿。"从法律规定来看，以财产进行抵押担保的法律效果是在债务无法得以受偿时，以该财产折价或者以拍卖、变卖该财产的价款优先受偿，而不能直接以该财产直接冲抵债务。于是，在实践中出现这样一种情形，即债权人为快速实现债务或为获得债务人相关财产，在债务人以财产（通常为不动产）抵押进行借贷时，债权人会要求其签订以该财产为标的的买卖合同，以此代替抵押合同。在债务人无法偿还该笔债务时，即以该买卖合同为由要求债务人交付本应为抵押物的买卖标的物。通常情况下，以不动产抵押产生的房屋买卖合同居多。但因债务人所抵押房屋的价值通常高于甚至远高于本金及利息，故以房屋直接冲抵债务会造成严重的利益失衡；且债务人以自己居住房屋作为"买卖合同"抵押物的情况下，会影响债务人基本的生活保障，也会影响经济秩序。

第三，借款到期后借款人不能还款，出借人请求履行买卖合同的，人民法院应当按照民间借贷法律关系审理，并向当事人释明变更诉讼请求，而当事人拒绝变更。鉴于实践中存在此类以房屋买卖合同进行担保的情况，故法院在审查的过程中，对于实际上为民间借贷的法律关系应以民间借贷法律关系审理。在向当事人释明的情况下，当事人如坚持不变更诉讼请求，则法院应裁定驳回起

---

〔1〕 参见韩世远：《合同法总论》，法律出版社2011年版，第233页。

诉。该条件为程序要求,即法院需要向当事人予以释明该规定,询问当事人是否变更诉讼请求。

第四,综合全案证据等内容考虑。结合本案涉案合同签署人陈述、合同内容及另案《房产购买及回购协议》等能够相互佐证,证明双方并不存在真正的转移房屋所有权之合意。在L公司未能对上述问题作出合理解释或提供相反证据、涉案合同未在相关部门进行过备案的情况下,L公司主张其与W公司之间存在房屋买卖关系,依据不足,不应支持。

裁判精要

对于实践中以买卖合同作为民间借贷合同担保,法院应裁定驳回当事人要求履行买卖合同的情况,需要符合一定条件:包括买卖合同非真实意思表示、买卖合同签订的目的系作为民间借贷合同的担保以及借款到期后借款人不能还款、出借人请求履行买卖合同的,人民法院应当按照民间借贷法律关系审理,并向当事人释明变更诉讼请求,而当事人拒绝变更。

《民法典》中关于一般抵押权定义的规定延续了之前《物权法》中的规定,其第三百九十四条的内容与《物权法》第一百七十九条的规定完全一致。关于《最高人民法院关于审理民间借贷案件适用法律若干问题的规定》第二十四条规定中关于以买卖合同作为民间借贷合同担保的情况的处理,《民法典》中未涉及,故关于本案中以买卖合同作为民间借贷合同担保的认定及相关标准,因相关法律条文内容无变化,故适用要点在《民法典》颁布后亦无不同。

(编写人:江惠、陈雁)

三、如有不可归责于买卖双方的客观原因,卖方不得以买方未按合同约定期限支付首付款为由行使合同解除权

实务难题

不动产登记事项归口于各地方不动产登记事务部门。从客观上来看,不动产登记业务量因房屋所在区域交易活跃度、房屋交易涨跌幅度、不动产登记事务部门业务容量、办理过户所需先行手续的时间、政策变化等因素而产生波动,由此带来

的现象是房屋买卖双方约定或者预估的过户登记办理时间与实际可行的过户登记办理时间存在出入。有的房屋买卖交易双方对此种情形有所预估，在事前协商阶段即能够对此作出妥善安排并将之固定到房屋买卖合同条款当中。然而，有为数不少的交易双方并未考虑到前述问题的可能性，并未在房屋买卖合同中设定相应条款，以致于产生障碍时交易双方不知何去何从，房屋买卖合同出现履行停滞，并因此引发诉讼。司法机关面临着两个审理难点：一是归责问题较难处理。在合同约定不明甚至缺位的情况下，由于客观因素导致过户登记发生迟延，这种履行障碍并非出自某一方当事人的主观过错，司法机关在处理此类问题时能否将一方定性为违约方，并判令其承担违约责任，需要结合案情进行探讨。二是解除权行使问题较难处理。如一方当事人基于履行障碍行使解除权，此时能否依据法律规定解除房屋买卖合同，以及合同解除后的责任承担问题均需要具体问题具体分析。

疑难案例

2015年12月25日，田某（出卖人）与张某（买受人）签订北京市存量房屋买卖合同，约定出卖人应于2016年2月28日前办理抵押注销手续；自本合同签订之日起90日内，双方共同向房屋权属登记部门申请办理房屋权属转移登记手续；办理完毕房屋所有权转移登记手续后，于3个工作日内将该房屋交付给买受人；逾期付款，逾期在15日之内，买受人按日计算向出卖人支付逾期应付款万分之五的违约金，逾期超过15日后，出卖人有权解除合同。出卖人解除合同的，买受人应当自解除合同通知送达之日起15日内按照累计的逾期应付款的20%向出卖人支付违约金，并由出卖人退还买受人全部已付款。同时，双方与L公司签订补充协议，约定乙方（张某）于2015年12月25日支付定金10万元；甲方（田某）最迟应于2016年3月5日前办理完毕解除抵押登记手续；乙方于过户前5个工作日内将第一笔首付款326万元以理房通托管的方式支付给甲方；甲乙双方应于2016年1月31日前共同前往贷款机构办理贷款申请手续；甲乙双方同意在2016年3月20日前共同办理房屋所有权转移登记手续；乙方若出现下列情形之一的，乙方构成根本违约，且甲方有权以书面通知的方式解除房屋买卖合同：逾期履行本补充协议第二条约定的义务超过15日的，乙方出现上述根本违约情形之一的，乙方应在违约行为发生之日起15日内，以相当于该房屋总价款的20%向甲方支付违约金。

2015年12月26日，张某支付田某定金10万元。张某称2016年2月22日L公司通知已办理完毕解除抵押登记手续，但因房本面积有误需要更改，2月28日后更改完毕。同年3月6日双方办理完毕网签手续。3月23日办理公积金贷款手续，因张某账户问题及田某工作安排的原因，至3月28日办理完毕手续。3月31日张某缴纳了房屋买卖契税，北京住房公积金管理中心于4月1日予以审核确认公积金贷款。后L公司预约房屋所有权转移号，预约到5月4日的过户号。2016年4月3日，田某与L公司工作人员微信称其与张某没有在约定时间内完成过户，张某已经造成根本违约，合同已经解除，张某应按合同赔付20%房屋总价款的违约金，田某并发送解除通知的图片，要求L公司工作人员发给张某。4月4日晚，张某收到田某发出的通知，内容为从明日（2016年4月5日）起，即构成根本违约，据此，甲方特向乙方提出：1. 主张违约金；2. 解除合约；3. 乙方及时与甲方共同撤销网签。田某称根据补充协议的约定，因尚未超过15日，故在3月23日和28日进行了公积金贷款面谈，如果张某支付款项，可以继续履行合同，但张某一直未予支付，因此提出解除合同。双方产生争议，张某起诉田某，要求继续履行涉案合同，并按照合同总金额支付20%违约金，田某反诉要求解除涉案合同，并按照合同总金额支付20%违约金。

法院观点

一审法院认为，根据双方签订的北京市存量房屋买卖合同和补充协议的约定，双方在2016年3月20日前共同办理房屋所有权转移登记手续，张某在此之前5个工作日内支付第一笔首付款。根据该约定，首付款的支付日期取决于房屋所有权转移登记日，若房屋所有权转移登记日发生变更，首付款支付日期也将随之变更，即或早或晚于3月15日。而双方直到3月23日才开始办理公积金贷款面谈，后因张某和田某的原因，至3月28日才办理完毕手续，并在3月31日办理缴纳税费手续。办理房屋所有权转移登记手续的前提条件是已缴纳了相关税费，在未能于3月20日之前完成房屋所有权转移登记手续的情况下，双方之后继续履行后续房屋买卖手续，以行为顺延办理贷款和缴纳税费的时间。因贷款和缴纳税费时间的顺延及当时预约房屋过户等交易的现实情况，必然导致房屋过户时间的顺延。按照过户前5个工作日内支付首付款的约定，张某未在3月15日或4月4日前支付首付款，并未构成违约或根本违约。田某要求确认双方签订的北京市存量房屋买卖合同及补充协议于2016年4月5日解除，并要求张某支付违约金916,000元，法院不予支持。张某同意一次性支付剩余房款和物业交割保证金，田某应当继续履行与张某签订的房屋买卖合同，协助张某办理房屋产权转移登记手续并交付房屋。张某尚未支付首付款，田某据此未履行后续买卖手续，未构成违约。张某要求田某支付违约金，法院不予支持。

二审法院认为，本案二审争议焦点在于田某能否以张某未按合同约定期限支付首付款为由行使合同解除权。双方于补充协议第4条中约定首付款326万元的付款时间为过户前5个工作日内且以理房通托管方式支付；双方又于该协议第6条约定权属转移登记时间为2016年3月20日前。根据协议条款可见，首付款的付款时间取决于具体的过户时间。而L公司经纪人预约的过户时间晚于协议约定时间，此由不可归责于买卖双方的客观原因所致，因此张某未在合同原定的2016年3月20日前5个工作日内支付首付款不构成违约。当客观情况发生变化时，田某应本着有利于实现合同目的以及善意诚信的原则在合理期限内向张某主张支付首付款。然而，田某仍以2016年3月15日为张某逾期付款的起算时间，在15日后向张某书面发出解除合同通知，解除的理由不能成立，因此，一审法院关于张某并未构成迟延支付首付款的违约行为，认定事实清楚，对双方诉讼请求的处理结果正确，应予维持。

法官点评

(一)本案审理思路的梳理与思考

依据双方当事人的诉辩主张，本案的审理焦点有两点：第一，涉案合同产生履行障碍能否归责于一方当事人？第二，卖方能否以买方未按合同约定期限支付首付款为由行使合同解除权？

关于问题一。违约责任的认定采严格责任原则，即在合同条款明确约定双方权利义务的前提下，一方对合同义务的违反即触发其违约责任，但是严格责任并非意味着无须考量合同双方主观的可苛责性。质言之，严格责任隐含着法律对违约一方主观方面的否定评价，因此在进行违约认定时需要分析当事人的主观过错因素。本案中，房屋买卖合同产生履行障碍的直接原因在于作为居间方的L公司所预约的房屋过户时间晚于合同约定的最迟办理时间，卖方据此向买方发出解约通知。在此种情况下，房屋买卖合同产生履行障碍能否归责于一方当事人须考虑两个因素：其一，双方当事人的前期履约行为。房屋过户须满足核验资质、解抵押、办理贷款、缴纳税费等诸多先行条件，结合在案证据可以发现，双方在履行房屋买卖合同的过程中，前期贷款程序、税费缴纳程序相较于合同约定的时间节点而言均有一定程度的顺延，而买卖双方均未对顺延提出异议，而是尽量互相配合。该配合行为或可视为双方对顺延履行的许可。或言之，交易双方以其行为表明同意变更合同履行时间。此外，双方都未曾实施导致合同履行不能的行为。其二，过户时间客观的不可控性。过户之前各项手续的办理均需要一定时间，加之现实情况是不动产登记事务部门业务容量通常处于饱和状态，办理过户登记需要提前一段时间进行预约并等待，实际过户时间具有较强的不可控性，因此，在双方未拖延办理先行手续的情况下，中介公司为双方预约的过户时间晚于合同约定时间不可归责于合同双方。在综合考虑前述两个因素的基础上，本案中合同履行障碍不应归责于某一方当事人，双方均无须承担违约责任。

关于问题二。《合同法》第九十四条规定："有下列情形之一的，当事人可以解除合同：（一）因不可抗力致使不能实现合同目的；（二）在履行期限届满之前，当事人一方明确表示或者以自己的行为表明不履行主要债务；（三）当事人一方迟延履行主要债务，经催告后在合理期限内仍未履行；（四）当事人一方迟延履行债务或者有其他违约行为致使不能实现合同目的；（五）法律规定的其他情形。"本案中，田某主张解除合同依据的是前述规定第（四）项，因张某迟延支付首付款的违约行为致使其不能实现获取售房款、置换房屋的目的。其主张成立需要满足"违约行为"以及"合同目的不达"两个条件。如前所述，本案中买卖双方均不存在违约行为，涉案房屋买卖合同中买受人一方的目的为获得房屋所有权，出卖人一方的目的为获得售房价款，出卖人置换房屋的意图并非涉案房屋买卖合同本身的目的，因此，田某行使法定解除权的条件并未成就。此外，需要指出的是，虽然导致合同履行障碍的原因具有客观性，但此客观原因并不同于不可抗力。不可抗力带来的后果是合同根本履行不能，即穷尽各方努力之后仍不具有继续履行的现实可能性，而涉案合同仍具有继续履行的可能性。

(二)诚实信用原则——房屋买卖合同纠纷中的价值取向

《合同法》第六条规定:“当事人行使权利、履行义务应当遵循诚实信用原则。”诚实信用原则在债法中具有“帝王条款”的地位,其是指民事主体在从事民事活动时应当诚实无欺、恪守信用,以善意的方式行使权利、履行义务,不得规避法律义务。[1] 鉴于法律规定具有滞后性,尚无法完全覆盖日新月异的社会经济关系,而不动产交易市场情况不断变化、国家政策导向动态发展,在规范性文件及合同尚未对相关问题作出明确规定的情况下,诚实信用原则即发挥着调整交易双方权利义务关系的重要作用,成为司法机关审理房屋买卖合同纠纷时的价值取向。就房屋买卖合同纠纷而言,诚实信用原则对当事人提出的要求有两点:一是促进交易实现;二是禁止权利滥用。

1. 促进交易实现。促进交易实现可理解为实现房屋买卖双方之合同目的。《合同法》第六十条规定:“当事人应当按照约定全面履行自己的义务。当事人应当遵循诚实信用原则,根据合同的性质、目的和交易习惯履行通知、协助、保密等义务。”房屋买卖合同的履行并非单一行为,而体现为价款给付、贷款办理、产权过户、房屋交付、户口迁移等一系列步骤,在诚实信用原则之下,当事人的义务既有法律规定和合同约定的义务,同时也应包含虽未得以明确、但确属房屋买卖合同应有之义的附随义务。房屋买卖双方应穷尽合理、有效的手段,全面履行己方义务,出现履行障碍时,积极排除己方可能造成有损合同目的的实现的因素,促进交易实现。

2. 禁止权利滥用。权利滥用,系指权利人行使权利,违反法律赋予权利之本旨,因而在法律上否认其为行使其权利的情形。[2] 它是违反诚实信用原则最典型的形态与表现。[3] 梁慧星教授指出,诚实信用原则“要求当事人在行使权利履行义务时,应兼顾对方当事人利益和社会一般利益,凡行使权利履行义务

---

〔1〕 参见林诚二:《民法理论与问题研究》,中国政法大学出版社2000年版。

〔2〕 参见李𫗅:《再论诚实信用原则的类型化——以传统抽象概念思维为参照》,载《西南政法大学学报》2013年10月。

〔3〕 Hein Kbtz. Towards a European Civil Code: *The Duty of Good Faith*[G]//Peter Cane and Jane Stapleton. The Law of Obligations. Clarendon Press, 1998: 250.

有背于诚实信用原则，应构成违法”。[1] 从主观方面来看，滥用权利的当事人主观心态至少为过失；从客观方面来看，当事人行使的权利仅有权利外观而欠缺其权利实现的事实和法律依据，且其权利行使与相对方存在利益冲突。在禁止权利滥用之约束下，当事人履行房屋买卖合同，行使其法定、约定权利应以客观事实为依据，以不损害相对方的权利及社会公共利益为边界。例如，如果房屋出卖人基于房价上涨的市场行情而非确实存在的合同解除事由来向买受人行使解除权，不考虑买受人可能遭受的财产损失，那么出卖人极有可能构成滥用解除权，并因此受到法律的否定评价。

裁判精要

由于客观因素导致过户登记发生迟延，而履行障碍并非出自某一方当事人的主观过错，一方不得径行以另一方未按合同约定期限支付首付款为由行使合同解除权，对于合同解除后相关法律责任的认定应进行综合判断。

《民法典》合同编虽然未单独强调诚信原则，但是于总则部分第七条明确规定："民事主体从事民事活动，应当遵循诚信原则，秉持诚实，恪守承诺。"诚信仍然是贯穿于民事主体交易活动的基本原则之一。《民法典》第五百零九条规定："当事人应当按照约定全面履行自己的义务。当事人应当遵循诚信原则，根据合同的性质、目的和交易习惯履行通知、协助、保密等义务。当事人在履行合同过程中，应当避免浪费资源、污染环境和破坏生态。"该条是对全面履行合同义务的表述，对比《合同法》第六十条可以发现，《民法典》的规定一是对"诚信原则"这一措辞进行了前后统一；二是补充了应当避免浪费资源、污染环境和破坏生态的规定。此外，《民法典》对合同法定解除的规定基本上沿袭了《合同法》第九十四条的内容、略有增补。《民法典》第五百六十三条规定，"有下列情形之一的，当事人可以解除合同：（一）因不可抗力致使不能实现合同目的；（二）在履行期限届满前，当事人一方明确表示或者以自己的行为表明不履行主要债务；（三）当事人一方迟延履行主要债务，经催告后在合理期限内仍未履行；（四）当事人一方迟延履行债务或者有其他违约行为致使不能实现合同目的；（五）法律规定的其他情形。以持续履行的债务为内容的不定期合同，当事人可以随时解除合同，但是应当在合理期限之前通知对方。"对比立法文

---

〔1〕 参见梁慧星：《诚实信用原则与漏洞补充》，载《法学研究》1994年第2期。

本可以发现，与本案例相关的条款未发生改变。

（编写人：陈静、张日广）

四、双方约定以第三方托管方式支付购房款的当事人有义务配合签署购房款托管协议并通过托管方式完成购房款支付

实务难题

在房屋买卖合同履行过程中，为保障交易安全，当事人通常会约定以第三方托管方式支付部分或者全部购房款。第三方托管方式在实质上增加了交易的环节，使房屋中介公司或者与其关联的资金监管单位进一步介入双方交易过程，借用第三方的信用来担保合同的履行。然而，采取第三方托管的方式履行付款义务，建立在当事人协商一致的基础上，具体施行过程中的各环节一般需要签署资金托管协议予以明确。因此，在双方未完成购房款托管协议签署的情况下（如买受人单方签署购房款托管协议，出卖人一方以种种理由拖延签署协议，或者出卖人经催告后拒绝签署协议导致双方均未签署等），买受人在合同约定的付款日前向托管账户汇入首付款，在约定付款日后，出卖人可能会以未签订托管协议为由主张买受人汇入首付款行为不产生付款效力，且买受人逾期付款构成违约，应承担违约责任。这无疑增加了买受人购房的风险，使其陷入即使依约按照资金托管的方式支付购房款，仍无法顺利购得房屋的交易窘境。

针对这一实务难题，法院通过司法裁判明确了如下判理，即房屋买卖双方约定以第三方托管方式支付购房款，当事人有义务配合签署购房款托管协议并通过托管方式完成购房款支付。根据合同约定并遵循诚实信用原则，通过将购房款汇入托管账户的购房人，应视为已履行支付购房款的义务。

疑难案例

2016 年 1 月 2 日，黄某（买方）与闪某（卖方）及房屋中介公司签订了买卖定金协议书，约定交易涉案房屋，黄某在签约当日向闪某自行支付定金 10 万元，并以资金托管方式向闪某支付定金 90 万元。1 月 9 日，上述三方签署定金托管协议，约定黄某与闪某双方同意在理房通开设相应账户，授权由房屋中介

公司及理房通公司对托管账户进行管理，并按协议约定的条件对托管资金进行划转；各方同意黄某于该协议签署时将定金90万元存入托管账户。同日，黄某与闪某签订房屋买卖合同及补充协议，约定黄某向闪某购买涉案房屋，成交价格及配套设施作价共计700万元，第一笔定金10万元黄某已支付给闪某，第二笔定金90万元于2016年1月17日前以理房通托管方式支付；黄某于2016年2月17日前将第一笔首付款155万元以理房通托管的方式支付闪某；买受人向银行申办抵押贷款，拟贷款金额为440万元，买受人因自身原因未获得贷款机构批准的，买受人继续申请其他贷款机构贷款，至贷款批准，买受人自行负担期间已发生的及要产生的各项费用；双方同意在合同签订90日内，双方应共同办理房屋所有权转移登记手续；双方应当在过户当日自行办理物业交割手续，双方同意从购房款中留存5万元作为物业交割保证金，黄某在物业交割当日自行支付给闪某；双方任何一方逾期履行约定义务的，违约方应按照约定的标准向守约方支付违约金。

签署上述合同后，黄某于2016年1月2日向闪某支付定金10万元，于1月15日向理房通托管账户支付90万元，于2月19日向理房通托管账户支付155万元。闪某承认收到定金100万元，但主张其与黄某达成口头约定，变更了首付款支付方式，黄某同意直接将首付款支付给闪某；黄某对闪某该主张不予认可。此后，闪某未依约及时配合黄某办理贷款，双方发生争议，黄某将闪某诉至法院，要求闪某继续履行合同并向其支付违约金。诉讼中，闪某提起反诉，认为黄某存在违约行为，主张解除房屋买卖合同等一系列相关协议，并要求闪某向其支付违约金。

法院观点

一审法院经审理认为，本案争议焦点系黄某是否按照约定完成了首付款支付义务。双方约定黄某于2016年2月17日前将第一笔首付款155万元以理房通托管的方式支付给闪某，而其于2016年2月19日将155万元首付款支付至理房通账户。闪某未能举证证明双方就变更付款方式达成一致，故各方仍应按照原有约定履行义务。黄某支付首付款虽晚于约定日期，但不构成合同约定的根本违约情形，故对黄某要求继续履行合同的请求予以支持，对闪某要求解除房屋买卖合同等一系列相关协议的反诉请求不予支持。但黄某应就其支付首付款晚于约定日期的行为承担相应违约责任;而闪某未按约定协助黄某办理第二次银行贷款手续的事实存在,其亦应向闪某承担违约责任,双方各自应承担的违约金额由法院酌情确定。故一审法院判决双方签订的房屋买卖合同等一系列相关协议继续履行,双方分别向对方支付相应违约金。

闪某不服一审判决提出上诉,主张其从未签署过涉及首付款支付的托管协议,黄某于2016年2月19日自行向理房通托管账户汇款的行为不能产生首付款已支付的法律效果。二审法院经审理认为,黄某与闪某未对首付款支付方式进行变更达成合意,双方应按照补充协议约定履行,黄某通过理房通托管方式完成首付款支付,闪某配合签署涉及首付款托管的相关协议应系其履行房屋买卖合同的环节。黄某违反双方合同约定迟延2日履行付款义务,虽构成违约,但其违约行为不足以致使双方房屋买卖合同目的不能实现。本案中,黄某存在逾期支付首付款的违约行为,闪某存在未协助黄某办理银行贷款手续的违约行为,双方均应依约就各自违约行为向对方支付违约金。故二审法院作出终审判决,驳回上诉,维持原判。

法官点评

本案系因房屋买卖双方就购房款支付方式发生争议而引发的典型纠纷。本案的核心问题即为在双方未完成购房款托管协议签署的情况下,买受人将购房款汇入资金托管账户是否产生支付购房款的效果。对于此类问题,在实践中,通常存在以下几种情形:

第一,双方房屋买卖合同约定以资金托管方式支付购房款,此后买受人单方签署购房款托管协议,并在合同约定的付款日前向托管账户汇入首付款。在约定付款日后,出卖人以未签订托管协议为由,主张买受人汇入首付款行为不产生付款效力,且买受人逾期付款构成违约,应承担违约责任。

第二,双方房屋买卖合同约定以资金托管方式(如链家理房通模式等)支付购房款,此后双方均未签署购房款托管协议,在合同约定的付款日前买受人亦未向托管账户汇款。在约定付款日后,出卖人主张买受人逾期付款构成违约,应承担违约责任。

第三,双方签署房屋买卖合同约定购房款支付方式,后双方又签订资金托管协议或监管协议变更购房款支付方式,但新签订的协议所涉及的款项数额未完全覆盖尚未支付的首付款数额,双方就首付款总额与托管或监管资金数额之间的差额应如何支付发生争议。

针对以上问题,应当从以下几个方面予以分析判断,并加以解决:

第一,从合同约定本意出发,对双方争议作出定性。根据双方房屋买卖合同约定,买卖双方以资金托管支付购房款。在未对购房款支付方式进行变更的情况下,签订资金托管协议并通过双方在合同中指定的托管方完成首付款支付操作流程,系双方当事人进行房屋买卖交易的必要环节,为双方依约诚实信用且全面履行己方义务的要求之一。如买受人已单方签署托管协议而出卖人拖延签署,或者因出卖人原因导致双方未能如期签署托管协议,则参照在定金支付环节已有的托管支付环节,买受人并将购房款依约如期足额汇入托管账户,应当认定买受人已依约履行完毕购房款支付义务。如果仅仅从托管协议尚未完成签署的角度看待此问题,则会导致善意的买受人没有支付购房款的途径和办法,提高了房屋买卖的时间成本、机会成本,增加了买受人违约或合同履行不能的风险。因此,出卖人拒绝签署托管协议并否定买受人付款行为的效力,属于以己方的怠于履约抗辩对方的积极履约,出卖人的行为与主张有悖于合同本意,亦与交易习惯不符。出卖人基于此理由而对买受人要求履约的请求所作出的抗辩,缺乏事实及法律依据,有违诚信及公平原则,且均不能使其免于承担相应的违约责任。

第二,具体分析履约情况,对违约与否作出判断。买受人与出卖人通常应严格依照合同约定进行房屋买卖交易。但考虑到合同履行过程中可能发生一些不可预知的事件,及双方在合同履行中应互相协作、提供方便等因素,故在审理中应根据合同实际履行情况,对当事人未能按期签订托管协议及汇入托管资金的行为作出定性。如房屋买卖合同签订后,买受人逃避签署托管协议及汇款,经催告后仍不履行其前述义务,则买受人一方的行为构成违约。如买受人在合同约定的付款日以前一直在联络出卖人尽快共同签署托管协议,而出卖人一直不予配合,考虑到资金托管一般为买受人向第三方账户汇入高额款项,三方共同确认有利于保障买卖双方交易及财产安全,故此时买受人可能具有同时履行抗辩权,其未签署托管协议及未向监管账户汇款不宜认定为违约。

第三,针对合同约定不明,应依法补救并妥善解释。合同纠纷产生的重要原因之一即为合同内容的约定不明。双方变更购房款支付方式,部分款项以资金托管或监管方式进行支付,而该方式所托管或监管的资金未能涵盖全部尚未支付的购房款。对于首付款总额与托管或监管资金数额之间的差额如何支付产生的争议,依照《合同法》第六十一条规定,法院将采取以下三种方式进行处理:(1)在庭审或调解过程中,引导当事人对上述差额等部分重新达成一致合意;(2)如不能达成合意,则回归原房屋买卖合同的约定内容,根据该差额款项的性质,按照原合同中对该性质款项应如何支付的约定确定其支付方式;(3)如无法确定该差额款项性质,则须综合交易习惯、合同目的、履约情况、当事人预期利益等因素作出判断。

第四,中介机构应当改善规范经营行为。房屋买卖合同及相关协议文本的提供者是中介公司,提供居间服务并在交易过程中统筹协调、保障履约亦属中介公司必须承担的重要责任。上述争议虽出现在买受人与出卖人之间的房屋买卖合同纠纷中,但根源往往是中介公司业务人员疏忽或者过失引起的交易流程衔接不善、前后协议内容矛盾等问题,最后导致交易全过程失控。此种情形属于房屋中介公司经营活动中出现的不当行为,有关部门应当予以监管规范,对有关争议予以调处解决。

裁判精要

房屋买卖双方约定以第三方托管方式支付购房款,当事人有义务配合签署购房款托管协议并通过托管方式完成购房款支付。根据合同约定并遵循诚实信用原则,通过将购房款汇入托管账户的购房人,应视为已履行支付购房款的义务。

根据《合同法》有关规定,当事人行使权利、履行义务应当遵循诚实信用原则;当事人应当按照约定履行自己的义务,不得擅自变更或者解除合同。2020 年 5 月 28 日第十三届全国人民代表大会第三次会议通过了《中华人民共和国民法典》,在实践发展的基础上继承、完善了合同法律制度,将诚信原则、合同对当事人的法律约束力及当事人应当按照约定全面履行自己的义务明确纳入法典中,对上述法治理念予以体系化的巩固与保护。从民法通则、合同法、民法总则到民法典,尊重意思自治、全面诚信履约的要求一脉相承、贯彻始终,是我国民事法律制度的重要基石之一,也是社会主体参与民事活动、实施法律行为所应遵循的基本准则。

(编写人:何灵灵、张立)

五、房屋买卖合同未明确过户应履行的先行义务，导致逾期办证的，不能归责于一方

实务难题

近年来，二手房交易如火如荼，涉及房屋买卖合同纠纷类案件日渐剧增。在房屋买卖合同中，出卖人的主要义务为交付房屋并按时办理房屋所有权转移登记，买受人主要义务为依约给付购房款。依照我国《物权法》第九条相关规定，不动产物权的设立、变更、转让和消灭，经依法登记，发生法律效力；未经登记，不发生效力，但法律另有规定的除外。为了保障交易安全和第三人的利益，物权变动必须公示，房屋作为不动产，法律规定公示方式即交付并进行登记。因不动产物权变动采取登记生效主义这一物权公示方式，房屋买卖合同兼具有债权合同和物权合同两重属性。房屋所有权转移登记虽然不影响房屋买卖债权合同的有效成立，但该债权合同的效力仅在当事人之间产生请求权，而不直接产生物权转移的法律效果。因此，办理房屋所有权转移登记意义重大，只有房屋登记到买受人名下，买受人才能取得房屋的所有权，也正因如此，买方相较于卖房人更急于促成房屋所有权转移登记。

实践中，购房人支付购房款之后，由于卖方不具主体资格、出卖人恶意违约、买卖标的不合法、有瑕疵、交易房屋被查封、存在“一房二卖”、无权处分等情形，均可能导致无法办理房屋过户手续。为保障交易的顺利进行，降低购房人的交易风险，房地产行政主管部门会同银行、具有担保资质的机构在银行开立资金监管账户，在房屋办理完过户手续后，银行才能把监管资金支付给出卖人。通过这种方式，买卖双方的合同权益得到平衡，保证了购房人的资金交易安全。我国《合同法》第一百三十五条、《城市私有房屋管理条例》第六条对于出卖人负有办理房屋所有权转移登记的义务均有相关规定。当出卖人存在违反房屋买卖合同约定逾期交房和逾期办证的违约行为给买受人造成损失，买受人就其实际损失可主张损害赔偿。但因过户需要买卖双方相互配合方能实现，而部分出卖人出售房屋的目的系置换新房，受限购、贷款及税收等政策的影响，出卖人为取得购房资质，享受另购房税收、贷款优惠政策、及时取得购房款，也存在急于完成房屋所有权转移登记的情况，而买房人恶意违约、拖延履行付款义务、为逃避债务怠于行使过户权利等情形也时有发生。

然而，房屋买卖合同履行过程周期较长，办理房屋所有权转移登记手续需要买卖双方的配合，手续繁杂，尤其是在合同履行过程中双方未注意保存相关证据的情

况下，给法院认定逾期办证的可归责方提出了难题。笔者认为，不能简单地以房屋所有权证书的登记时间与合同约定的过户时间不一致即认定一方存在逾期过户的违约行为，应综合合同约定、买卖双方履约能力、合同履行过程、逾期过户给双方带来的不利影响程度等因素，尤其是在合同约定不明确、合同存在漏洞、合同约定存在瑕疵的情况下，应遵循诚实信用的原则，平衡当事人双方的利益，公平合理的确定合同内容。[1]

疑难案例

2016 年 11 月 28 日，黄某（甲方）与赵某（乙方）在北京市易合房地产经纪有限责任公司（丙方）的居间下签订房屋买卖居间合同及补充协议，约定黄某将其所有的 501 号房屋以 313 万元的价格出卖给赵某。房屋买卖居间合同第四条关于权属转移登记，甲乙双方同意在居间人或居间人指定的担保机构告知出卖人和买受人可以办理权属登记过户的 3 个工作日内，双方共同向房屋权属登记部门申请办理房屋权属转移登记手续。补充协议关于房屋交易具体事宜的约定：1. 甲乙双方同意按照“贷款形式”给付房款，于 2017 年 3 月 20 日前付清全部首付款，将银行贷款所需证件、资料准备齐全，并办理该房屋的审贷手续，待收到批贷通知后 3 日内，甲乙双方即办理该房屋的过户手续；并约定按本协议第五条“其他约定”中的条款履行；2. 甲乙双方同意，共同办理房屋所有权转移登记手续。如房屋登记机构要求一方或双方必须到场办理相关手续的，则该方应当按照房屋登记机构的要求到场办理。第四条关于违约责任一节约定，如乙方出现下列情形之一的，构成根本违约，且甲方有权以书面通知方式解除房屋买卖居间合同：（1）……（2）……（3）逾期履行本补充协议第二条约定的义务超过十五日。乙方出现上述根本违约情形之一的，应在违约行为发生之日起十五日内，以相当于该房屋总价款的 20% 向甲方支付违约金；乙方向甲方已支付的全部款项冲抵违约金，多退少补。协议履行期间，如出台新的限购政策且该限购政策导致本协议无法继续履行的，各方互不承担违约责任，后续事宜已交付的款项和已发生的费用由各方友好协商解决。第五条“其他约定”中：因签订过户日期（2017 年 3 月 20 日）（注该日期与合同约定的首付款支付截止日期一

---

[1] 参见韩世远：《合同法总论》（第 4 版），法律出版社 2018 年版，第 876 页。

致)过长,居间方承诺买卖流程手续加急办理,买卖双方极力配合。协议签订后,赵某依约履行了付款义务,并于2017年3月15日将合同约定的最后一笔首付款30万元打入资金监管账户,至此赵某支付完全部首付款。双方确认银行于2017年4月13日出具批贷函。2017年4月14日,501号房屋过户登记至赵某名下。

黄某主张赵某迟延过户行为给其造成了巨大的经济损失,赵某不办理过户,黄某再次购买房屋受限,同时受到北京"3·17"政策的影响,再购房贷款受限,故黄某起诉要求赵某支付其违约金62万元。黄某称房屋买卖合同履行过程中发现银行从初审到批贷中间要经过一个月,所以赵某应该提前一个月支付完首付款,比约定时间2017年3月20日提前一个月才能实现在合同约定的时间过户。

法院观点

一审法院认为,涉案房屋买卖居间合同及补充协议合法有效,双方均应本着诚实信用的原则积极履行合同。鉴于房屋买卖流程通常繁杂、周期长,且易受到政策影响,因此不能简单地以房屋所有权证书的登记时间来判定是否构成逾期过户的违约行为,而是要综合涉案房屋实际、双方的履约能力和履行程度、逾期过户给双方带来的不利影响程度等因素。黄某与赵某虽约定"因签订过户日期(2017年3月20日)过长,居间方承诺买卖流程手续加急办理,买卖双方极力配合",并以此主张赵某逾期过户的违约行为成立,但并未提供充分有效证据证明赵某存在导致涉案房屋不能顺利交易过户的事由,且从生活常理上讲,相对于房屋出卖人而言,买受人在付清房款后,往往更急于办理房屋过户手续,以避免过户前可能带来的不稳定和潜在风险。对于黄某要求赵某支付违约金的诉讼请求,法院综合考虑各因素、双方举证情况等,按照通常情理进行判断,认为依据不足,故不予支持。

黄某认为双方补充协议约定,涉案房屋过户时间应是2017年3月20日。但2017年4月13日赵某公积金批贷函才下来。批贷是过户前置手续,势必造成过户延迟。涉案房屋直至2017年4月14日才过户登记至赵某名下,并主张赵某迟延过户构成根本违约,应承担违约责任,故向二审法院提起上诉,要求撤销原判,改判支持其要求赵某给付违约金62万元的诉讼请求。

二审法院经审理认为,首先,根据黄某、赵某签订的房屋买卖居间合同及补充协议有关条款的字面意思,双方对于赵某支付193万元首付款的期限有明确约定,即2017年3月20日之前,此期限为一个时间段,并非某一日。赵某实际支付最后一笔首付款的时间为2017年3月15日,并未违反该条款对其设定的付款义务。其次,合同中没有关于支付首付款应预留多长时间以完成贷款审批手续的约定。黄某主张赵某应提前一个月支付完首付款以如期完成批贷初审手续,该主张缺乏合同或法律依据,赵某既无从知晓,亦无法决定实际完成贷款审批手续的时间。黄某认为,赵某之所以构成违约是从实际取得批贷函之日向前推定一个月为应付款时间,该理由缺乏依据,不能成立。在批贷函出具的次日,双方即完成了房屋过户手续,符合合同中关于"待收到批贷通知后3日内,甲乙双方即办理该房屋的过户手续"之约定。综上所述,合同约定的"2017年3月20日"不能简单地理解为双方办理过户的最后日期,双方能否完成过户取决于批贷时间,实际履行中的批贷时间晚于合同约定的过户时间不能归责于任何一方。涉案合同条款未分阶段约定首付款支付时间、批贷所需时间以及过户时间,或者协调好相互关系,导致双方产生了纠纷,但亦不可因此认定属于任何一方的违约行为,故黄某上诉主张赵某构成根本违约,缺乏事实及法律依据,法院不予采纳。

法官点评

综合本案案情及当事人的诉辩意见,本案的争议焦点为:一是办理房屋所有权证的义务主体;二是赵某是否存在逾期办证的违约行为。

(一)办理房屋所有权证的义务主体

办理房屋所有权过户登记,将交易房屋过户登记至买受人名下,应当是出卖人的义务还是买受人的义务,是认定逾期办证责任的先决问题。对此有两种不同的观点:一种观点认为,我国《合同法》第一百三十五条规定:"出卖人应当履行向买受人交付标的物或者交付提取标的物的单证,并转移标的物所有权的义务。"《城市私有房屋管理条例》第六条规定:"城市私有房屋的所有人,须到房屋所在地房管机关办理所有权登记手续,经审查核实后,领取房屋所有权证;

房屋所有权转移或房屋现状变更时,须到房屋所在地房管机关办理所有权转移或房屋现状变更登记手续。”北京市高级人民法院《关于审理房屋买卖合同纠纷案件若干疑难问题的会议纪要》第十四条中,也对因“出卖人原因”未办理房屋过户登记的认定作出明确规定,并且规定在商品房买卖合同未明确约定出卖人代为办证的,出卖人仍负有为买受人办理房屋过户登记的义务,即出卖人应当在合同约定或者法定办证期限届满的30日前,完成房屋初始登记并将协助办证所需的必要证明材料备齐提交给房屋登记机关,且依合同约定或其他合理方式告知买受人可以自行申请房屋过户登记。出卖人未履行上述义务的,应当承担逾期办证的违约责任。所以办证的义务主体应当是出卖人。另一种观点认为,在二手房交易实务中,不动产登记机关往往要求买方缴纳办证所需的相关税费或提供相关证明等,获取产权登记也是买方的合同目的,房屋权属的转移登记,通常需要出卖人提交必要的手续,买受人提交相关申请,房屋管理部门进行审查登记,颁发权属证书,即通过三方的共同行为,无法概括办证的义务主体。

笔者认为,办理房屋所有权证需要买卖双方相互配合,同时也需要行政部门的审核登记,但出卖人作为房屋的出售人负有向买受人交付房屋以及转移房屋所有权即办理产权登记手续的义务。《合同法》第一百三十条、第一百三十五条均明确规定出卖人有义务转移标的物所有权于买受人。故原则上,办理房屋所有权证系出卖人的义务。但是,双方通过合同约定由出卖人代为办证,出卖人如有证据证明办证逾期系因买受人未缴纳办证所需相关税费或提供相关证明等自身原因造成的,出卖人亦不应承担违约责任。此外,如因行政部门原因导致买受人未能在合同约定或者法定期限内取得房屋所有权证的,可以根据其影响程度减轻或免除出卖人逾期办证违约责任。同时,出卖人如能提供证据证明,买受人存在拖延办证,或者恶意不配合办证给出卖人造成损失的,买受人亦应承担违约责任。故本案中,黄某如有证据证明赵某存在上述情形,对其造成损失的,可要求赵某承担违约责任。

(二)赵某是否存在逾期办证的违约行为

本案中,双方关于过户日期的约定为“因签订过户日期(2017年3月20日)过长,居间方承诺买卖流程手续加急办理,买卖双方极力配合”。赵某实际取得房屋所有权证的日期为2017年4月14日。虽然实际办证时间与约定办证时间确有差异,但原则上黄某系办证义务人,因此不能因两者之间存在差异即认定赵某有逾期办证行为。

赵某是否有逾期办证的行为,涉及实体法上事实判断的问题。《民事诉讼法》第六十四条第一款规定,当事人对自己提出的主张,有责任提供证据。《最高人民法院关于适用〈中华人民共和国民事诉讼法〉的解释》第一百零八条规定:"对负有举证证明责任的当事人提供的证据,人民法院经审查并结合相关事实,确信待证事实的存在具有高度可能性的,应当认定该事实存在。对一方当事人为反驳负有举证证明责任的当事人所主张事实而提供的证据,人民法院经审查并结合相关事实,认为待证事实真伪不明的,应当认定该事实不存在。"本案中,黄某作为原则上的办证义务人,主张赵某存在逾期办证的违约行为,应承担的证明程度与反驳该事实成立的赵某之间应承担的举证证明程度是不同的。

本案中,双方均认可交纳首付款和获得批贷函是过户的前置手续。关于首付款和申请银行贷款双方合同约定为:甲乙双方同意按照"贷款形式"给付房款,于2017年3月20日前付清全部首付款,将银行贷款所需证件、资料准备齐全,并办理该房屋的审贷手续,待收到批贷通知后3日内,甲乙双方即办理该房屋的过户手续。而赵某付清首付款的时间为2017年3月15日,获得批贷函的时间为2017年4月13日,办理过户的时间为2017年4月14日。在合同履行的过程中,赵某交纳首付款和申请银行贷款的时间均未违反合同约定。实际上双方之所以未能在约定的时间实现过户,系双方在签订合同时未考虑到银行批贷需要时间。

故二审法院综合合同约定、履行的过程,通过逻辑推理,认定合同约定的"2017年3月20日"不能简单地理解为双方办理过户的最后日期,双方能否完成过户取决于批贷时间,实际履行中的批贷时间晚于合同约定时间不能归责于任何一方。究其原因系涉案合同条款未分阶段约定首付款支付时间、批贷所需时间以及过户时间。故黄某主张赵某延迟过户,并主张因赵某延迟过户行为致使其受到北京"3·17"政策的影响,再购房贷款受限,并要求黄某承担违约责任依据不足。一审、二审法院驳回其诉讼请求是正确的。

本案中,当事人对过户应当履行的先行义务未加以明确,签订合同时未给银行审批贷款留有期限,导致双方实际过户时间与合同约定产生差异,对卖房人再购房产生一定影响。这个案件一方面警醒当事人,在签订合同时对各自义务的履行应明确先后的履行顺序，对合同履行中需第三方参与的流程预留必要的时间；另一方面，买卖双方在合同履行过程中大多通过电话进行沟通，对对方违约事实的举证往往非常困难，因此，当事人在对方已经存在违约迹象后，应注意收集相关证据。法官在审理此类案件的过程中，应注意审查、核实相关证据，运用逻辑推理发现疑点。在当事人对合同条款有不同理解，或者是签订合同预见不足时，法官应审慎利用诚实信用原则对合同加以解释，以平衡双方利益。

裁判精要

房屋买卖合同中，实际办理房屋所有权证的时间晚于合同约定的时间，不能简单凭此就认定办证义务人存在违约行为，在双方对合同条款有不同理解或者是签订合同预见不足时，要综合合同约定及履行过程，通过逻辑推理和日常经验法则综合判断。

《民法典》第七条规定，民事主体从事民事活动，应当遵循诚信原则，秉持诚实，恪守承诺。第五百九十八条规定，出卖人应当履行向买受人交付标的物或者交付提取标的物的单证，并转移标的物所有权的义务。《民法典》实施后，本案情况和裁判结果没有变化。

（编写人：陈静、卢圆圆）

六、未列入购房合同的商品房宣传资料在一定条件下视为合同内容，出卖人交房不符须承担违约责任

实务难题

因商品房广告宣传而引发的房屋买卖类纠纷近年来呈上升态势。商品房广告和宣传资料通常是购房者了解房屋信息的重要渠道，购房者因基于信赖商品房广告和宣传资料的信息而与出卖人签订购房合同，但最终交房时，却发现房屋与之前的相关宣传不符，继而引发大量纠纷。实践中，如何认定商品房销售广告和宣传资料的性质、何种条件下将前述内容视为房屋买卖合同条款、出卖人在购房合同中约定的以交房为准的相关条款的效力认定、出卖人在何种情形下应承担违约责任等问题成为这类案件的审理难点与重点。

对于该类案件，当购房宣传资料符合一定条件时应视为合同内容，若出卖人交房不符应承担赔偿责任。当标有明确具体尺寸的房屋销售宣传资料，对购房者在房屋的购买选择、合同订立、房屋价格确定上有重大影响时，应视为双方曾达成合意，宣传资料虽未写入合同但视为构成合同内容。"以交房时的状态为准"的约定排除了出卖人的主要义务，损害了购房人的合理期待，系无效的格式条款。当出卖人交付的房屋与宣传资料不符时，应适用《最高人民法院关于审理商品房买卖合同纠纷案件适用法律若干问题的解释》第三条的规定，由出卖人向购房者承担违约责任。

疑难案例

2014年4月21日，袁某（买受人）与北京某公司（出卖人）签订北京市商品房预售合同，约定：袁某购买某公司开发的101号房屋，预测建筑面积244.01平方米，套内建筑面积191.8平方米，单价每平方米58,074.1元。合同附件十补充协议第二十条"对附带庭院、屋顶平台、露台使用权及地下室使用的约定"有如下内容：买受人同意：与该商品房所在楼宇毗邻的庭院、该商品房所在楼宇屋顶平台、露台均由出卖人进行划分和分配，买受人对此不持异议。购买附带庭院、附带屋顶平台、露台及附带与商品房连通的地下室的特定商品房的买受人对所附带的庭院、屋顶平台、露台及地下室拥有独立使用权，该买受人对附带庭院、屋顶平台、露台不计入商品房建筑面积，其对上述附带庭院、屋顶平台、露台不享有所有权的情况完全知悉。附带庭院、屋顶平台、露台的具体位置、面积等情况以交房时的状态为准。预售合同所附地下一层平面图中，下沉庭院的南北方向未标注尺寸。袁某认可其要求某公司重建的地下一层下沉庭院属于合同附件十补充协议第二十条中约定的附带庭院、露台，认可该下沉庭院的面积不记入房屋产权证的建筑面积之内，不在计价面积之内。袁某提交买房时销售人员给其提供的一张地下一层平面图，上面标注有下沉庭院的尺寸，证明某公司在售楼时明确告知了袁某下沉庭院的具体面积。某公司对该证据的真实性不认可。

袁某向一审法院起诉请求：1.判令某公司依约及规划备案重建地下一层下沉庭院，如果无法重建，向我方支付面积差额款1,756,509.23元；2.判令某公司按照同等房屋租金标准每月4万元向袁某支付赔偿，从交房之日2016年5月1日起计算至某公司重建完毕之日止。

法院观点

一审法院认为,袁某、某公司签订的商品房预售合同是双方真实意思表示,不违反法律、行政法规的强制性规定,合法有效。双方在补充协议第二十条中明确约定附带庭院的具体位置、面积等情况以交房时的状态为准。根据交易习惯和生活常识,该合同条款的意思显然是指附带庭院的位置和面积以收房时房屋内附带庭院的客观物理状态为准,而非以任何文件或图纸中标明的数据为准。双方未在合同中约定附带庭院的面积,预售合同附图中并未标明下沉庭院的南北方向尺寸,亦能说明袁某、某公司双方签约时的真实意思即是以实际交付的客观状况为准。袁某根据合同附图的比例尺单方推算下沉庭院的面积,以竣工图纸或分户验收汇表中的数据作为确定下沉庭院面积的依据均不符合双方合同约定。袁某提交的销售人员提供的地下一层平面图无法证明是某公司的承诺行为。袁某主张某公司交付的下沉庭院面积不符合约定没有依据,其据此要求某公司重建下沉庭院并赔偿损失的诉讼请求没有事实和法律依据,法院不予支持。判决如下:驳回袁某的全部诉讼请求。

袁某不服一审法院判决,向二审法院提起上诉,请求:1. 撤销一审判决,发回重审或改判支持袁某一审的全部诉讼请求;2. 二审诉讼费用由某公司负担。事实与理由:1. 袁某在购买房屋时曾看过多个楼盘,之所以决定购买本案中某公司开发的位于北京市朝阳区来广营乡×层101室房屋(以下简称101号房屋),就是因为销售人员告诉袁某101号房屋有40多平方米的下沉庭院,4米宽的下沉庭院足以让地下一层房间的采光效果与地上一层一样,销售人员承诺开发商会按设计图、买卖合同中按比例的缩略图交房。2016年5月2日袁某收房时发现,101号房屋下沉庭院的两侧宽度分别为1.385米和2.685米,远小于商品房预售合同附图中的比例尺寸及该楼盘在建委备案的设计图和施工图尺寸,袁某当即向某公司提出异议,后多次协商不成,故诉至法院。2. 补充协议第二十条属于排除购房人权益的限制性条款,该条款应属无效。3. 某公司没按合同约定交房,应承担重建的义务,无法重建的话,应对袁某造成的损失承担违约责任。某公司辩称:同意一审判决,不同意袁某的上诉请求与理由,请法院驳回其上诉请求。某公司从未给过袁某下沉庭院的尺寸图,合同中后附的图上并没有标注下沉庭院的宽度,且合同中明确约定庭院的大小、位置以交房的时候为准,建筑商在竣工备案交规划委的图并没有实测,与事实建造情况不符。

二审法院经审理认为,依法成立的合同,对当事人具有法律约束力,当事人应当按照合同约定全面履行己方义务。当事人一方不履行合同义务或者履行合同义务不符合约定的,应当承担继续履行、采取补救措施或者赔偿损失等违约责任。本案的争议焦点为:双方是否曾就101号房屋所附之下沉庭院的面积达成过明确合意;补充协议第二十条中"附带庭院……的具体位置、面积等情况以交房时的状态为准"的条款的效力;某公司是否违约及违约责任应如何承担。第一,关于双方是否曾就101号房屋所附之下沉庭院的面积达成过明确合意的问题。某公司称合同附件中的附图未标示尺寸,其从未给过袁某标有下沉庭院尺寸的平面图,下沉庭院的面积应以房屋交付时为准,一审法院认为合同附图中未明确标明下沉庭院南北方向尺寸,应以实际交付时的房屋客观状态为准。对此,法院认为,合同附件一的房屋平面图虽未明确表明下沉庭院南北方向之尺寸,但该图与朝阳区住宅工程质量分户验收汇总表之附图和北京市规划委员会朝阳分局备案的竣工图之间能互为佐证、相互印证,前述三张图与袁某所称其在买房时销售人员给其提供的标有下沉庭院完整尺寸的地下一层平面图,在具体房屋结构与布局、尺寸、比例等方面亦具有高度一致性,故法院对标有下沉庭院完整尺寸的平面图的真实性予以确认,一审法院以袁某无法证明该图是某公司的承诺行为为由未予认可,认定错误,法院予以纠正。依据《最高人民法院关于审理商品房买卖合同纠纷案件适用法律若干问题的解释》第三条的规定,本案中,袁某提交的标有下沉庭院完整尺寸的平面图亦应视为合同内容,故本案应根据双方合同约定及该平面图综合确定某公司的交房义务。第二,关于补充协议第二十条中"附带庭院……的具体位置、面积等情况以交房时的状态为准"的条款的效力问题。本条款中,虽然约定房屋下沉庭院的使用权为赠送,不计入商品房的建筑面积,但双方在协商过程中及订立合同时,对于该庭院的尺寸、面积等相关情况已有明确约定,袁某购房时对此已形成合理期待。而该条款中"以交房时的状态为准"的约定损害了买房人购买房屋时依据合同应受保护的合理期待,导致房屋买受人的权利在房屋交付之前始终处于不确定的状态,将排除某公司在交房不符合约定时的违约责任,严重损害和排除买房人的相关权益,故"以交房时的状态为准"约定应为无效的格式条款。第三,关于某公司是否违约及违约责任应如何承担的问题。如前所述,标有下沉庭院尺寸的平面图亦构成房屋买卖合同之内容,某公司应按约交付相应房屋与庭院。但在实际交房时,某公司交付的下沉庭院的面积与向袁某销售房屋时提供的平面图的尺寸不符,故其未按合同约定向袁某交付房屋已构成违约,应承担相应违约责任,一审法院对此认定错误,法院予以纠正。因重建下沉庭院客观上实难实现,故法院判决某公司向袁某承担赔偿损失的责任。就具体赔偿数额,法院根据本案情况酌定为 60 万元。就袁某主张的租金损失问题,其该项主张无事实和法律依据,法院不予支持。综上所述,一审法院对案件事实与合同条款内容及性质认定错误,二审法院予以纠正。二审法院判决:一、撤销一审法院判决;二、北京某公司于本判决生效后 7 日内赔偿袁某损失 60 万元;三、驳回袁某的其他上诉请求;四、驳回袁某的其他诉讼请求。

法官点评

本案是一起典型的因商品房销售的广告宣传资料引发的房屋买卖纠纷。实践中,存在以下三种观点:第一种观点认为,宣传资料不构成合同内容,出卖人不承担赔偿责任。意思自治原则是合同的基本原则,合同的履行内容应按签订合同时的内容来确定,签订合同之前的购房广告和宣传资料只是一种宣传,如果最终未列入合同条款,则不构成合同内容,出卖人无义务按宣传时的内容交付房屋,出卖人不应对购房人承担任何赔偿责任。第二种观点认为,宣传资料即使构成合同内容,“以交房时的状态为准”的约定也排除了购房人主张赔偿的可能性。以交房时的状态为准,说明双方签约时的真实意思即是以房屋实际交付的客观状况为准,而非以任何文件或图纸中标明的数据为准。根据合同附图的比例尺单方推算下沉庭院的面积,以竣工图纸或分户验收汇表中的数据作为确定下沉庭院面积的依据均不符合合同约定。购房人无权请求出卖人重建庭院并赔偿损失。第三种观点认为,当宣传资料符合一定条件时应视为合同内容,若出卖人交房不符应承担赔偿责任。当标有明确具体尺寸的房屋销售宣传资料,对购房者在房屋的购买选择、合同订立、房屋价格确定上有重大影响时,应视为双方曾达成合意,宣传资料构成合同内容。“以交房时的状态为准”的约定排除了出卖人的主要义务,损害了购房人的合理期待,系无效的格式条款。当出卖人交付的房屋与宣传资料不符时,应适用《最高人民法院关于审理商品房买卖合同纠纷案件适用法律若干问题的解释》第三条的规定,由出卖人向购房者承担违约责任。

笔者赞同第三种观点。

(一)商品房广告和宣传资料构成合同内容的依据

对商品房广告和宣传资料的性质认定是判断其是否构成合同条款的关键。根据《合同法》第十五条第一款的规定,商业广告是一种要约邀请。一般情况下,签订合同时,未载入其中的宣传广告和宣传资料的内容不能视为合同内容。但若结合《合同法》第十四条对要约的相关规定,当广告或宣传资料的内容具体确定,并表明经受要约人承诺,要约人即受该意思表示约束时,该类广告或宣传资料的性质就不再是普通的作为要约邀请的广告了,应视为要约。《最高人民法院关于审理商品房买卖合同纠纷案件适用法律若干问题的解释》第三条规定:"商品房的销售广告和宣传资料为要约邀请,但是出卖人就商品房开发规划范围内的房屋及相关设施所作的说明和允诺具体确定,并对商品房买卖合同的订立以及房屋价格的确定有重大影响的,应当视为要约。该说明和允诺即使未载入商品房买卖合同,亦应当视为合同内容,当事人违反的,应当承担违约责任。"

将未载入合同条款的商品房广告和宣传资料视为合同内容,应符合以下条件:一是广告和宣传资料中对房屋及相关设施所做说明和允诺具体确定;二是该内容对合同订立及房屋价格确定有重大影响。具体到本案中,就是袁某提交的标有下沉庭院明确尺寸的平面图的真实性问题,双方是否曾达成关于下沉庭院面积的合意,下沉庭院的面积约定是否对房屋价格确定、双方订立合同、袁某购买房屋有重大影响。首先,袁某提交的宣传资料的平面图中,对下沉庭院的长宽尺寸有明确标注,面积明确具体,但合同附图中的下沉庭院却未标明南北尺寸。合同中的房屋附图虽未标明下沉庭院的具体尺寸,但该图与朝阳区住宅工程质量分户验收汇总表之附图和北京市规划委员会朝阳分局备案的竣工图,以及袁某提交的标有下沉庭院完整尺寸的平面图,在具体房屋结构与布局、尺寸、比例等方面均具有高度一致性,故应对标有下沉庭院完整尺寸的平面图的真实性予以确认。其次,在对袁某的购房选择和合同订立等的影响上。下沉庭院为赠送,其面积不计入商品房的套内面积。袁某在购买涉案房屋时,曾看过多个楼盘,之所以决定购买涉案房屋,就是因为 4 米宽的下沉庭院足以让地下一层房间的采光效果与地上一层一样,销售人员承诺出卖人会按设计图、买卖合同中按比例的缩略图交房。正是基于涉案下沉庭院的存在及其相关的尺寸面积，考虑到房屋的整体使用、居住效果和性价比，对袁某在房屋的购买选择、合同订立上产生重大影响，故应视为合同条款，应认定双方曾就下沉庭院的面积达成过合意。

（二）购房合同中无效格式条款的认定与处理

类似“以交房时的状态为准”的约定内容应结合案情判断是否为无效格式条款。《合同法》第三十九条、第四十条、第四十一条，《最高人民法院关于适用〈中华人民共和国合同法〉若干问题的解释（二）》（以下简称《合同法解释（二）》）第九条、第十条对格式条款的认定及无效情形作出规定。《合同法》第四十条规定：“格式条款具有本法第五十二条和第五十三条规定情形的，或者提供格式条款一方免除其责任、加重对方责任、排除对方主要权利的，该条款无效。”《合同法》第四十一条规定：“对格式条款的理解发生争议的，应当按通常理解予以解释。对格式条款有两种以上解释的，应当作出不利于提供格式条款一方的解释……”

本案中，在补充协议第二十条中约定：“附带庭院……的具体位置、面积等情况以交房时的状态为准。”若该条款有效，则无论宣传资料所标注的尺寸是否构成合同内容及合同如何约定下沉庭院的尺寸都将不再重要，故对该条款的效力认定亦成为本案的关键。因双方在协商过程中及订立合同时，对于该庭院的尺寸、面积等相关情况已有明确约定，袁某购房时对此已形成合理期待。而该条款中“以交房时的状态为准”的约定损害了买房人购买房屋时依据合同应受保护的合理期待，导致房屋买受人的权利在房屋交付之前始终处于不确定的状态，不符合合同必须严守的《合同法》基本原则，也与房地产交易的实践不符，该约定如果有效，将排除某公司在交房不符合约定时的违约责任，不合理、不正当地免除了某公司的相关义务与责任，严重损害和排除买房人的相关权益，故“以交房时的状态为准”约定应为无效的格式条款。

（三）出卖人承担违约责任的方式及范围

当商品房广告和宣传资料内容具体确定，且对合同订立、房屋价格确定、购房人购买房屋等有重大影响时，被视为合同条款，若出卖人未按广告和宣传资料中的约定交付房屋，则构成违约，违约责任的承担应按照《合同法》第一百零七条规定的“当事人一方不履行合同义务或者履行合同义务不符合约定的，应当承担继续履行、采取补救措施或者赔偿损失等违约责任”进行处理，故在此情形下，对于交付的房屋与合同约定不符的，房屋能重修的应予以重修，不能重修的，应赔偿购房人的相关损失。对于赔偿数额的确定，应具体结合个案案情，综合考量双方履约情况、当事人过错程度、预期利益、房屋价格等作出合理判断。

对于出卖人在商品房销售广告中过分吹嘘的，虽未视为合同内容，但因此给购房者造成损失的，购房者可依据《合同法》第四十二条、第五十四条等相关规定，要求出卖人承担缔约过失等损害赔偿责任。而对于一些没有明确具体的质量指标的商业宣传，因易被消费者识别，不构成要约、不视为合同条款的，出卖人不承担民事责任。

本案中，作为宣传资料的标有下沉庭院尺寸的平面图构成房屋买卖合同的内容，某公司应按约交付相应房屋与庭院。但在实际交房时，某公司交付的下沉庭院的面积与向袁某销售房屋时提供的平面图的尺寸不符，故其未按合同约定向袁某交付房屋已构成违约，应承担相应违约责任。因涉案房屋紧邻小区公共通道，且公共道路另一侧铺设有地下管线等设施，重建下沉庭院客观上已无法实现，故某公司应向袁某承担赔偿损失的责任。就具体赔偿数额，因该部分面积并非合同中有明确计价标准的商品房套内建筑面积，故法院根据房屋整体情况及房屋总价款、交付情况、影响大小等因素酌定为60万元。但关于袁某主张的租金损失问题，因无事实和法律依据，二审法院未予支持。

裁判精要

《最高人民法院关于审理商品房买卖合同纠纷案件适用法律若干问题的解释》第三条规定：“商品房的销售广告和宣传资料为要约邀请，但是出卖人就商品房开发规划范围内的房屋及相关设施所作的说明和允诺具体确定，并对商品房买卖合同的订立以及房屋价格的确定有重大影响的，应当视为要约。该说明和允诺即使未载入商品房买卖合同，亦应当视为合同内容，当事人违反的，应当承担违约责任。”对这一规定，我们应当将其理解为对双方当事人直接合同范围的规定。我们对于合同的理解，不能简单地等同于合同书或者书面合同本身。对于判断当事人之间的合同内容，要根据双方磋商、订立合同过程中的相关材料，以及各方在合同签订前后的表述及行为等综合判断双方之间存在的合意的全部内容,而不仅仅是合同书本身,因此,销售广告和宣传彩页等材料亦可构成双方合同的一部分,非常重要。

本案处理中,涉及《合同法》中合同订立、格式合同、违约责任三方面的规范内容,本案例中分别结合相关法条,予以了论述。在《民法典》出台之后,上述相关内容与《合同法》相比,并无实质性变化。如关于合同订立问题,《民法典》第四百七十三条规定与《合同法》第十五条的规定基本一致,只是增加了债券募集办法、基金招募说明书的内容,并将商业广告扩大表述为"商业广告和宣传"。就格式条款问题,《民法典》第四百九十六条、第四百九十七条、第四百九十八条的规定内容与《合同法》第三十九条、第四十条、第四十一条的规定也基本一致,只是将"排除对方主要权利"要件改为"限制对方主要权利",并明确了未尽提示或者说明义务的后果,即"致使对方没有注意或者理解与其有重大利害关系的条款的,对方可以主张该条款不成为合同的内容。"上述改变不影响合同中出现格式条款的情况下,我们对相对方的权利保护,也不影响本案例的相关分析。就违约责任问题,《民法典》第五百七十七条与《合同法》第一百零七条完全一致,不再赘述。

(编写人:黄海涛)

七、仅交钥匙不能视为开发商交付房屋义务的履行完毕

实务难题

根据合同法的相关规定,交付是由出卖人将标的物交给买受人占有,即占有的转移。一般情况下,开发商交付房屋应当将涉案房屋处于买受人的实际控制之下,由买受人直接占有标的物。在实践中,房屋的转移占有由出卖人交付房屋钥匙、出售人向买受人发出书面交房通知、买受人在交房通知上签字等几种形式,其中买受人在交房通知上签字及出卖人交付房屋钥匙一般系转移房屋占有的必要条件。但开发商交付房屋义务的履行内容具体还包括哪些,交钥匙是否就意味着开发商交付房屋义务的完成?一种意见认为,商品房交付应以占有权的移转为标志,开发商将房屋钥匙交与购房人,购房人取得对房屋的实际支配权,应看作商品房的交付,即通常所说的交钥匙。另一种意见认为,根据《民法通则》及《合同法》规定的意思自治原则,合同中约定的交付条件是双方的真实意思表示,应坚持有约定从约定的

原则，即严格按照双方约定的条件及基本的法定条件来认定商品房符合交付条件的时间。

笔者赞同第二种意见，合同中履行交付义务应该包括交付时间、交付标准、交付主体、履行对象等都符合约定，合同应该全面履行。对于房屋交付使用的理解，不仅仅局限于交钥匙，还须出示相应的证明文件，并签署房屋交接单等，开发商应当全面履行合同中约定的与交付房屋相关的各项义务。如果未能全面履行合同约定的交付房屋义务，买受人可以请求开发商继续履行并根据合同履行的具体情况主张相应违约金。本案中，韩某夫妇领取钥匙等物料，只是表明恒帝隆公司履行了交钥匙这一项义务，但恒帝隆公司并未履行出示证明文件、签署房屋交接单、提供住宅质量保证书和住宅使用说明书等其他义务，因此可以认定恒帝隆公司尚未依照约定将涉案房屋交付给韩某夫妇。由于一审、二审法院在本案的处理结果上集中体现了上述两种不同观点，并进行了理论上的分析，对统一裁判尺度具有一定的参考价值。

疑难案例

2005 年韩某夫妇(买受人)与恒帝隆公司(出卖人)签订商品房买卖合同，购买某小区 1601 号、1602 号房屋，总金额 100 万元。买受人应于 2005 年 7 月 5 日前将房款付清。2005 年 7 月 4 日，韩某夫妇向恒帝隆公司支付了涉案两套房屋的房款共计 100 万元。2006 年 8 月，周某代韩某夫妇与自来水公司签署预付费水表用户协议，同日，装修公司工作人员向涉案房屋小区物业管理部门出具收条载明:“今收到韩宅钥匙两把，A 栋 211 号，B 栋 211 号”。2006 年 8 月 29 日，韩某夫妇出具委托书载明，由于本人出差，不能办理有关入住手续，委托周某前去贵处办理一切事宜。庭审过程中，恒帝隆公司提交了涉案房屋现场照片，连同上述委托书、预付费水表用户协议及收条，用以证明涉案房屋已经进行了交付，已处在韩某夫妇实际控制之下。韩某夫妇对上述证据的真实性认可，但对其关联性、合法性及证明内容不予认可，其称在涉案房屋改造期间，建设单位临时借取了房屋的钥匙，在结构改造结束后，已将钥匙返还给了恒帝隆公司，恒帝隆公司对韩某夫妇提出返还钥匙的事实不予认可。

按照合同约定涉案房屋的交付时间应该是 2005 年 10 月 31 日，交付房屋前恒帝隆公司应该取得北京市房屋建筑工程和市政基础设施工程竣工验收备案表及房屋土地测绘技术报告书，但上述文件的取得时间均晚于合同约定的交房时间。

韩某夫妇起诉至法院，请求判令恒帝隆公司继续履行商品房买卖合同，交付1601号、1602号两套房屋，并支付逾期交房违约金438,000元。恒帝隆公司则认为，涉案房屋已经进行了交付，已处在韩某夫妇实际控制之下，不存在交付房屋的问题。

法院观点

一审法院认为，韩某夫妇领取涉案房屋钥匙并对房屋进行结构改造的行为，系其对房屋的转移占有，应视为房屋的交付使用。现韩某夫妇要求恒帝隆公司交付涉案房屋的请求，依据不足，法院不予支持。关于逾期交房违约金。双方合同约定的交付时间为2005年10月31日，而恒帝隆公司向韩某夫妇交付房屋钥匙的时间为2006年8月28日，且恒帝隆公司取得北京市房屋建筑工程和市政基础设施工程竣工验收备案表及房屋土地测绘技术报告书的时间亦晚于合同约定的交房时间，按照合同约定，恒帝隆公司存在逾期交房的违约行为。鉴于韩某夫妇在2006年8月领取房屋钥匙并进行房屋结构改造施工时，未对恒帝隆公司逾期交房的行为提出异议，亦无证据证明其在当时和后来很长一段时间内，就逾期交房问题向恒帝隆公司主张违约金。现韩某夫妇要求恒帝隆公司支付逾期交房违约金的请求，于法无据，法院不予支持。据此，一审法院判决驳回韩某夫妇要求交付房屋及支付逾期交付违约金的诉讼请求。

韩某夫妇不服，以不动产应当以登记转移财产权利，一审法院判决认定房屋已经交付错误，依据合同法的规定可以撤销为由，向二审法院提起上诉，要求撤销原判，改判驳回对方诉讼请求。

二审法院经审理认为，根据买卖合同约定，双方进行验收交接时，出卖人应当出示该房屋经商品房验收合格、经综合验收合格、经分期验收合格、商品住宅交付使用批准文件、北京市房屋建筑工程和市政基础设施工程竣工验收备案表等证明文件，并签署房屋交接单。所购商品房为住宅的，出卖人还需提供住宅质量保证书和住宅使用说明书。房屋在交付使用时，电力系统、燃气、上下水、供电、电视公共天线等基础设施、公共配套建筑等达到使用条件。本案中，恒帝隆公司虽然已经交付钥匙，但双方就合同约定的交接工作并未履行完毕，在房屋相关证明文件的出示、签收及办理入住等手续上仍存在一定欠缺，尚有弥补之需要。恒帝隆公司作为开发商仍负有按照合同约定协助韩某夫妇办理其他交房入住手续的义务，其主张因韩某夫妇未在合同中留存有效地址，无法完成上述义务，仅是其应否承担逾期交房违约责任的事实依据，但不能作为其已经完成全部交付义务的抗辩理由。原审法院在该问题的认定上存在瑕疵，本院适当予以调整。综上所述，二审法院改判恒帝隆公司向韩某夫妇出示 1601 号、1602 号两套房屋的相关验收批准文件，协助韩某夫妇办理上述房屋的水电、燃气、物业交接等入住手续。

法官点评

本案系商品房销售合同纠纷，存在商品房销售合同当中最多也最具代表性的争议问题，即对开发商向业主交付商品房义务的具体内容如何理解。

交付即对标的物占有的转移。对动产而言，一般意义上，占有的移转也标志着物权的变动；对于不动产而言，交付并不意味着物权的变动，不动产物权的变动需要登记，但这丝毫不能削弱交付在不动产物权变动中的作用，交付仍然是所有权移转所必不可少的步骤。没有有效的交付就不能够产生合理、正当的登记，更不能够产生风险的移转和所有权的变动。对于商品房的交付，一种意见认为，商品房交付应以占有权的移转为标志，开发商将房屋钥匙交与购房人，购房人取得对房屋的实际支配权，应看作商品房的交付，即通常所说的交钥匙。另一种意见认为，根据《民法通则》及《合同法》规定的意思自治原则，合同中约定的交付条件是双方的真实意思表示，应坚持有约定从约定的原则，即严格按照双方约定的条件及基本的法定条件来认定商品房符合交付条件的时间。这两种意见在本案一审、二审判决中集中体现出来，笔者认为二审法院采用第二种意见对本案进行改判是正确的。

商品房买卖合同与其他买卖合同在本质上并无区别。《建筑法》第六十一条规定："交付竣工验收的建筑工程，必须符合规定的建筑工程质量标准，有完整的工程技术经济资料和经签署的工程保修书，并具备国家规定的其他竣工条件。建筑工程竣工经验收合格后，方可交付使用；未经验收或者验收不合格的，不得交付使用。"《建设工程质量管理条例》第十六条规定："建设单位收到建设工程竣工报告后,应当组织设计、施工、工程监理等有关单位进行竣工验收。……建设工程经验收合格的,方可交付使用。"《城市房地产管理法》第二十七条规定:"……房地产开发项目竣工,经验收合格后,方可交付使用。"解读上述法律、法规,其共同之处在于规定竣工验收是房屋交付使用的条件。因此,针对商品房的交付,可以得出这样的结论:商品房交付条件既应符合合同约定的标准,又必须符合法律、行政法规的强制性规定。换言之,开发商有义务向买受人交付符合交付使用条件(包括法定的交付使用条件与约定的交付使用条件)的商品房,而具体到个案中的商品房交付,就是指开发商与业主双方在进行房屋验收交接之时,开发商应当出示房屋符合交付条件的相关证明文件(商品房竣工验收合格证、建设工程竣工验收备案表等),并按照约定提供住宅质量保证书和住宅使用说明书等,绝非简单到仅仅交钥匙而已。交钥匙作为房屋的转移占有方式,是一种事实上的交付,而不能想当然地认为开发商就完全履行了交付房屋的义务,买受人只是接受了开发商的部分履行,只有在买受人明知或应当知道房屋尚不具备交付条件而仍接受交付的情况之下,才可认定买受人放弃房屋的交付条件,而视为双方变更房屋交付条件。商品房是一种特殊的商品,关乎当事人的重大切身利益,商品房的竣工验收和交付涉及的不仅是个案之当事人,更涉及公众的安全问题。如果交付的商品房有重大质量问题,却仅以交钥匙就视为房屋交付义务的完成履行,显然与房屋所承载的份量不相符。

根据合同法的相关规定,交付是由出卖人将标的物交给买受人占有,即占有的转移。一般情况下,开发商交付房屋应当将涉案房屋处于买受人的实际控制之下,由买受人直接占有标的物。在实践中,房屋的转移占有存在出卖人交付房屋钥匙、出售人向买受人发出书面交房通知、买受人在交房通知上签字等几种形式,其中买受人在交房通知上签字及出卖人交付房屋钥匙一般系转移房屋占有的必要条件。合同中履行交付义务应该包括交付时间、交付标准、交付主体、履行对象等都符合约定,合同应该全面履行。开发商向买受人交付房屋的行为,不仅应当符合约定,也要满足法律规定的条件和标准,绝不能简单地将交钥匙视为房屋的交付使用。

本案中,根据已经查明的情况,韩某夫妇曾于2006年出具过委托书,委托周某代为办理有关入住手续的一切事宜,周某代韩某夫妇与自来水公司签订过水表用户协议,同日,韩某夫妇聘请的施工人员领取了涉案房屋的钥匙,后对房屋结构进行了改造施工,综合上述情节,可以认定开发商已经完成了交钥匙的义务,韩某夫妇已经实际取得了对房屋转移占有的相应权利。韩某夫妇虽主张其施工人员取得的仅为装修钥匙,并非实际入住钥匙,并未提供有力证据予以佐证,不应予以采信。但需要指出的是,开发商至此是否完成了交付房屋的全部义务,根据双方所签合同第八条约定,出卖人应当在2005年10月31日前,将具备下列第1种、第2种和第5种条件,并符合本合同规定的商品房交付买受人使用:(1)该商品房取得建筑工程竣工验收备案表;(2)该商品房取得面积实测技术报告书;(3)该商品房经分期综合验收合格;(4)该商品房取得住宅交付使用批准文件;(5)该商品房取得建筑工程竣工验收备案表。合同第十一条约定,商品房达到交付使用条件后,出卖人应当书面通知买受人办理交付手续。双方进行验收交接时,出卖人应当出示本合同第八条规定的证明文件,并签署房屋交接单。所购商品房为住宅的,出卖人还需提供住宅质量保证书和住宅使用说明书。出卖人不出示证明文件或出示证明文件不齐全,买受人有权拒绝交接,由此产生的延期交房责任由出卖人承担。第十四条约定,出卖人承诺与该商品房正常使用直接关联的下列基础设施、公共配套建筑按以下日期达到使用条件:(1)房屋交付使用时,电力系统能够正常使用;(2)房屋交付使用时,给排水系统能够正常使用;(3)房屋交付使用时,小区道路及绿化基本能够使用;(4)房屋交付使用后,小区入住率达到燃气公司要求的标准后开通。

从上述合同约定可以看出,双方进行验收交接时,出卖人应当出示该房屋经商品房验收合格、经综合验收合格、经分期验收合格、商品住宅交付使用批准文件、北京市房屋建筑工程和市政基础设施工程竣工验收备案表等证明文件,并签署房屋交接单。所购商品房为住宅的,出卖人还需提供住宅质量保证书和住宅使用说明书。房屋在交付使用时,电力系统、燃气、上下水、供电、电视公共天线等基础设施、公共配套建筑等达到使用条件。本案中,恒帝隆公司虽然已经交付钥匙,韩某亦实际占有控制涉案房屋,但双方就合同约定的交接工作并未履行完毕,在房屋相关证明文件的出示、签收及办理入住等手续上仍存在一定欠缺,尚有弥补之需要。恒帝隆公司作为开发商仍负有按照合同约定协助韩某夫妇办理其他交房入住手续的义务,其主张因韩某夫妇未在合同中留存有效地址,无法完成上述义务,仅是其应否承担逾期交房违约责任的事实依据,但不能作为其已经完成全部交付义务的抗辩理由。原审法院在该问题的认定上存在瑕疵,二审法院适当予以调整,是正确的。

关于韩某夫妇主张的逾期交房违约金。在双方签订的补充协议中明确约定开发商书面通知买受人办理交接手续的日期为交接日,将书面文件送达至买受人在买卖合同中预留的或补留有效的通信地址或代收人地址处,买受人没有留地址的,开发商不承担延迟交房责任。现韩某夫妇在合同中并无有效地址,虽然如上所述,恒帝隆公司仍负有协助其完善相关交房入住手续的义务,但并不因此承担逾期交房违约责任。因此,一审、二审法院驳回韩某夫妇要求支付逾期交房违约金的请求,处理是正确的。

裁判精要

开发商交付房屋应当将涉案房屋处于买受人的实际控制之下,由买受人直接占有标的物,其中买受人在交房通知上签字及出卖人交付房屋钥匙一般系转移房屋占有的必要条件。但对于房屋交付使用的理解,不仅仅局限于交钥匙,还须出示相应的证明文件,并签署房屋交接单等,开发商应当全面履行合同中约定的与交付房屋相关的各项义务。如果未能全面履行合同约定的交付房屋义务,买受人可以请求开发商继续履行并根据合同履行的具体情况主张相应违约金。

《民法典》第二分编第九章专门对买卖合同进行规定,其中第五百九十八条关于出卖人基本义务规定,出卖人应当履行向买受人交付标的物或者交付提取标的物的单证,并转移标的物所有权的义务。该规定与此前《民法总则》《合同法》《最高人民法院关于审理商品房买卖合同纠纷案件适用法律若干问题的解释》在处理思路上是一致的。对于房屋交付使用的理解,不仅仅局限于交钥匙,还须出示相应的证明文件,并签署房屋交接单等,开发商应当全面履行合同中约定的与交付房屋相关的各项义务。本案例阐释的内容因相关法律条文内容并无变化,故适用要点在《民法典》颁布之后是一致的。

(编写人:杨夏)

八、权利义务相一致原则应贯穿合同履行的始终

实务难题

在实践中,当事人之间的合同被法院宣判无效或者撤销的情形较多,但由当事

人主张变更合同价款并获得法院支持的情形较少，下面案件是一个变更合同价款的典型案件。该案明确了违反诚实信用原则和先合同义务的合同一方不享有解除权，在此情况下，合同相对方亦应在合理范围内行使履行抗辩权，权利义务相一致的原则应贯穿合同履行的始终；同时，从鼓励交易和维护交易安全、稳定和便利的原则出发，如果合同的继续履行并不存在法律或事实上的履行不能，合同应当继续履行，此时可以通过变更合同价款，维护交易各方权义平衡，规范市场交易行为。具体而言，当出卖人在缔约过程中存在瑕疵行为，违反了诚实信用原则和先合同义务，在此情形下不享有合同解除权。买受人以出卖人违反先合同义务的瑕疵行为来拒绝履行自己应承担的主要合同义务，属于不当行使履行抗辩权，应当承担相应的损害赔偿责任。基于出卖人的瑕疵行为买受人对交易标的产生了错误认识，买受人有权要求变更交易价款。

疑难案例

原告（反诉被告、上诉人）甲公司诉称：其作为买受人，在签订涉案房屋买卖合同前，与出卖人林某、乙公司（二被告）一同实地查看涉案别墅时，二被告均未将林某私自外扩房屋院墙的实际情况告知甲公司。甲公司入住后，发现房屋及土地现实的四至界限与北京市房屋管理部门以及国土管理部门登记的内容有不一致事项，林某将院墙私自改动，导致甲公司误以为其实地查看的整个院落均为涉案别墅面积。故诉请：1. 将甲公司与林某签订的北京市房屋买卖合同中约定的购房款总价由3200万元减少至2900万元；2. 林某赔偿甲公司损失300万元；3. 林某配合甲公司办理涉案别墅过户手续；4. 乙公司就第2项诉讼请求承担连带责任；5. 本案诉讼费由林某、乙公司承担。

被告（反诉原告、被上诉人）林某辩称：签署房屋买卖合同前，甲公司核实了房屋所有权证、土地使用权证原件；合同第二条明确约定了房屋权属情况。甲公司没有支付2500万元尾款是导致合同无法履行的原因，该公司不履行合同主要义务，已经构成实质违约，故其办理房屋过户手续的请求不应获得支持。

被告（被上诉人）乙公司辩称：该公司对于委托方林某提供的房屋资料进行了合理审查，房屋所有权证、土地使用权证等资料并无隐瞒伪造等情况。现由于甲公司不履行合同，构成违约，乙公司作为第三方中介，不应承担连带责任。

林某提出反诉称：甲公司经林某催告，始终未履行合同主要义务，即未按期支付尾款2500万元并办理房屋所有权转移登记手续,故诉请:1.解除三方签署的北京市房屋买卖合同;2.甲公司腾空房屋并交还林某;3.甲公司赔偿损失7,665,000元(包括逾期付款违约金、房屋租金损失、甲公司已支付的700万元首付款不予退还);4.甲公司赔偿林某向乙公司支付的200万元居间服务费。

甲公司辩称:根据《合同法》第六十六条规定及房屋买卖合同约定,甲公司有权在林某解决房屋院墙问题并配合办理过户手续后再支付尾款,故林某无权解除合同。

法院经审理查明,林某系涉案别墅的产权人,乙公司系林某为出售涉案别墅委托的居间机构,甲公司经乙公司介绍,欲购买涉案别墅。在签订北京市房屋买卖合同前,甲公司与林某、乙公司一同实地查看了涉案别墅,林某未将其外扩别墅隔离带(绿植和栅栏)的实际情况告知甲公司。

三方于2014年6月10日签署了北京市房屋买卖合同,涉案别墅建筑面积651.26平方米,土地使用权面积913.02平方米,其中独用面积610.17平方米,分摊面积302.85平方米。房屋买卖合同第四条第三款约定:买方购买房屋为两次性付款,付款方式为第一笔款项人民币700万元应于签订合同5个工作日内汇入卖方指定账户;第二笔款项人民币2500万元应于过户当天汇入卖方指定账户。第六条房屋的交付约定:出卖人应当在收到买受人第一笔款项之日起,将该房屋交付给买受人。第十条权属转移登记约定:自本合同签订之日起100日内,双方共同向房屋权属登记部门申请办理房屋权属转移登记手续。

合同签订后,甲公司依约支付了700万元首付款。甲公司入住涉案别墅,发现房屋及土地现实的四至界限与北京市房屋管理部门以及国土管理部门登记的内容有不一致事项,林某将区分涉案别墅与相邻别墅之间的隔离带私自进行改动,导致甲公司误以为其实地查看的整个院落均为涉案别墅面积。甲公司发现房屋存在这一瑕疵事实后,联系了林某、乙公司,要求解决上述事宜,协助该公司办理过户手续,但协商未果。乙公司向甲公司发送了关于要求履行协议的提醒函;林某分别于2014年9月22日、10月8日和13日三次致函甲公司,要求甲公司继续履行合同,按照合同约定支付尾款2500万元并办理房屋所有权转移登记手续。甲公司未配合林某办理房屋网签等过户手续,也未支付合同约定的第二笔款项2500万元。

北京市第三中级人民法院于2016年11月17日作出(2016)京03民初18号民事判决:一、原告(反诉被告)甲公司、被告(反诉原告)林某、被告乙公司于二〇一四年六月十日签订的《北京市房屋买卖合同》继续履行,北京市朝阳区京顺路大湖山庄×号房屋总价款由3200万元变更为3150万元,原告(反诉被告)甲公司已经支付的首付款700万元被告(反诉原告)林某不予退还;二、原告(反诉被告)甲公司、被告(反诉原告)林某于本判决生效后10日内共同办理北京市朝阳区京顺路大湖山庄×号房屋产权变更手续,原告(反诉被告)甲公司于过户当天将剩余房款2450万元支付给被告(反诉原告)林某;三、原告(反诉被告)甲公司于本判决生效后10日内向被告(反诉原告)林某赔偿损失250万元;四、驳回原告(反诉被告)甲公司的其他诉讼请求;五、驳回被告(反诉原告)林某的其他反诉请求。

宣判后,甲公司提出上诉。北京市高级人民法院于2017年6月1日作出(2017)京民终289号民事判决,驳回上诉,维持原判。

法院观点

一审法院认为:林某作为涉案别墅的所有权人,签订房屋买卖合同时又是相邻别墅的所有权人,其应当知悉涉案别墅绿植屏障向外扩展的事实。在甲公司签订房屋买卖合同前实地查看涉案别墅时,林某应当自己告知或者委托中介告知甲公司隔离带外扩的情况,因为该情况对于涉案别墅的成交价格将产生一定的影响。林某并未告知甲公司上述情况,其交付的房产的实际情况与产权证书登记的情况并不完全一致。因此,可以认定林某在缔约过程中存在瑕疵行为,违反了诚实信用原则和先合同义务,在此情形下林某不享有合同解除权。林某请求判决解除三方签署的北京市房屋买卖合同以及甲公司腾空房屋并交还林某的诉讼请求,法院不予支持。

鉴于绿植隔离带向外扩展的部分,在整个别墅的面积中所占比例较小,对成交价款影响不大,林某在缔约过程中存在瑕疵行为,但不属于重大违约行为,甲公司不能以此为由拒绝履行其根据合同约定应承担的办理过户和支付尾款的义务。甲公司以林某的瑕疵行为来拒绝履行自己的主要义务,不符合《合同法》的诚实信用原则和公平原则。因此,甲公司拒不履行合同主要义务的行为,属于不当行使履行抗辩权,应当承担相应的损害赔偿责任。关于林某反诉主张的损失问题,综合本案情况,法院酌定甲公司赔偿林某损失250万元。

同时可以认定,甲公司对于涉案别墅的占地范围产生错误认识的原因应归责于出卖人林某,故林某亦应就其在缔约过程中的瑕疵行为承担相应的责任。根据本案绿植隔离带外扩的情况,法院酌定涉案别墅的总价款由3200万元变更为3150万元。甲公司请求林某配合其办理涉案别墅过户手续的请求,法院予以支持。鉴于房屋买卖合同继续履行,甲公司已经支付的700万元首付款林某不予退还。根据权利义务对等原则和双方当事人的合同约定,甲公司也应当于过户当天将剩余房款2450万元支付给林某。甲公司在房屋买卖合同的履行过程中属于主要违约方,该公司亦未提供证据证明其有何种直接损失,故其要求林某赔偿损失300万元的请求,不应支持。

二审法院同意一审法院的裁判意见。认为一审法院根据本案的具体情形,在判断合同应当继续履行的前提下,对涉案别墅总价款所做的变更、确定的甲公司应当赔偿林某的损失金额,具有事实和法律根据,且最终的结果并未导致甲公司和林某之间利益失衡。

法官点评

本案的主要焦点在于,违反先合同义务、瑕疵履约一方是否享有合同解除权;相对方以此为由拒绝履行主合同义务是否属于不当行使履行抗辩权,其法律后果是什么。具体而言,即林某是否有权解除房屋买卖合同、甲公司是否有权主张变更房屋交易价款以及林某和甲公司应当承担的相应责任。

(一)合同一方当事人以另一方当事人违反先合同义务的瑕疵行为来拒绝履行自己应承担的主要合同义务,属于超过合理和必要限度、不当行使履行抗辩权,应承担相应的损害赔偿责任

《合同法》第六十六条和第六十七条对于互负债务的当事人行使履行抗辩权,均特别强调"相应"的履行,"相应"的含义是指拒绝履行的部分必须与不符合约定的行为相适应,这是对《合同法》第五条公平原则、第六条诚实信用原则的细化。如果允许一方当事人在对方当事人具有瑕疵行为的情况下拒绝履行自己的全部主要义务,会不利于合同的遵守,不利于交易秩序的稳定,同时也会使履行抗辩权的适用失去其应有的目的。

本案中,林某和甲公司签订的房屋买卖合同明确约定,自合同签订之日起

100日内，双方共同向房屋权属登记部门申请办理房屋权属转移登记手续，第二笔款项人民币2500万元应于过户当天汇入卖方指定账户。在签订房屋买卖合同之后，甲公司支付了首付款700万元，林某向甲公司交付了涉案别墅，甲公司在林某多次催告的情况下，一直未与林某共同申请办理房屋权属转移登记手续，亦未将第二笔款项人民币2500万元汇入林某的指定账户。甲公司主要的抗辩理由是林某私自将涉案别墅的绿植隔离带向外扩展，导致涉案别墅的产权证登记范围与先前实地查看的别墅范围并不相符。

但绿植隔离带向外扩展的部分，在整个涉案别墅的面积中所占比例较小，对别墅的成交价款影响不大，林某在缔约过程中存在瑕疵行为，但不属于重大违约行为，甲公司不能以此为由拒绝履行自己应承担的合同主要义务，该行为不符合《合同法》的诚实信用原则和公平原则，属于不当行使履行抗辩权，应当承担相应的损害赔偿责任。

(二)在缔约过程中存在瑕疵行为、违反诚实信用原则和先合同义务的一方当事人不享有合同解除权

诚实信用原则是直接规范交易关系的法律原则，根据《合同法》第六条规定，在合同订立、履行、变更、解除的各个阶段，当事人都应当严格依据诚信原则行使权利和履行义务。当事人一方应如实向对方陈述交易标的物的基本情况，以保证对方当事人在全面知情的情况下作出交易决定。如果当事人违反诚实信用原则行使民事权利，即使该权利仍存在，也不应准许权利人继续行使。本案中，可以认定因林某在缔约过程中存在瑕疵行为，违反了诚实信用原则和先合同义务，才导致双方产生纠纷并诉至法院。在此情形下，即使林某依然享有合同解除权，也不应准许其继续行使该权利。

此外，本案中，林某于2014年9月下旬、10月中下旬先后四次向甲公司发出催告函，甲公司在收到函件后3个月的合理期限内仍未履行其合同义务，如果认为林某享有合同解除权，那么其开始享有合同解除权的时间应当在2015年1月前后。随后，林某将甲公司诉至北京市第一中级人民法院，要求甲公司继续履行房屋买卖合同，后被北京市高级人民法院裁定指定北京市朝阳区人民法院审理。直至2016年4月，林某才在北京市第三中级人民法院向甲公司提起反诉，要求解除房屋买卖合同。即使认定林某享有合同解除权，但根据《最高

人民法院关于审理商品房买卖合同纠纷案件适用法律若干问题的解释》第十五条的规定,其在解除权发生之日起一年内并未行使,该合同解除权也已经消灭。

(三)合同继续履行情形下各方应当承担的责任

本案当事人签订房屋买卖合同之后,林某已经交付了房屋,甲公司已经支付了首付款并要求变更合同价款后合同继续履行。房屋买卖合同的继续履行并不存在法律或事实上的履行不能,从鼓励交易的原则出发,合同应当继续履行。

别墅的交易与普通商品房买卖有较大差别,别墅的建筑面积、所占土地面积都直接影响别墅的成交价格。甲公司按照实地查看的别墅占地情况与林某签订了房屋买卖合同,虽然对涉案别墅的土地使用权证记载的土地面积双方并无争议,但是,买受人在现场查看别墅时有理由相信实地查看的土地范围与土地使用权证书上记载的面积是一致的,其现场查看的别墅占地范围必定直接影响对此次交易的主观判断和成交价格,可以认定,甲公司对别墅的占地范围产生了一定的错误认识,而产生该错误认识的原因应归责于出卖人林某,林某应就其缔约过程中的瑕疵行为承担相应的责任。因此,甲公司有权利要求减少涉案别墅的相应价款。别墅的地理位置、交通状况、建筑面积、占地面积和装修等诸多因素都会影响到别墅的成交价格,相比较而言,别墅的占地面积只能占据较少部分。根据本案绿植隔离带外扩的情况,法院酌定涉案别墅的总价款由3200万元变更为3150万元。

甲公司拒绝履行合同约定的共同办理房屋过户手续并支付剩余尾款的行为,属于明显不当,应当承担相应的损害赔偿责任。该逾期履行行为,必然给林某造成损失,虽然双方签订的合同中并无违约金条款可以直接适用于本案情况,但林某仍然有权利要求甲公司赔偿损失。参照《合同法》第一百二十条规定,鉴于林某的瑕疵行为导致了本案争议的产生和甲公司的逾期履行,林某对于自己资金损失的产生也负有相应责任,甲公司承担的损害赔偿责任可以适当减轻。综合本案情况,法院酌定甲公司赔偿林某损失250万元。

需要指出的是,甲公司有权变更交易价款,与其行使履行抗辩权明显不当故而应向林某承担损害赔偿责任并不矛盾。根据《最高人民法院关于贯彻执行〈中华人民共和国民法通则〉若干问题的意见(试行)》第七十三条的规定,如果当事人产生误解的内容并不涉及合同的实质性内容,那么就没有影响合同的基础,不能因此撤销整个合同,这样也有利于促成合同有效,鼓励交易,并使合同双方当事人的利益达到较为平衡的状态。本案中,甲公司对于涉案别墅的占地范围产生了一定的错误认识,但不影响整个别墅买卖的合同基础。在本案诉讼进程中,甲公司自行调整了诉讼请求,由撤销之诉改为变更之诉,要求减少房屋价款300万元。而法院认定的变更交易金额仅由合同约定的3200万元变更为3150万元,也即意味着甲公司拒绝如期履行2500万元剩余房款的行为明显超出了合理的范围,属于明显不当,其应当向林某承担损害赔偿责任。

综上所述,权利义务相一致原则应贯穿合同履行的始终,法院在处理合同纠纷时亦应坚持该项原则,以使合同双方当事人的利益达到平衡状态。同时,也是向社会释放正确的规则导向,即合同任何一方当事人在行使自己权利的时候均应遵守适度性规则,行使权利超过适当限度将承担损害赔偿责任。

裁判精要

权利义务相一致原则应贯穿合同履行的始终。出卖人在缔约过程中存在瑕疵行为,违反了诚实信用原则和先合同义务,在此情形下不享有合同解除权。买受人以出卖人违反先合同义务的瑕疵行为来拒绝履行自己应承担的主要合同义务,属于不当行使履行抗辩权,应当承担相应的损害赔偿责任。基于出卖人的瑕疵行为买受人对交易标的产生了错误认识,买受人有权要求变更交易价款。

《民法典》重申了从事民事活动应当遵循公平原则与诚信原则。第六条规定,民事主体从事民事活动,应当遵循公平原则,合理确定各方的权利和义务。第七条规定,民事主体从事民事活动,应当遵循诚信原则,秉持诚实,恪守承诺。

《民法典》第五百六十四条吸收了《最高人民法院关于审理商品房买卖合同纠纷案件适用法律若干问题的解释》第十五条第二款的规定。《民法典》第五百六十四条规定,法律规定或者当事人约定解除权行使期限,期限届满当事人不行使的,该权利消灭。法律没有规定或者当事人没有约定解除权行使期限,自解除权人知道或者应当知道解除事由之日起一年内不行使,或者经对方催告后在合理期限内不行使的,该权利消灭。

《民法典》第五百九十二条对于《合同法》第一百二十条作出了更为细致的规定,即当事人都违反合同的,应当各自承担相应的责任。当事人一方违约造成对方损失,对方对损失的发生有过错的,可以减少相应的损失赔偿额。本案对于甲公司赔偿林某损失的确定正是遵循了该条第二款规定的精神。

《民法典》第一百四十七条改变了《合同法》第五十四条、《民法通则》第五十九条和《最高人民法院关于贯彻执行〈民法通则〉若干问题的意见(试行)》第七十三条的相关规定。《合同法》第五十四条规定:“下列合同,当事人一方有权请求人民法院或者仲裁机构变更或者撤销:(一)因重大误解订立的;(二)在订立合同时显失公平的。一方以欺诈、胁迫的手段或者乘人之危,使对方在违背真实意思的情况下订立的合同,受损害方有权请求人民法院或者仲裁机构变更或者撤销。当事人请求变更的,人民法院或者仲裁机构不得撤销。”《民法典》第一百四十七条规定:“基于重大误解实施的民事法律行为,行为人有权请求人民法院或者仲裁机构予以撤销。”《民法典》没有延续《合同法》相关规定的内容,没有规定当事人在重大误解情况下享有请求变更合同的权利。在一方当事人违反诚信原则导致另一方当事人受损的情形下,可以考虑适用《民法典》的其他法律条款。例如,《民法典》第五百条规定:“当事人在订立合同过程中有下列情形之一,造成对方损失的,应当承担赔偿责任:(一)假借订立合同,恶意进行磋商;(二)故意隐瞒与订立合同有关的重要事实或者提供虚假情况;(三)有其他违背诚信原则的行为。”在甲公司与林某房屋买卖合同纠纷中,由于在房屋交易之前林某隐瞒了房屋实际情况与房屋登记信息的差异之处,导致甲公司与林某签订了约定较高成交价款的房屋买卖合同,对于合同约定价款高于房屋实际情况的部分价款,可以认定为甲公司的损失,由林某对甲公司进行适当赔偿。这样既可以实现对违反诚信原则行为的惩戒,又实现了双方当事人之间的利益平衡。

(编写人:齐晓丹、张钰鑫)

九、房屋买卖合同解除条件成就,解除权人继续履行行为的认定

实务难题

依合同享有解除权的当事人继续履行合同的行为,能否视为对合同解除权的放弃。视为放弃合同解除权后,对方当事人仍未履行合同义务,守约方主张解除合同的,需要什么条件,行使的是约定解除权还是法定解除权,是否必须经过催告程序才能解除合同。

疑难案例

1. 合同签约情况及合同约定

赵某是2104号房屋出卖人,2016年7月3日,赵某与沈某签订《北京市存量房屋买卖合同》及《补充协议》,赵某将2104号房屋以总价款1000万元出售给沈某。2104号房屋上没有设立抵押权。

购房款分三部分支付:(1)定金100万元(已履行,无争议);(2)商业贷款金额330万元(已获批320万元);(3)定金和贷款之外的剩余购房款570万元:第一次于【商贷面签】向赵某支付427万元,通过资金存管方式划转(本案争议的焦点);第二次于【办理房屋所有权转移登记当天】向赵某支付143万元,通过资金监管方式划转(尚未履行到该环节)。

关于逾期付款的违约责任双方约定:逾期付款超过10日的,赵某有权单方解除合同,解除合同通知到达之日合同自动解除,沈某按照成交总价款的20%向赵某承担违约责任。

2. 合同履行情况

2016年7月3日,沈某向赵某支付定金10万元;2016年7月19日,沈某向赵某支付定金90万元。

2016年9月21日,赵某配合沈某向浦发银行慧中支行办理商业贷款面签手续,后中介公司告知面签资料缺少客户的退休证、退休流水、业主的银行卡、未出租声明,需要双方尽快补齐资料。2016年9月26日,赵某向中介公司发送了浦发银行卡及户口本信息。

合同约定沈某应于【商贷面签】通过资金存管方式向赵某支付427万元购房款,至沈某提起本案诉讼时止,该笔款项并未支付。

2016年10月11日,浦发银行下发批贷函,沈某申请的商业贷款已获银行批准,批贷金额为320万元,中介公司于次日以短信通知的方式告知赵某。

2016年10月12日,赵某配合沈某办理了2104号房屋的缴税手续,沈某共计缴税241,731.54元。

2016年10月27日、28日,赵某以沈某未按照合同约定于2016年9月21日商贷面签当日支付427万元购房款构成严重违约为由,以邮寄和发短信的形式向沈某和中介公司发送解除合同通知书,要求解除合同、沈某承担违约责任。(关于解除合同通知的送达情况,沈某认可2016年11月2日收到了中介公司方店长给的解除函）。

2016年11月2日，赵某、沈某及中介公司的区域经理、长椿街店店长就合同的履行过程、427万元购房款的支付时间、各方是否积极履行并催促其他方履行义务、后续问题如何解决等问题进行了谈话（谈话录音内容可以印证"于商贷面签付款"指的是办理商业贷款手续当天付款）。

一审庭审中，经沈某申请，中介公司员工到庭作证，作证内容分四部分：(1)按照公司的交易习惯，合同中约定的"商贷面签"是一个时间段，指的是商贷面签当天到房屋过户之前1～3个工作日；(2)资金存管方式付款需要沈某、赵某和中介公司员工三方均到场，沈某将购房款转到赵某的银行卡上，但该笔款项处于冻结状态，必须过完户后拿新房本复印件去解冻；(3)沈某在商贷面签前曾向其询问何时做资金存管，商贷面签当天各方没有提及资金存管的事，后沈某多次询问资金存管事宜，2016年9月28日，其联系上赵某告知资金存管事宜，赵某说因家人病重以后空闲了再联系；(4)2016年10月26日其与赵某协商车位交税事宜时，赵某第一次提及427万元购房款事宜，其跟赵某说只要赵某有时间可以随时办理，并一再解释了商贷面签的交易习惯。

关于沈某是否具备支付427万元的能力，沈某提交的理财产品交易明细等证据显示其可以及时赎回的款项高于427万元。

沈某同意一次性将剩余购房款900万元支付给赵某，并已提供证据证明其具备支付能力。

3. 本案诉辩称

沈某起诉请求：(1)请求法院判令赵某协助沈某将2104室房屋过户至沈某名下；(2)请求法院判令赵某将2104室房屋交付给沈某；(3)请求法院判令赵某支付违约金，违约金以1000万元为基数，按照每天万分之五的标准，从2016年10月27日起至实际将上述房屋过户至沈某名下之日止；(4)本案诉讼费用由赵某承担。

赵某反诉请求：(1)请求法院判决确认赵某与沈某签订的北京市存量房屋买卖合同、补充协议、装饰装修补充协议于2016年10月28日解除；(2)请求法院判令沈某向赵某支付违约金200万元；(3)本案诉讼费用由沈某承担。

【审判情况】

一审法院认为沈某没有违约行为，赵某不具有约定解除权和法定解除权，判决继续履行房屋买卖合同，未支持沈某其他诉讼请求及赵某全部的反诉请求。

二审法院认为沈某未按约定付款,构成违约,赵某取得约定解除权,合同自解除通知到达时解除,判决撤销一审判决,改判解除合同,沈某支付赵某10万元违约金。

法官点评

关于沈某是否构成违约,是否达到合同约定的解除条件的问题。依据本案查明的事实,沈某应于2016年9月21日商贷面签当天支付427万元首付款,至赵某2016年10月27日、28日发出解除合同通知之日沈某逾期付款已经超过10日,赵某取得合同解除权,合同自解除通知到达沈某时解除。本案争议的是赵某在2016年10月12日配合沈某办理涉诉房屋缴税手续的行为性质的认定。对此有两种观点:

第一种观点认为,赵某配合沈某办理涉诉房屋缴税手续,不能视为其放弃了已经取得的合同解除权,解除权仍然存在。解除权人并未做出放弃解除权的意思表示,不应推定为放弃解除权。在守约方接受违约方履行合同义务时,解除权消失,否则解除条件一直成就,解除权人仍可以行使解除权。沈某逾期支付首付款超过10日后,达到了合同约定的解除条件,赵某有权请求解除合同,也有权选择不行使合同解除权,但未行使合同解除权并不意味着放弃合同解除权。根据《合同法》第九十五条规定:"法律规定或者当事人约定解除权行使期限,期限届满当事人不行使的,该权利消灭。法律没有规定或者当事人没有约定解除权行使期限,经对方催告后在合理期限内不行使的,该权利消灭。"《最高人民法院关于审理商品房买卖合同纠纷案件适用法律若干问题的解释》第十五条第二款规定:"法律没有规定或者当事人没有约定,经对方当事人催告后,解除权行使的合理期限为三个月。对方当事人没有催告的,解除权应当在解除权发生之日起一年内行使;逾期不行使的,解除权消灭。"赵某配合办理涉诉房屋缴税手续仅仅只是履行合同义务的行为,其没有做出放弃解除权的意思表示,合同也未约定解除权行使的期限,故在赵某没有做出放弃解除权的意思表示的情况下,赵某依然享有约定解除权。但不同意见认为,若认定为赵某保留合同解除权会使得交易处于不稳定状态,解除权人继续履行合同的行为给相对人造成合同继续履行的表象,使相对人相信合同能继续履行,从而损害了相对人的利益,违反了合同法规定的公平原则。

第二种观点认为,解除权人只能在继续履行和解除合同中择一选择,不能同时选择,解除权人选择继续履行合同,即意味着放弃了解除权。其主要的观点在于:(1)"禁反言"原则的适用。解除权人有选择继续履行或解除合同的权利,两种选择的法律后果截然不同,解除的法律后果为合同终止,继续履行的法律后果为合同关系存续,故不能同时选择,解除权人选择继续履行合同,即意味着放弃了解除权。(2)解除权和撤销权同属形成权,类推适用合同法关于撤销权消灭的规定,合同法规定具有撤销权的当事人知道撤销事由后明确表示或者以自己的行为放弃撤销权的,撤销权消灭。故在一方享有解除权后,继续履行合同即为以自己的行为放弃解除权,解除权消灭。(3)信赖利益的保护,在一方解除权成立后,其继续履行合同的行为,会使对方产生信赖,即有解除权的一方不会再行使其解除权,法院应保证交易的稳定性。但不同的意见认为推定放弃解除权没有依据,对于重要权利的放弃应当有明确的意思表示,抑或是基于法律的明确规定,解除权作为一项重要的合同权利,在没有法律明确规定的前提下,不能通过默示或者不明确的行为推定赵某放弃合同解除权。而且该种认定违反公平、诚实信用原则,与社会现实脱节。不能加重履约方的义务,不能对守约方诚实信用的行为进行惩罚,否则显失公平。

在第二种观点的基础上又形成了两种意见:第一,赵某放弃的是继续履行合同前形成的解除权,在继续履行合同后再次达到合同解除条件的,赵某可依照合同约定行使解除权,因合同约定逾期付款超过10日后享有合同解除权,故赵某应当在继续履行合同后向沈某发出通知或者催告,以明确逾期付款的起算时间,自其催告之日起达到10日后,赵某可依据合同行使解除权;第二,合同约定的解除条件因赵某放弃解除权而不再适用,约定解除权消灭,赵某仅能行使法定解除权,应履行催告义务,沈某经催告后仍不履行合同的,赵某可依据法律规定解除合同。

笔者同意第一种观点,解除权关系到合同关系存续与否,是一项基本的合同权利,其放弃应当有明确的意思表示,以默示推定赵某放弃合同解除权缺乏法律依据。默示是指当事人并不用口头和书面形式而是实施某种积极行为进行意思表示。法律对于默示的效力也进行了规定,如《继承法》第二十五条第一款继承人在遗产处理前没有放弃继承的表示的,视为接受继承;《继承法》第二十五条第二款,受遗赠人在知道受遗赠后两个月内没有表示的,视为放弃遗赠等。对于当事人重要权利的处分能否以默示推定,应严格按照法律明确规定,不能随意扩大解释,法律没有明确规定的,不能推定为放弃了权利。本案中赵某继续履行合同不等于放弃合同解除权,仅能说明赵某并未行使合同解除权。关于房屋买卖关系处于不稳定状态,不利于交易安全的保护的说法,应当明确的是房屋买卖关系处于不稳定状态系沈某违约行为所导致,赵某作为守约方继续履行合同的行为并非买卖合同不稳定的原因,亦未加剧该种不稳定状态,不能因赵某的守约行为反而加重责任,甚至视为其放弃了约定解除权,此种认定系对守约行为进行惩罚,对于整个交易市场来说,其负面影响更恶劣。《合同法》第九十五条对该种情况给出了解决办法,沈某可向赵某发出催告,赵某在合理期限未行使解除权的,解除权消灭。笔者认为,因沈某违约导致合同处于不稳定状态,也应由沈某履行催告义务,使交易恢复稳定状态。

裁判精要

房屋买卖合同一方当事人未按照合同约定履行义务,另一方当事人取得合同约定的解除权。依约定取得合同解除权的当事人继续履行合同的行为,能否视为对合同解除权的放弃,目前没有明确规定,《合同法》第九十五条仅对解除权在行使期限内不行使或者经催告不行使的情况下解除权消灭进行了规定。对于当事人重要权利的放弃能否以默示形式推定,应严格按照法律规定认定,不能随意扩大解释,法律没有明确规定默示即视为放弃权利的,不能推定当事人放弃了权利。房屋买卖合同中依约定取得合同解除权的当事人继续履行合同的行为,不能视为其放弃了合同解除权。

《民法典》第一百四十条保留了《民法总则》第一百四十条关于意思表示的规定,即"行为人可以明示或者默示作出意思表示。沉默只有在有法律规定、当事人约定或者符合当事人之间的交易习惯时,才可以视为意思表示。"我们认为,《民法典》实施后,只有在有法律规定、当事人约定或者符合当事人之间的交易习惯时,才能认定是以默示方式作出的意思表示成立。本案中,依约定取得合同解除权的当事人继续履行合同的行为,不能视为其放弃了合同解除权。关于合同解除权的行使期间,《民法典》第五百六十四条保留了《合同法》第九十五条关于合同解除权消灭的规定,同时增加了"自解除权人知道或者应当知道解除事由之日起一年内不行使,该权利消灭"相关规定,《民法典》的上述规定延续了《合同法》及相关司法解释的规定。因此，本案涉及的房屋买卖合同解除条件成就，解除权人继续履行合同行为的认定，与《民法典》的规定不相冲突。

（编写人：张玉娜）

第三章　房屋买卖合同的解除

一、履行期限届满前，起诉要求解除房屋买卖合同的行为不能视为预期违约

实务难题

预期违约指的是在履行期限届满前，债务人明确表示或者以自己的行为表示不履行合同义务。预期违约所直接标示的，并非履行期限届满时的现实违约，而是履行期到来前履行成为不可期待。[1] 关于预期违约制度，我国《合同法》第一百零八条规定，当事人一方明确表示或者以自己的行为表明不履行合同义务的，对方可以在履行期限届满之前要求其承担违约责任。同时，《合同法》第九十四条第二项规定，在履行期限届满之前，当事人一方明确表示或者以自己的行为表明不履行主要债务的可以解除合同。预期违约制度有助于债权人在发现债务人确实不能履行债务时，尽早采取对策，积极减少损失，并可以使双方当事人及时地从确定要死亡的合同关系中解脱出来，有利于现实的经济流转，而不必坐等对方实际违约后再做打算，为非违约方提供全面的救济。但实践中，如何认定是否构成预期违约，可否据此主张合同解除有时会成为难题。

笔者认为，如果预期不履行的合同义务并非主合同义务，而是从合同义务或者附随义务，除了当事人有特别约定，否则不能认定债务人预期违约，即不能认定债权人取得合同解除权。此外，在履行期限届满前，仅仅起诉要求解除合同的行为不能推定其存在拒绝履行合同义务的意思表示，从而将其视为预期违约行为。

---

〔1〕 参见韩世远：《合同法总论》（第4版），法律出版社2018年版，第563页。

疑难案例

2018年5月17日,倪某(出卖人)与张某(买受人)在链家公司的居间下签订了北京市存量房屋买卖合同,约定张某购买倪某所有的位于顺义区双兴南区601号的房屋,该房屋成交价格235万元。买受人采取下列方式付款:定金40万元,剩余房款通过存量房交易结算资金专用存款账户划转。第十条户籍迁出约定:该房屋现有户籍情况为无户籍登记。有户籍登记的,双方同意迁出现有户籍。出卖人迁出现有户籍的,承诺于办理该房屋不动产转移登记之日起60日内向房屋所在地的户籍管理机关办理完成本房屋相关的所有人现有户籍迁出手续。如出卖人未如实陈述户籍登记情况或擅自迁入户籍或未如期将户籍迁出的,出卖人应当按日计算买受人支付房屋总价款万分之五的违约金,且出卖人仍负有户籍迁出的义务。

同日,倪某(甲方、出卖方)与张某(乙方、买受方)、链家公司(丙方、居间方)签订补充协议,第二条约定:乙方支付首付款时,已支付的定金视为首付款的一部分,2018年5月17日将定金40万元支付甲方;乙方于2018年6月20日前(含当日)将第一笔首付款109万元以理房通方式支付甲方;乙方从购房款中留存5万元作为户口迁出保证金。第三条约定:本次交易涉及的税费全部由乙方承担,并由承担方直接向主管机关缴纳。第四条约定:甲方若出现下列情形之一的,甲方构成根本违约且乙方有权以书面通知的方式解除房屋买卖合同:(1)甲方提供的该房屋不动产权证书、原购房合同等相关产权证明手续不真实、不完整、无效,导致乙方无法取得房屋所有权的;(2)该房屋被查封或限制转让,导致乙方无法取得房屋所有权的;(3)甲方擅自将房屋抵押给第三方,导致乙方无法取得房屋所有权的;(4)拒绝将该房屋出售给乙方或擅自提高房屋交易价格的;(5)将该房屋出售给第三方的。甲方出现上述情形之一的,甲方应在违约行为发生之日起15日内,以相当于该房屋总价款的20%向乙方支付违约金,丙方收取乙方的所有费用不予退还,由甲方直接赔付乙方。乙方若逾期履行本补充协议第二条约定的义务超过15日的,构成根本违约且甲方有权以书面通知的方式解除房屋买卖合同,乙方应在违约行为发生之日起15日内以相当于该房屋总价款的20%向甲方支付违约金;乙方向甲方已支付的全部款项冲抵违约金,多退少补,丙方收取乙方的费用不予退还。

2018年5月17日,张某支付了定金40万元及居间代理费4万元。5月25

日,链家公司为双方办理了网签登记手续。6 月 8 日,双方协商,倪某同意张某首付款支付日期可以在过户前不影响正常首付监管和过户就可。6 月 21 日,倪某(甲方、出卖方)与张某(乙方、买受方)、链家公司(丙方、居间方)签订了《理房通资金支付服务协议》,该协议第四条约定,乙方最迟应于办理不动产产权转移登记手续(过户)前 1 个工作日将首付款 109 万元全部足额存入不动产交易资金存管专用账户。6 月 21 日,张某支付买卖房屋相关税费 5 万元。

在 2018 年 5 月 17 日房屋买卖合同签订时,倪某自述所出售的房屋上没有户籍登记。6 月 23 日,经查涉案房屋上存有案外人户籍。截至庭审结束,案外人户籍仍未迁出。张某因户籍问题未解决,未将首付款打入监管账户。7 月 16 日,倪某以张某不支付首付款为由,向张某提出解除合同并于 7 月 17 日诉至法院。张某以倪某单方解除合同构成违约为由,提出反诉。

法院观点

一审法院认为,本案争议焦点是谁违约及应当承担何种责任。1. 迁移户口是出卖人的义务,倪某作为出卖人未能在合同签订前详尽、确切地了解房屋涉及的户口问题,在合同签订时未能如实披露信息,造成张某误解,致使后续张某未能依约支付首付款,倪某因张某未能如约支付首付款提出解除合同。综合上述合同履行过程,倪某虽有违约行为在先,但并不属于有意不卖房屋,故张某要求倪某双倍返还定金无事实和法律依据。但因倪某未如实披露房屋信息确实给张某造成了房屋中介费及相关税费损失,此部分费用应由倪某负担。2. 关于首付款支付日期,倪某虽表示首付款时间为 2018 年 6 月 20 日前,但从双方往来微信、合同履行情况及签订的理房通资金支付服务协议来看,双方已变更了首付款支付日期。即使未变更首付款时间,张某作为买受人在合同签订后得知交易房屋存在户籍状况,且户籍为案外人,倪某能否履行户籍迁出义务并不取决于他自身,张某有履行抗辩权,其拒绝付款亦不构成违约。综上所述,倪某要求张某承担违约责任无事实及法律依据,法院不予支持。现双方就合同解除已达成合意,倪某应返还收取的张某定金 40 万元。据此一审法院判决:一、解除倪某与张某签订的北京市存量房屋买卖合同及补充协议;二、倪某返还张某定金 40 万元;三、倪某支付张某房屋中介费 4 万元、税费 5 万元;四、驳回倪某的其他诉讼请求;五、驳回张某的其他反诉请求。

张某不服提起上诉，理由为：1.倪某首先提出解除合同构成根本违约，张某反诉解除合同并不是与倪某达成合同解除合意。2.一审确认倪某首先提出解除合同违约，张某没有违约，但却不适用《合同法》第一百一十五条"双倍返还定金"之规定属于明显不当。

二审法院经审理认为，只有在一方不履行合同，或者不完全履行合同，使非违约一方基于合同所产生的期待利益丧失，订立合同的目的不能达到，才可以视为根本违约，适用定金罚则。倪某起诉要求解除涉案合同的原因系认为张某迟延支付首付款，双方对首付款支付时间的理解出现偏差，倪某起诉时房屋市场价格处于下降趋势，可以认定倪某申请法院解除涉案合同并非主观上不愿出售房屋。客观上，张某如在一审审理阶段同意继续履行涉案合同，在倪某不具有合同解除权的情形下，法院仍可判决涉案合同继续履行，即倪某申请解除合同的行为并未排除双方履行主要债务的可能性。故倪某申请法院解除合同的行为不属根本违约行为，倪某与张某出于对合同条款理解的出入虽各自提出解除合同，但均不存在主观上故意不履行涉案合同的情形，故双方对于合同主要债务继续履行均无根本违约行为。故综合考虑双方现阶段沟通情况、双方均提出解除合同的现状、房屋户口现状实际对房屋买卖构成的障碍，一审法院解除合同的处理并无明显不当，予以维持。考虑到一审法院已经将房屋中介费等损失判予倪某负担，已对倪某未披露房屋户口信息的违约行为做出了处理。故在双方均不存在根本违约行为的情形下，未披露房屋户口信息的违约行为不属于足以导致涉案房屋买卖合同无法继续履行的行为，一审法院对张某要求双倍返还定金[1]不予支持并无不当。综上所述，二审判决驳回上诉，维持原判。

法官点评

依据双方当事人的诉辩对抗过程，本案的审理思路可作如下梳理：第一，何为足以取得合同解除权的预期违约；第二，预期违约与根本违约的关系，即倪某不能如约办理户口迁出是否构成预期违约，张某迟延支付首付款是否构成根本

[1] 依据双方合同约定，该定金实为履约定金，出卖人倪某不能依约办理过户的行为并不构成根本违约，虽合同最终被解除，但并非出卖人倪某的行为所致，故张某主张适用定金罚则双倍返还定金缺乏依据。

违约；第三，起诉要求解除合同的行为能否视为预期违约行为，也即本案倪某应否双倍返还定金。

（一）何为足以取得合同解除权的预期违约

除当事人协商一致或者合同约定解除外，我国《合同法》第九十四条规定："有下列情形之一的，当事人可以解除合同：（一）因不可抗力致使不能实现合同目的；（二）在履行期限届满之前，当事人一方明确表示或者以自己的行为表明不履行主要债务；（三）当事人一方迟延履行主要债务，经催告后在合理期限内仍未履行；（四）当事人一方迟延履行债务或者有其他违约行为致使不能实现合同目的；（五）法律规定的其他情形。"这就是合同法规定的根本违约制度，并非所有的违约行为均发生解除权，原则上是要考虑违约的严重程度，这是合同严守原则《合同法》第八条）的当然要求。《合同法》要求违反的是合同的"主要债务"（《合同法》第九十四条第二项、第三项）。依学理解释，违反从义务及附随义务一般不得解除合同，但致合同目的落空时，[1]或者因此危及作为合同基础的信赖关系时，[2]才能据此解除合同。

因此，履行期限届满之前，一方明确表示或以自己的行为表示不履行合同主要义务，使非违约一方基于合同所产生的期待利益丧失，订立合同的目的不能达到时，方可认定足以取得合同解除权的预期违约行为。

（二）预期违约与根本违约的关系

预期违约与现实违约相对应，现实违约侵害的是完全债权，预期违约侵害的是债权期待。如果侵害债权期待得不到改变，持续到履行期到来时便成为侵害完全债权；如果危害给付实现义务得不到矫正，持续到履行期到来时便成为违反给付义务，成为现实违约。正因为预期违约与现实违约在质的方面具有同一性，所以，预期违约适用违约责任的补救方式。[3]

---

〔1〕 参见崔建远主编：《合同法》，法律出版社2003年版，第193页。

〔2〕 参见韩世远：《论根本违约》，载《吉林大学社会科学学报》1999年第4期。

〔3〕 参见崔建远主编：《合同法》，法律出版社2003年版，第563页。

根本违约与非根本违约相对应,系指违约的严重程度。并非所有的违约行为均催生解除权,原则上讲,根本违约的性质相对严重,而不是微不足道;违约造成的损害在量的方面相对较大,而不是损失很小甚至没有;违约造成的损害在质的方面较为深刻地影响了守约方的合同利益。崔建远教授认为,根本违约应指涉及合同根基的性质严重的违约,债务人违约使债权人得不到合同正常履行所带来的主要利益,使债权人遭受较为严重的损失。[1]

由此可见,并非所有的预期违约行为均构成根本违约,只有预期违约行为足以涉及合同根基时方能认定为根本违约,进而主张合同解除。就本案而言,倪某虽未能确切了解涉案房屋户口问题,订立合同未能如实披露,在合同履行过程中,始终无法有效解决,但因该义务并非主合同义务,亦不符合双方约定的根本违约的条件,故张某不能据此主张合同解除。但张某可依据《合同法》第一百零八条,要求倪某承担违约责任,一审、二审法院判决本案的中介费、税费等由倪某承担,即是倪某承担违约责任的方式。

(三)履行期限届满前,起诉要求解除房屋买卖合同的行为能否视为预期违约

本案二审期间,合议庭少数意见认为,在并不拥有合同解除权的情况下,起诉要求解除房屋买卖合同的行为本身就应当视为以自己的行为表示不履行合同主要债务,相较于直接向合同相对方发解约通知,更应该认定为根本违约行为,倪某应双倍返还定金(以下简称违约主义)。

合议庭多数意见认为,起诉要求解除房屋买卖合同本身不能视为不履行合同主要债务,起诉本身具有结果的不确定性,在当事人不具有违约解除权的情况下,起诉解除合同会被驳回,因此起诉解除本身不能认定为以自己的行为表示不履行合同主要债务,故倪某不应双倍返还定金(以下简称非违约主义)。

笔者认为,仅有起诉解除合同的行为尚不足以推定当事人存在拒绝履行的意思表示。故笔者赞同合议庭多数人的意见。具体理由如下:

1. 客观上讲,出卖人诉讼请求能否得到法院支持尚未可知

具体到本案,倪某之所以起诉解除房屋买卖合同,是认为张某存在迟延支付首付款的违约行为,解除合同只是其寻求司法救济的途径。如张某未提出反

---

〔1〕 参见崔建远:《论合同目的及其不能实现》,载《吉林大学社会科学学报》2015年第3期。

诉,案件的审理焦点则为张某是否存在迟延支付首付款的行为。

如果张某确实存在足以导致合同解除的违约行为,倪某起诉解除买卖合同的请求成立,涉案房屋买卖合同被依法解除。在合同解除,无约可依的情况下,也就不存在作为违约形态之一的预期违约,倪某起诉解除买卖合同的行为也不能被认定为"以自己的行为表示不履行合同主要义务的行为"。

反之,倪某主张张某迟延支付首付款并无依据,法院认定张某不存在迟延付款的行为,倪某的诉讼请求将被依法驳回,合同并未解除,倪某尚需继续履行合同,其申请法院解除合同的行为并未阻却双方履行主要债务的可能性,该行为亦不能被认定为根本违约行为。就本案而言,从双方之间的微信往来、合同履行以及理房通资金支付服务协议来看,双方实际变更了首付款支付日期至过户前1个工作日,因涉案房屋尚未过户,张某并不存在迟延付款的行为,张某若未提起反诉,倪某的主张将被依法驳回,合同将得以继续履行。

2. 主观上讲,不能因为倪某起诉就推定其有拒绝履行合同的意思

倪某之所以起诉合同解除,原因在于其主观上对首付款支付时间的理解有误,而该理解错误并非毫无根据。涉案北京市存量房屋买卖合同及补充协议约定的首付款支付时间为2018年6月20日前。合同约定如超过十五日,构成根本违约,倪某有权以书面通知解除合同。而倪某起诉的时间为7月17日。再结合倪某起诉时,房屋价格处于走低趋势,其主张解除涉案房屋买卖合同无利可图,故可以认定没有足够证据证明倪某申请法院解除合同的行为为主观上拒绝出售房屋。

3. 鼓励依法主张权利,免除当事人寻求司法救济的后顾之忧

起诉解除行为与向相对人发解约通知的行为不同。如在未取得解除权的情况下,倪某直接向张某发解约函要求解除合同,显然该行为系倪某"以自己的行为表示不履行合同主要义务的行为"。但起诉是当事人依法寻求公力救济的合法行为,这一合法行为不能同时又受到法律的负面评价、课以不利后果。如果将起诉解除合同的行为即认定为以自己的行为表示不履行合同主要义务,一旦起诉解除合同即可能被认定为构成根本违约,将会使当事人主张权利时畏首畏尾,甚至投鼠忌器,不敢主张权利,这样就设置了错误的导向。

4. 合同法鼓励交易原则

按照违约主义的论断,一旦原告起诉解除合同后,该行为就被认定为"以自己的行为表示不履行合同义务"。此时,即便被告本不愿解除合同,但因可据此

主张原告的起诉行为构成预期违约或构成根本违约，继而另行主张违约金。所以，违约主义的这一论断将极大地扰乱交易秩序，不符合合同法鼓励交易原则。

本案中，因倪某和张某的行为均不构成根本违约，无论是倪某还是张某单独起诉主张合同解除，都将会被法院驳回，合同得以继续履行。本案的特殊之处在于双方均主张合同解除，但却均附有条件。实践中，对于这种双方未达成解除合意，却均主张对方违约而要求解除合同的，因双方缺乏继续履行合同的信赖基础，法院判决合同解除并无不当，故一审、二审法院的处理思路是正确的。

裁判精要

依据合同法鼓励交易的原则，在房屋买卖合同中，起诉是当事人依法寻求公力救济的合法行为，起诉本身具有结果的不确定性，在当事人不具有违约解除权的情况下，起诉解除合同会被驳回，因此起诉解除本身不能认定为以自己的行为表示不履行合同主要债务的行为。

《民法典》第五百六十三条规定，有下列情形之一的，当事人可以解除合同：(一)因不可抗力致使不能实现合同目的；(二)在履行期限届满前，当事人一方明确表示或者以自己的行为表明不履行主要债务；(三)当事人一方迟延履行主要债务，经催告后在合理期限内仍未履行；(四)当事人一方迟延履行债务或者有其他违约行为致使不能实现合同目的；(五)法律规定的其他情形。以持续履行的债务为内容的不定期合同，当事人可以随时解除合同，但是应当在合理期限之前通知对方。《民法典》实施后，本案情况和裁判结果没有变化。

（编写人：王黎、卢圆圆）

二、涉诉房屋于买卖双方办理过户手续前因卖方其他债务纠纷被法院查封，卖方构成根本违约

实务难题

违约金制度最初起源于罗马法的罚金制度，其最初的目的是担保债权得以实现。由于违约金具有效益性、安全性等特点使该项制度在民商交易中得到广泛的

应用，成为一种常见的违约救济方式。违约金在性质上可分为赔偿性违约金和惩罚性违约金。前者是为了弥补一方违约后另一方所遭受的损失。惩罚性违约金，又被称为固有意义上的违约金，是指对债务人的过错违约行为实行的惩罚，其目的是确保合同债务得以履行。惩罚性违约金和实际损失无必然联系，通常是比较高的数额。

我国合同法的违约金具有双重属性，即赔偿性违约金和惩罚性违约金。违约金的性质直接关系到违约金请求权的提起、违约金数额的支持程度，以至于对合同违约金条款效力的认定。因而要保证违约金的适用就必须要确定违约金的性质。惩罚性违约金最能体现违约金担保的作用，但是在实践中其适用实际比较混乱，为了保证合同目的的实现，鼓励合同当事方诚信履行义务，必须要对惩罚性违约金进行调整。考虑到我国合同法确立的违约责任原则上采无过错责任原则，法律有特别规定时方为过错责任原则，但是以担保债务履行为目的的惩罚性违约金得以在民事责任中合法存在的前提却是债务人主观上具有恶意，或者具有故意或重大过失。因此，一方面，当事人专就恶意违约约定的违约金在没有其他证据表明系赔偿性违约金的，应认定为履约担保性违约金；另一方面，履约担保性违约金的归责原则不能套用《合同法》第一百零七条规定的无过错责任原则，也不能套用一般的过错责任原则。因此，在出现故意违约的情形，当事人约定的违约金可以高于实际损失，并且原则上不得减少。

疑难案例

2017 年 10 月 21 日，孙某某（出卖人）与高某某、马某某（买受人）通过北京×房地产经纪有限公司（以下简称×公司）签订《北京市存量房屋买卖合同》，出售坐落于某小区×号楼×层×单元×房屋。该合同第五条第一款约定：出卖人应当保证该房屋没有产权纠纷，未被限制转让。……如因一方违反前述承诺，导致该房屋不能办理产权登记或发生债权债务纠纷的，由违反承诺方按照房屋或成交总价款的 20% 赔偿守约方的损失。本条款为独立条款，即使本合同及其他文件因一方违反前述承诺，依法被变更、撤销、解除、终止或认定无效，本条约定依然有效，守约方仍可依据本条款追究违反承诺方的法律责任。第七条违约责任约定：逾期交房责任除不可抗力外，出卖人未按照第六条约定的期限和条件将该房屋交付给买受人的，按照下列方式处理：按照逾期时间，分别处理

(1和2不作累加)。1.逾期在15日内,自第六条约定的交付期限届满之次日起至实际交付之日止,出卖人按日计算向买受人支付已交付房价款万分之五的违约金,并于该房屋实际交付之日起15日内向买受人支付违约金,合同继续履行;2.逾期超过15日(该日期应当与第1项中的日期相同)后,买受人有权退房。买受人退房的,出卖人应当自退房通知送达之日起15日内退还全部已付款,并按照买受人全部已付款的20%向买受人支付违约金。

2018年2月9日,高某某、马某某向孙某某送达《解除房屋买卖合同的通知书》,内容为:"孙某某:你我双方于2017年12月21日签订购买某小区17号楼2门601室的房屋买卖合同和补充协议,但你的此处房产于2018年1月23日被法院查封,致使原定于2018年1月24日的约定过户日期无法办理产权转移登记手续,你方已属根本性违约。2018年1月25日,经双方协商同意,给予你方15日宽限期限后,仍未能解除查封,致使我无法取得该房屋所有权。因此,今日正式通知你,2018年2月10日前签定解约协议,解除所签定的房屋买卖合同和补充协议及其他相关文书,进入解约程序。要求你配合办理所有解约事项,并按合同约定,承担根本性违约责任并进行违约赔偿。注:此通知一式两份,分别发至链家万科四季花城店和孙某某本人各一份。"孙某某签字并注明"此通知已收到"。

法院审理中,高某某、马某某陈述房屋中介约买卖双方于2018年1月24日共同到房地产交易部门办理过户手续,但在2018年1月23日下午4时接到房屋中介通知,涉诉房屋因孙某某有债务纠纷于当日被法院查封,故主张要求解除房屋买卖合同。高某某、马某某依据合同第五条第一项、第七条违约责任第一项第二点主张孙某某因涉诉房屋被查封构成根本违约,要求孙某某承担违约责任。

法院观点

一审法院认为,根据《民事诉讼法》的规定,当事人有答辩并对对方当事人提交的证据进行质证的权利。本案孙某某经法院合法传唤未到庭参加诉讼,视为其放弃了答辩及质证的权利。

依法成立的合同受法律保护。就涉诉房屋所签订的北京市存量房屋买卖合同及补充协议系高某某、马某某与孙某某的真实意思表示,未违反法律法规强制性规定,且签约时并不存在司法查封,亦未损害第三人权益,合法有效。不动产物权的设立、变更、转让和消灭,经依法登记,发生效力,未经登记,不发生效力,但法律另有规定的除外。高某某、马某某与孙某某虽已签订了房屋买卖合同,但未办理房屋过户手续,涉诉房屋仍归孙某某所有。因孙某某存在债务纠纷,涉诉房屋目前处于司法查封的状态,存在客观履行不能的情形,导致合同无法继续履行,故高某某、马某某要求解除合同,孙某某亦同意,法院予以准予。

高某某、马某某主张孙某某的行为构成根本违约,应承担违约责任。本案中,孙某某在合同签订后积极履行了解除抵押等义务,并与高某某、马某某约定在2018年1月24日办理过户手续,恰好前一天房屋被采取查封措施,也正是因为房屋被法院采取查封使双方之间的买卖合同不能继续履行,在没有证据证明系孙某某故意所为的情况下,不可归责于任何一方,故高某某、马某某主张孙某某构成根本违约,法院不予认定。其二人基于此主张违约赔偿金法院不予支持。但基于公平原则,因房屋被查封,导致解除合同,高某某、马某某无法实现合同目的,确实给高某某、马某某造成损失,孙某某应给予适当补偿。补偿具体数额,法院将结合高某某、马某某已交纳的购房款比例及利息、房屋价值、合同履行情况,并参照合同约定等因素,根据公平原则和诚实信用原则予以酌情确定。据此,一审法院判决:一、解除高某某、马某某与孙某某于2017年10月21日签订的房屋买卖合同及补充协议;二、孙某某支付高某某、马某某补偿费5万元,于判决生效之日起7日内支付;三、驳回高某某、马某某的其他诉讼请求。

高某某、马某某不服,以孙某某存在主观恶意,构成根本违约,应当承担违约责任,依据涉诉房屋买卖合同及补充协议支付违约金为由,向二审法院提起上诉,要求撤销原判,依法改判。

二审期间,法院补充查明以下事实:2017年10月21日,孙某某(甲方、出卖方)与高某某、马某某(乙方、买受方)、×公司(丙方、居间方)签订补充协议,该协议第四条违约责任第二款约定:……2. 甲方若出现下列情形之一的,甲方构成根本违约,且乙方有权以书面通知的方式解除房屋买卖合同:(1)甲方提供的该房屋所有权证、原购房合同等相关产权证明手续不真实、不完整、无效,导致乙方无法取得房屋所有权的;(2)该房屋被查封或限制转让,导致乙方无法取得房屋所有权的;(3)逾期履行本补充协议第二条约定的义务超过15日的;(4)拒绝将该房屋出售给乙方或者擅自提高房屋交易价格的;(5)将该房屋出售给第三方的。甲方出现上述根本违约情形之一的,甲方应在违约行为发生之日起15日内,以相当于该房屋总价款的20%向乙方支付违约金;丙方收取乙方的所有费用不予退还，由甲方直接赔付乙方。

二审法院经审理认为，当事人有答辩并对对方当事人提交的证据进行质证的权利，孙某某经本院合法传唤无正当理由拒不到庭参加诉讼，视为其放弃了答辩及质证的权利。当事人一方迟延履行债务或者有其他违约行为致使不能实现合同目的，当事人可以解除合同。当事人一方不履行合同义务或者履行合同义务不符合约定的，应当承担继续履行、采取补救措施或者赔偿损失等违约责任。当事人可以约定一方违约时应当根据违约情况向对方支付一定数额的违约金，也可以约定因违约产生的损失赔偿额的计算方法。当事人既约定违约金，又约定定金的，一方违约时，对方可以选择适用违约金或者定金条款。

高某某、马某某与孙某某就涉诉房屋所签订的北京市存量房屋买卖合同及补充协议系双方当事人真实意思表示，不违反法律、行政法规强制性规定，合法有效，双方应当依约享有权利、履行义务。根据查明的事实，涉诉房屋因孙某某的其他债务纠纷于双方当事人办理过户手续前被法院查封，导致合同无法继续履行，高某某、马某某向孙某某送达解除房屋买卖合同的通知书并起诉要求解除涉案合同，一审法院予以支持是正确的，法院予以确认。

关于违约责任承担的问题。北京市存量房屋买卖合同第五条第一款约定，孙某某应当保证该房屋没有产权纠纷，未被限制转让。补充协议第四条第二款约定，孙某某若出现下列情形之一的，构成根本违约，且高某某、马某某有权以书面通知的方式解除房屋买卖合同：……（2）该房屋被查封或限制转让，导致高某某、马某某无法取得房屋所有权的。孙某某应在违约行为发生之日起 15 日内，以相当于该房屋总价款的 20% 向高某某、马某某支付违约金。现根据查明的事实，涉诉房屋在双方当事人办理过户手续前已被法院查封，存在被限制转让的情形，导致高某某、马某某无法取得房屋所有权，即合同目的无法实现，出卖人孙某某构成根本违约，应当承担违约责任，即按照房屋总价款的 20% 向高某某、马某某支付违约金。高某某、马某某依据涉案合同要求孙某某支付违约金，有事实及法律依据，一审法院以孙某某不构成根本违约为由驳回高某某、马某某的相应诉讼请求错误，法院予以纠正。故二审法院改判如下：一、维持北京市顺义区人民法院（2018）京 0113 民初 7177 号民事判决第一项；二、撤销北京市顺义区人民法院（2018）京 0113 民初 7177 号民事判决第二项、第三项；三、孙凤玲支付高某某、马某某违约金 125.4 万元，于本判决生效之日起 7 日内给付。

法官点评

(一)根本违约的判定标准

根本违约,是指一方当事人不履行合同义务或履行行为不符合法律规定或合同约定,致使合同目的不能实现的情况。按违约后果的严重程度将违约分为根本违约与非根本违约,是国际上常见的一种方法。《联合国国际货物销售合同公约》第二十五条规定:“一方当事人违反合同的结果,如使另一方当事人蒙受损失,以至于实际上剥夺了他根据合同规定有权期待得到的东西,即为根本违反合同,除非违反合同一方并不预知而且一个同等资格、通情达理的人处于相同情况中也没有理由预知会发生这种结果。”根据该公约的规定,如果违约方存在违约行为,而且违约引起的严重程度“实际剥夺了相对方根据合同规定有权期待得到的东西”,即我国《合同法》所称的不能实现合同目的,即为根本违约。根本违约将合同后果与合同目的的实现结合起来,以此作为确定违约严重性的依据,从而为确定解除合同的要件,限定法定解除权的行使奠定了基础。我国《合同法》第九十四条规定:“有下列情形之一的,当事人可以解除合同:(一)因不可抗力致使不能实现合同目的;(二)在履行期限届满前,当事人一方明确表示或者以自己的行为表明不履行主要债务;(三)当事人一方迟延履行主要债务,经催告后在合理期限内仍未履行;(四)当事人一方迟延履行债务或者有其他违约行为致使不能实现合同目的;(五)法律规定的其他情形。”该规定虽未使用“根本违约”概念,但实质上蕴含了合同法定解除条件——根本违约判定标准之内容。

(二)涉诉房屋被法院查封属于根本违约

合同的全部意义和终极目的在于履行。合同成立生效后,当事人应按照合同的约定或者法律的规定,全面适当地履行合同义务。然而,由于社会生活的不断变化,主客观世界纷繁复杂,合同得不到履行或者不按当事人设计履行的状况履行时有发生,因此,全面适当履行合同义务以致臻于完美,毕竟是一种理想。针对不同的状况规定不同的违约形态并设计相应的救济措施是合同法的一项重要内容。依法成立的合同,对当事人具有法律约束力。当事人应当按照约定履行自己的义务,不得擅自变更或者解除合同。孙某某与高某某、马某某、链家公司签订补充协议,该协议第四条违约责任第二款约定,涉诉房屋被查封或限制转让,导致高某某、马某某无法取得房屋所有权的,孙某某构成根本违约。根据双方补充协议的约定,涉诉房屋被法院查封属于根本违约。

(三)孙某某应按照合同约定承担违约责任

孙某某与高某某、马某某、链家公司签订补充协议,孙某某构成根本违约,应以相当于该房屋总价款的20%向高某某、马某某支付违约金。该补充协议约定的违约金即惩罚性违约金。我国合同法的违约金具有双重属性,即赔偿性违约金和惩罚性违约金。惩罚性违约金最能体现违约金担保的作用,在认定惩罚性违约金应持慎重的态度,严格遵守其构成要件。第一,违约金是双方当事人在订立合同时合意达成。双方当事人在订立合同时对于违约金的数额或其他条件达成了共识,都承诺愿意履行。第二,违约方存在过错。惩罚性违约金设立的初衷是为了担保双方诚信地履行合同,如果一方当事人故意违约,不仅应按合同的规定承担违约责任,而且惩罚性违约金的也应完全实现。第三,惩罚性违约金的数额不能过分高于实际损失。违约金数额的确定可以遵循合同自由原则,由双方当事人约定。但是受合同正义原则的要求,当事人不能任意地约定数额,而是要根据缔约时合同主体所预期的损失来确定。如果约定的违约金数额于实际损失来说相差悬殊时,可以经当事人申请,由法院或仲裁机关慎重地裁量。第四,惩罚性违约金不以损失的实际发生为必要。因为惩罚性违约金设立的初衷是为了担保合同的履行和惩罚一方的违约行为,所以不需要精准的利益衡量,在没有给对方造成损失时,依然给予违约方惩罚,以树立契约的尊严,同时震慑欲任意违约的合同当事人。我国《合同法》第一百一十四条规定了当事人可以请求法院或仲裁机关,在违约金低于或过分高于实际损失时予以裁量。实践中司法裁量机关一般主动释明上述法律规定,违约方当事人可以申请降低。本案审理期间,孙某某经本院合法传唤无正当理由拒不到庭参加诉讼,视为其放弃了答辩及质证的权利,即孙某某未对该合同所约定的违约责任计算方法提出异议,也未以违约金过高为由要求降低。二审法院认定涉诉房屋在双方当事人办理过户手续前已被法院查封,导致高某某、马某某无法取得房屋所有权，即合同目的无法实现，出卖人孙某某构成根本违约，应当承担违约责任，即按照房屋总价款的20%向高某某、马某某支付违约金。本案的处理符合惩罚性违约金适用的条件，因此二审法院对违约金的数额不再进行调整。

裁判精要

依法成立的合同，对当事人具有法律约束力。涉诉房屋被查封，导致购买人无法取得房屋所有权，出卖人构成根本违约。出卖人具有故意或重大过失导致根本违约，应按合同的规定承担违约责任。

《民法典》第五百六十三条仅是增加了第二款，但第一款沿袭了《合同法》第九十四条的规定，对合同法定解除条件进行了规定，条文内容完全一致。《民法典》施行后，本案例仍具有指导意义。

（编写人：胡新华）

三、房屋买卖合同的解除应当遵照合同解除程序

实务难题

合同的解除直接关系合同当事人的切身利益，事关重大，所以合同的解除必须符合一定的条件。合同的解除包括合同的协议解除和合同的单方解除。合同的协议解除属于双方法律行为，须双方意思表示一致方能成立，因此合意是协议解除的条件。协议解除既包括合同中解除合同条件的事先约定，也包括事后双方协商一致解除合同。除此之外，在法律有明文规定的情况下（法定解除条件），赋予合同当事人单方的法定解除权。在不具备合意的条件下，法律之所以要明文规定法定解除条件是为防止当事人滥用合同解除权，动辄以合同解除逃避自己的合同义务，那么会从根本上动摇合同制度的基础，危害整个社会的交易安全。因此，我国合同法限定了合同解除权产生的几种情形，如果不符合法定解除条件，一方当事人擅自宣告“解除”合同，不发生合同解除的效力，相反还要承担违反合同的责任。

下面案件涉及合同解除及解除权异议问题，关于约定解除权与法定解除权的相关条件法律已有明文规定，当事人不具备上述条件单方解除合同自不产生合同

解除之效力，以相对方未在合理期间内提出异议抗辩更是无从说起，且该案中解约相对方的异议期亦未超过合理期限。但跳出该案，若一方当事人向法院提出合同解除之异议，依据《合同法解释(二)》第二十四条[1]之规定，若解约相对方超过3个月法定期间抑或约定期间向法院诉讼，人民法院应当如何处理。法院是否可以对合同解除的效力不作实质审查，即不审查解除权是否存在，或者虽然实质审查但不考虑实质审查的结果，从而无论该解除权是否有效，因解约相对方超过异议期间，都直接判定合同解除；还是对于解除权进行实质审查并且接受实质审查的结果从而对合同解除的效果予以重新评判。若以前者论，则往往诱发机会解约，驱使缺乏解除权方之投机心理，极易产生司法误判，但若以后者论，则无论是否逾期，都将依据实质审查确认合同解除之效力，该条文则无存在之意义。该条文争议颇大，但因篇幅所限，该案亦未涉及相关情形，故不予深入探讨。

疑难案例

2016年8月19日，李某作为乙方与赵某作为甲方在丙方某公司居间服务下签订了房屋买卖合同及补充协议，约定李某向赵某购买涉案房屋，房屋总价款525万元，李某应当于2016年8月19日向赵某支付定金人民币5万元。补充协议中第四条有如下约定："甲方若出现下列情形之一的，甲方构成根本违约，且乙方有权以书面通知的方式解除房屋买卖合同……(4)拒绝将该房屋出售给乙方或者擅自提高房屋交易价格的……甲方出现上述根本违约情形之一的，甲方应在违约行为发生之日起十五日内，以相当于该房屋总价款的20%向乙方支付违约金；丙方收取乙方的所有费用不予退还，由甲方直接赔付乙方。"

---

[1] 《最高人民法院关于适用〈中华人民共和国合同法〉若干问题的解释(二)》第二十四条规定："当事人对合同法第九十六条、第九十九条规定的合同解除或者债务抵销虽有异议，但在约定的异议期限届满后才提出异议并向人民法院起诉的，人民法院不予支持；当事人没有约定异议期间，在解除合同或者债务抵销通知到达之日起三个月以后才向人民法院起诉的，人民法院不予支持。"《中华人民共和国合同法》第九十六条规定："当事人一方依照本法第九十三条第二款、第九十四条的规定主张解除合同的，应当通知对方。合同自通知到达对方时解除。对方有异议的，可以请求人民法院或者仲裁机构确认解除合同的效力。法律、行政法规规定解除合同应当办理批准、登记等手续的，依照其规定。"《中华人民共和国合同法》第九十九条规定："当事人互负到期债务，该债务的标的物种类、品质相同的，任何一方可以将自己的债务与对方的债务抵销，但依照法律规定或者按照合同性质不得抵销的除外。当事人主张抵销的，应当通知对方。通知自到达对方时生效。抵销不得附条件或者附期限。"

此外,李某与赵某还对网签、过户、物业交割等问题进行了约定。上述合同签订当日,李某向赵某交付定金5万元,后李某向某公司交纳了居间服务费8万元。

2016年9月7日,赵某向李某发出解除合同通知书,称因各种原因正式提出解除上述合同。

2016年9月28日,李某将赵某诉至法院,称赵某违约,请求判令赵某支付违约金105万元、中介费8万元。2017年3月23日,李某向法院递交增加诉讼请求申请书,增加要求继续履行合同、办理房屋过户手续并交付房屋的诉讼请求。赵某、金某对于李某增加诉请行为提出异议,称:李某之所以起诉时未要求继续履行合同是因为双方之前达成了解除双方合同关系的合意,所以李某一开始只主张了违约金,而没有要求继续履行。李某对此不予认可。

本案审理过程中,李某申请对涉案房屋采取保全措施,法院依法予以准许,李某支出房屋保全费用5000元及诉讼财产保全责任保险保费10,500元。庭审中,李某提交律师费发票一张,票面金额为6万元。

经询,李某同意后续购房款项520万元一次性向赵某支付,并提交银行存款打印件对履行能力进行了证明。经法院释明,在继续履行双方房屋买卖合同的情况下,赵某、金某要求就后续购房款项在本案中进行处理,如果法院认为赵某违约,应当对违约金数额进行酌减。

经查,赵某、金某系夫妻关系。

法院观点

一审法院认为,依法成立的合同,对当事人具有法律约束力。当事人应当按照约定履行自己的义务,不得擅自变更或者解除合同。当事人一方不履行合同义务或者履行合同义务不符合约定的,应当承担继续履行、采取补救措施或者赔偿损失等违约责任。本案中,赵某与李某签订的房屋买卖合同及补充协议系双方的真实意思表示,内容不违反法律规定,应属合法有效,双方均应当遵照履行。双方合同履行期间,赵某向李某发出解除合同通知书拒绝将房屋出售给李某属于双方约定的根本违约情形,李某依据合同约定主张违约金及中介费损失具有合同依据,法院予以支持。关于违约金的数额,法院将结合李某提交的损失方面的证据,结合合同钱款交纳情况、履行情况酌情予以确定。赵某、金某辩称曾与李某达成一致意见解除双方合同及李某增加诉讼请求已过3个月合理期限一节，法院认为赵某在无合法解除权的情况下单方通知李某解除合同，不直接发生解除合同的效力，即使李某诉讼之初仅提出违约金、中介费的诉讼请求，但双方未就违约金、中介费的赔偿问题达成一致意见之前，亦不能直接认定李某同意解除双方的房屋买卖合同，且李某在首次开庭之时即明确了要求继续履行合同的诉讼请求，并未明显超过法律规定的合理期限，故法院对赵某、金某上述辩称意见不予采信。现李某同意一次性支付后续房款，双方合同履行不存在实际障碍，应当继续履行，李某主张将涉案房屋办理过户登记至其名下并予以交付，亦符合双方的约定，法院予以支持。财产保全产生的保全责任保险费系李某为保全提供担保产生的支出，其主张由赵某、金某进行赔偿缺乏法律依据，法院予以驳回。另外，赵某、金某系夫妻关系，李某要求赵某、金某连带承担相关义务具有依据，法院予以支持。故一审法院支持了李某关于违约金、中介费损失及继续履行合同的诉讼请求。

赵某、金某不服一审判决，向二审法院提起上诉，并主张双方签订的房屋买卖合同已经合意解除，且依据《合同法》第九十六条、第一百一十条，《合同法解释(二)》第二十四条等规定，合理异议期间为 3 个月，李某提出解除合同异议时已超过三个月时效，合同已经解除，不应当判决继续履行。虽然一审开庭时李某变更了诉讼请求，但其在起诉立案时所提交的起诉状中的内容，在没有相反证据推翻的情况下，应当作为认定事实的重要依据。李某提交的起诉状是对其收到的赵某发出解除合同通知书的回应，即解除合同。合同解除具有不可逆性，不存在继续履行的可能。故要求撤销原判，依法驳回李某的诉讼请求。

二审法院经审理认为，依法成立的合同，对当事人具有法律约束力。当事人应当按照约定履行自己的义务，不得擅自变更或者解除合同。当事人一方不履行合同义务或者履行合同义务不符合约定的，应当承担继续履行、采取补救措施或者赔偿损失等违约责任。当事人对自己提出的诉讼请求所依据的事实有责任提供证据加以证明，没有证据或者证据不足以证明当事人的事实主张的，由负有举证责任的当事人承担不利后果。

本案中，赵某与李某签订的房屋买卖合同及补充协议系双方真实意思表示，不违反法律和行政法规的强制性规定，合法有效，双方均应遵照履行。涉案合同履行期间，赵某向李某发出解除合同通知书拒绝将房屋出售给李某属于双方约定的根本违约情形，一审法院依据合同约定支持李某关于违约金及中介费损失的主张正确，法院予以维持。现李某同意一次性支付剩余购房款，主张将涉案房屋办理过户登记至其名下并予以交付符合双方约定,双方合同履行亦不存在实际障碍,应当继续履行。赵某、金某以其曾与李某就合同解除达成一致意见、李某关于合同解除异议已过3个月合理期限等为由上诉主张涉案合同已经解除、不应继续履行、亦不应支付中介费,无事实及法律依据,法院不予采纳。关于违约金的数额,一审法院结合相关证据及合同钱款交纳情况、履行情况予以酌定并无不当,法院不持异议。遂判决驳回上诉,维持原判。

法官点评

合同的解除包括合同的协议解除和合同的单方解除。合同的协议解除属于双方法律行为,须双方存在意思表示一致之合意,一方当事人在无合法解除权的情况下单方通知解除合同,不直接发生解除合同的效力,相反还要承担相应合同责任。

《合同法》第九十三条第二款和第九十四条对约定解除权和法定解除权作了规定,按照这两条规定,具备以下条件,不必经对方当事人同意,只需向对方作出解除合同的意思表示,就可以解除合同:(1)当事人约定的解除合同的条件成就;(2)因不可抗力不能实现合同目的的;(3)在履行期限届满之前,另一方当事人明确表示或者以其行为表明不履行主要义务的;(4)另一方当事人迟延履行主要债务,经催告后在合理期限内仍未履行的;(5)另一方当事人迟延履行债务或者有其他违约行为致使不能实现合同目的的;(6)法律规定的其他解除情形。不具备上述条件,一方当事人不能解除合同。本案中,涉案合同履行期间,在双方未就合同解除协商一致,亦不具备其他法定解除条件的情况下,赵某单方发送解除合同通知书拒绝履行合同,不发生合同解除之效力。需要说明的是,与本案相关的上述条件之第3项在履行期限届满之前,另一方当事人明确表示或者以其行为表明不履行主要义务的,当事人可以解除合同,亦为赋予合同相对方以法定解除权,本案中在赵某单方不履行合同主要义务的情况下,具备法定解除权的是相对方李某,而非赵某,赵某主张解除合同既非行使约定解除权,亦不具备法定解除之条件。

当事人一方行使解除合同的权利,必然引起合同相关权利义务的终止,若一方当事人不知悉对方已行使合同解除权而仍为履行合同之行为,难免遭受损害。同时,为防止非解约一方怠于行使自身权利逾期异议使合同关系长期处于不确定状态,尽早实现合同关系的稳定之目的,立法亦就合同解除异议作出规定。基于此,《合同法》第九十六条及《合同法解释(二)》第二十四条关于解除合同程序作出规定,并针对异议方的异议权行使期间作出规定。依据上述规定,当事人根据约定解除权和法定解除权主张解除合同的,应当通知对方。合同自通知到达对方时解除。对方当事人接到解除合同的通知后,认为不符合约定的或者法律规定的解除合同的条件,不同意解除合同的,可以请求人民法院或者仲裁机构确认能否解除合同。当事人对合同解除虽有异议,但在约定的异议期限届满后才提出异议并向人民法院起诉的,人民法院不予支持;当事人没有约定异议期间,在解除合同通知到达之日起3个月以后才向人民法院起诉的,人民法院不予支持。本案中,赵某并不享有法定及约定之解除权,单方解约行为亦不产生合同解除之效果,合同解除异议无从说起,即使赵某享有有效的合同解除权,李某自收到解除通知至提起诉讼的期间亦未超过3个月的合理期间,虽在诉讼之初李某未提及合同继续履行的诉讼请求,但其在首次开庭之时已经予以明确,亦未明显超过合理期限。但若李某未在收到解除通知后的3个月内提出异议,逾期诉讼,法院应当如何处理,对于合同解除是予以形式审查还是实质审查,存在不同看法,对于《合同法解释(二)》第二十四条的理解亦存在分歧。有观点认为应当遵循法条的文义,坚持在逾期起诉的情况下,合同解除效力的确认采取形式审查,使逾期未提出异议的合同无争议地终止,以尽快确定法律关系,经形式审查而被终止的合同在清算阶段应重新进行实质审查,经审查发现解除方实质上无解除权,解除方应承担相应的违约责任,以保护守约方的利益。[1]

结合本案的具体情况来看:双方合同履行期间,赵某向李某发出解除合同通知书拒绝将房屋出售给李某属于双方约定的根本违约情形,李某依据合同约定主张违约金及中介费损失具有合同依据。赵某、金某虽然辩称曾与李某达成一致意见解除双方合同及李某提出异议已过3个月合理期限,但赵某并无相应的单方解除权,亦未举证证明双方就合同解除达成合意,赵某在无合法解除权的情况下单方通知李某解除合同,不直接发生解除合同的效力,即使李某诉讼之初仅提出违约金、中介费的诉讼请求,但在双方未就违约金、中介费的赔偿问

---

〔1〕 参见王文祥:《论合同解除异议——〈合同法解释(二)〉第24条的解释与适用》,载《北京政法职业学院学报》2017年第3期。

题达成一致意见之前，亦不能直接认定李某同意解除双方的房屋买卖合同，且李某在一审首次开庭之时即明确了要求继续履行合同的诉讼请求，并未明显超过法律规定的合理期限。关于合同的继续履行问题，李某同意一次性支付后续房款，在双方合同履行不存在实际障碍的情况下，应当继续履行合同内容。

裁判精要

合同的协议解除属于双方法律行为，须双方存在意思表示一致之合意，一方当事人在无合法解除权的情况下单方通知解除合同，不直接发生解除合同的效力，以相对方未在合理期间内提出异议进行抗辩亦无依据。

《民法典》施行以前，《合同法》第九十三条至第九十七条，分别对合意、约定、法定解除合同的条件，解除权的行使及异议，合同解除的后果等进行了规定，《民法典》在合同解除一节虽存在变化，但与本案例阐释的核心问题并无颠覆性冲突，相关内容系法律适用中的具体把握标准与审查要素问题，故适用要点在《民法典》颁布之后亦无不同。

（编写人：邢军、李君）

四、法院判决不得为案外人设立隐性义务

实务难题

随着房地产市场发展状况的起伏，房屋买卖合同纠纷案件数量也同样出现阶段性攀升，人民法院此类判决在树立公平公正观念，引导正确社会导向发挥极其重要的角色，但有的判决在最终判决继续履行房屋买卖合同的案件中审理思路存在不足，诸如认定买房人支付能力门槛过低、判项内容背离当事人合同约定、判决迳行为案外人设定义务等问题，应当引起重视。

疑难案例

2015 年 1 月 17 日，李某某（出卖人）与桑某某（买受人）签订北京市存量房屋买卖合同，约定将李某某所有的北京市朝阳区广渠路×××号房屋卖与桑某

某,成交价格为 306 万元,并约定买受人于签约当日支付定金 5 万元;买卖双方应于 2015 年 1 月 31 日前办理申请贷款手续,买受人拟贷款金额为 178 万元;若贷款未获批准或批贷数额不足拟贷数额,买受人可再向其他银行申请,出卖人应配合;买受人以银行资金托管方式于过户前 2 日支付出卖人购房款 122 万元;买卖双方应于 2015 年 2 月 16 日前且贷款批复后办理税、费缴纳手续;买卖双方应于取得《契税完税凭证》后 3 个工作日内办理房屋权属转移登记手续;物业保证金 1 万元待物业水电结清后给付;还约定了违约责任。

2015 年 2 月 5 日,李某某(甲方)、桑某某(乙方)、麦田公司(丙方)签订补充协议。约定:甲乙双方自行办理贷款并自行交接首付款,丙方协助及见证;支付日期分别为:乙方应于 2015 年 2 月 10 日前支付甲方购房款 40 万元、于 2015 年 2 月 27 日前支付甲方购房款 60 万元、于过户前 2 日支付购房款 22 万元;乙方取得贷款银行的贷款批复通知后,提供批复证明给甲方及丙方,丙方协助甲、乙双方办理该房屋的税费缴纳、所有权转移登记等手续,办理上述手续的具体时间由甲、乙协商确定;乙方原合同申请贷款金额为 178 万元,实际向银行申请贷款为 267 万元,若银行按批贷数额放款,则甲方预期收到的购房款与己实际收到的全部购房款(以实际银行批复为准),即超出该房屋成交价格,在银行放款前 2 日,应提前通知双方,双方以及丙方在可以同时到场的情况下,甲方承诺在获得银行放款之日起当日内将多出的房款 89 万元(以实际银行批复为准)退还给乙方。

合同签订后,桑某某于 2015 年 1 月 17 日给付李某某 5 万元、于 2015 年 2 月 10 日给付李某某 40 万元、于 2015 年 2 月 27 日给付李某某 60 万元;双方购房网签手续于 2015 年 2 月 27 日办理。

另查,中国银行股份有限公司北京宣武支行于 2015 年 4 月 20 日作出贷款通知单,内容为:经过调查与评估,决定受理桑某某的借款申请,给予所购二手房总价 69.90% 的贷款额,共计 267 万元,贷款年限 30 年,并将在桑某某办理完毕过户及抵押登记手续后,履行放款义务。

后桑某某与李某某未继续履行房屋买卖合同。

一审审理中,桑某某表示其可按合同约定以贷款方式支付购房款 179 万元,另 22 万元于办理房屋过户前给付。

法院观点

一审法院认为，根据查明的事实，桑某某于2015年2月2日办理贷款手续，并于2015年4月20日取得批贷函，其虽未能在约定时间即2015年2月16日前取得贷款批准手续，但银行放贷时间的早晚，并非由双方当事人决定，桑某某的行为未构成根本性违约，亦未导致合同无法继续履行；且桑某某不存在拒绝缴税之行为，故对李某某要求解除合同、桑某某支付违约金的反诉请求，法院不予支持。对桑某某要求继续履行合同的诉讼请求，法院予以支持。一审法院判决：一、桑某某于判决生效后七日内给付李某某购房款22万元；李某某于收到该款项之日起三日内协助办理将北京市朝阳区广渠路×××号房屋过户至桑某某名下的产权转移登记手续。二、桑某某于判决生效后七日内办理购买北京市朝阳区广渠路×××号房屋的贷款手续，李某某予以协助；桑某某于贷款审批完毕之日起七日内给付李某某购房款179万元。

李某某上诉认为，由于桑某某为避税双方签订虚假售价的房屋买卖合同，其因担心担责不愿继续配合，一审判决第三次批贷违反合同约定且无权要求案外人银行配合，要求撤销一审判决，改判解除双方买卖合同关系。

二审审理中，经询中国银行股份有限公司北京宣武支行：2015年4月20日该公司出具的贷款通知书因超出一年已失去效力。依据《个人贷款管理暂行办法》相关规定，借款人应当依据借款合同约定使用贷款资金，如果发现改变贷款用途的情形，将不予放款，已经放款的，将提前解除借款合同，要求借款人提前还款。对此，李某某、桑某某、麦田公司均予认可。

经询，桑某某在庭审中表示目前没有现金支付购房款余款的能力，至少一个月以上有可能筹集到，如果先过户至其名下，其可以找小额贷款公司作担保贷款。

二审法院经审理认为，关于双方签订的北京市存量房屋买卖合同及补充协议应继续履行或解除的问题，依据本案查明的事实，北京市存量房屋买卖合同及补充协议应系双方当事人真实意思表示达成，但其中补充协议第四条约定内容违背诚实信用原则和违规使用贷款资金，双方进而虚构交易价格进行网签及办理贷款手续，此种行为虽不违反法律法规强制性规定，但不应当受到法律保护，本院对双方该行为予以谴责，双方均应对此承担相应后果。依据查明事实，双方实际已履行的给款方式虽与北京市存量房屋买卖合同约定并不一致，与补充协议约定一致，但桑某某一审中主张继续履行北京市存量房屋买卖合同，购房款余款亦应依约支付，依据北京市存量房屋买卖合同第四条第（一）项及附件二第二条第（五）项约定，如买受人未再次申请贷款、再次申请贷款仍未获批准或批贷数额仍不足拟贷款额，则买卖双方应于二十日内办理权属转移登记手续，同时买受人应以现金形式补齐贷款部分房款。而中国银行股份有限公司北京宣武支行出具的贷款通知单已经失效，对此桑某某与李某某均有过错，结果上涉及贷款的相关条款已无可能继续履行，桑某某应当在合同约定期限内支付余款。现桑某某在庭审中表示目前没有现金支付余款的能力，双方继续履行合同存在根本障碍，继续履行北京市存量房屋买卖合同不符合合同约定，亦失去意义，故桑某某要求继续履行北京市存量房屋买卖合同之主张，本院难以支持，李某某要求解除北京市存量房屋买卖合同及补充协议之主张，本院予以支持。综上所述，二审法院改判解除李某某与桑某某于2015年1月17日签署的北京市存量房屋买卖合同和2015年2月5日签署的补充协议。

法官点评

近年来，随着房地产市场发展状况的起伏，房屋买卖合同纠纷案件数量也同样出现阶段性攀升，人民法院此类判决在树立公平公正观念，引导正确社会导向，调节社会经济矛盾上发挥着极其重要的角色。笔者通过对近期审理的房屋买卖合同案件的调研，发现部分一审法院在最终判决继续履行房屋买卖合同的案件中审理思路存在一定问题，具体表现为以下三个方面：

1. 认定买房人支付能力门槛过低。在审理房屋买卖合同案件时，法院考量合同能够继续履行的一个重要条件是，买房人即时具有一次性支付剩余房款的能力，如果法院审查仅以当事人在庭审中对其支付能力的陈述作为依据，而不审查相应的实质支付能力，一旦买房人的实际支付能力出现问题，不仅会对案件执行造成障碍，进而产生新诉，也容易激化矛盾产生信访问题，不能达到案结事了的效果。

2. 判项内容背离当事人合同约定。笔者发现在个别案件中，在有明确的合同条款可遵循的情况下，法院判决内容未遵守合同约定，创设条件以便继续履行合同。如当事人约定：如买房人二次申请贷款失败后，买房人须一次性交纳剩余房款，否则卖房人可解除合同。在买房人二次申请贷款已无可能实现且买房人庭审中表示不具备一次性支付剩余房款的能力的情况下，法院判决卖房人继续配合办理过户、协助办理贷款事宜，显然与合同约定背道而驰。

3. 判决径行为案外人设定义务。法院判决以贷款方式支付剩余房款的前提应是贷款银行同意发放贷款，但因房屋买卖合同案件审理期间有可能较长，或有可能出现“阴阳合同”、房产估值变化、贷款回流、批贷函失效、贷款人征信出现变化等实质影响贷款银行批贷的各种情况，若法院未查明贷款银行的意见即迳行判决以贷款方式支付剩余房款，一旦贷款银行不同意继续履行贷款合同，判决势必无法执行，更为当事人带来新的矛盾。

对此，笔者建议法院在审理此类案件过程中，诸如此类问题应当引起高度重视：

首先，应当提高买房人支付能力的认定标准。应当注意的是，当事人发动诉讼的目的应当是在现有困境下寻求合理的解决方式，而不能成为其达到延迟合同约定付款期限目的的借口，故当买房人起诉要求继续履行房屋买卖合同时，即可推定买房人在合同履行过程中并不存在导致履行障碍的情形，且目前其已为合同继续履行做好了充分准备，包括履行付款义务、符合购房人资质等。因此，在审理此类案件过程中，如买房人要求继续履行合同，且有能力支付剩余购房款的情况下，法院可以考虑要求买房人提交存款证明或将剩余房款先行提存法院账户等多种方式，以达到对其实质偿付能力的审查，进而作为是否判决继续履行合同的因素之一考量。当然与此同时，法院对此亦应进行充分的风险告知，提示当事人留存剩余购房款仅系对其支付能力的审查，并不意味着于法院必将判决合同继续履行，故而买房人应自行承担资金占用、败诉等风险。

其次，法院裁判应充分尊重和展现契约精神。契约精神是现代人在社会活动中必须遵守的规则之一，那么合同在无法律禁止的情况下，不仅对当事人产生约束力，也应当是法院裁判首先应当遵循的依据。在审理合同纠纷的过程中，法院应当首先以是否符合双方合同约定继续履行的条件或是约定解除的条件作为标准，进而作出继续履行合同或解除合同的裁判；其次才是在合同之外寻法，即使在已无有效合同约定可循的情况下，法院亦应在参照合同目的和内容的前提下进行适度调整。因此，法院的判决内容也应当充分展现尊重当事人合同约定的意图，包括各项义务的履行顺序等情节，不宜自行创设条款，违背双方约定。在目前大多数的房屋买卖合同中一般约定买房人支付购房款的履行先于卖房人交房、产权过户，但是在部分的房屋买卖合同案件中，法院判决继续履行合同的判项中,卖房人履行过户义务的判项先于买房人支付购房款的判项,或是判决同时履行,当判决发生执行力,过户义务是无须出卖人配合即可通过执行程序完成,但如果买房人实际并无偿付能力或出现恶意拒付购房款时,卖房人物权已经丧失,向买房人追索债权亦有可能成为泡影,无疑为当事人造成新一轮的诉累,亦与当事人合同目的和内容相背离。故法院在此类案件判决时,应当对此引起高度重视。

再次,法院裁判应审慎为案外人设定隐性义务。发生法律效力的民事判决、裁定,当事人必须履行,但对于案外人,法院在裁判的过程中,应当慎重区分其法定义务和其他义务,尤其是合同义务、帮助义务等。如前所述,在房屋买卖过程中的贷款行为,“阴阳合同”、房产评估价值变化、贷款回流、批贷函失效、贷款人征信等均可引起贷款银行与贷款申请人解约,进而影响买房人支付购房款的履行。若法院在审理此类案件过程中,未查明前述情况或征询贷款银行的意见,迳行判决以贷款方式支付剩余房款,无异于设定贷款银行将按期发放贷款。而事实上,贷款系合同行为,法院亦无权要求贷款银行必须向买房人发放贷款,如遇贷款失败,将直接导致判决无法执行。为防止可能造成的不确定性,法院在审理此类案件过程中,如拟判决以贷款方式支付剩余房款的,应先行审查批贷函效力等影响贷款支付的情况,必要时可就具体情况与贷款银行进行调查核实,判决内容亦应照顾到贷款失败的可能性。

最后,在本案中,桑某某与李某某违背诚实信用原则,恶意虚构交易价格进行网签和办理贷款审批手续,目的是桑某某可以违规使用贷款资金,虽李某某后以担心后果为由不予配合,但此时贷款银行已经发出批贷函,对此双方均有过错。一审法院未考虑违规使用贷款资金构成银行个人贷款业务中禁止的资金回流行为,亦未查明批贷函的效力和合同约定迳行要求李某某继续配合桑某某办理贷款业务,更仅以桑某某在庭审中的陈述作为其支付剩余购房款能力的依据,判决继续履行房屋买卖合同,应属错误。综合双方的房屋买卖合同中对于二次批贷失败即应一次性支付剩余购房款的约定、在案贷款银行发放的批贷函已经失去效力、桑某某经法院再三询问后,仍表示没有一次性支付剩余购房款的可能等多项事实,二审法院认为双方继续履行房屋买卖合同已无实际可能,改判解除双方的房屋买卖合同,应属正确。

裁判精要

法院在审理涉房屋买卖合同纠纷案件时应注重公平公正、诚实信用原则的运用，在最终判决继续履行房屋买卖合同的案件审理过程中应重视以诸如认定买房人支付能力门槛过低、判项内容背离当事人合同约定、判决径行为案外人设定义务等问题，避免判执分离，引发当事人产生新的矛盾，引导树立正确社会导向。

《民法典》中关于契约精神，合同受法律保护，合同的法律约束力等内容的规定与《合同法》并无明显不同，其中《民法典》第四条、第五条、第六条、第七条、第八条关于平等、自愿、公平、诚信、不得违反法律与公序良俗等基本原则与《合同法》第三条、第四条、第五条、第六条、第七条规定基本一致，仅将基本原则扩展至整体民事活动，《民法典》第四百六十五条关于合同约束力的规定在《合同法》第八条规定的基础上，更加明确了合同仅对当事人具有法律约束力，与本案主旨不能对合同外当事人设定义务意思一致。本案例阐释的内容因相关法律条文内容无变化，故适用要点在《民法典》颁布后亦无不同。

（编写人：刘栋）

五、房屋新政导致合同无法继续履行的责任承担问题

实务难题

涉及近期颁布的房产交易“新政”的案件，往往存在法律适用标准不统一，裁判尺度大相径庭的问题。实践中，“新政”对购房人的履约能力产生重大影响，从而产生首付款、定金能否退还等问题。目前，北京地区购房者大多采用按揭贷款的方式购买房屋，而随着北京楼市调控“新政”的陆续颁布，会出现贷款首付比例上升，贷款最长期限缩短，以及购房人失去购房资格等情况。如果“新政”导致购房人出现履约困难的情况，是否可以认定为不可抗力或是情势变更还存在争议，因为“新政”的颁布虽然往往会给购房人的履约带来困难，但却并不必然导致购房人无履约能力，同时如果判决解除合同还有可能造成对卖方当事人不公平的局面。这种纠纷如何处理，实践中争议较大。

笔者认为，当事人协商一致，可以解除合同。合同解除后，尚未履行的，终止履行；已经履行的，根据履行情况和合同性质，当事人可以要求恢复原状、采取其他补

救措施，并有权要求赔偿损失。双方经协商一致，均认可双方签订的合同已经解除，法院不持异议。双方签订的协议无法继续履行的原因系北京市房屋新政的出台，属于国家的宏观政策，属于不可归责于双方的原因，在此情况下，卖方应当将买方已经交纳的定金返还，对合同解除造成的损失，应当由双方分担。

疑难案例

2017 年 3 月 8 日，任某、付某（买受人）与宋某（出卖人）签订了北京市存量房屋买卖合同（经纪成交版）及补充协议，双方约定宋某将其名下的坐落于北京市通州区玉桥中路×号×号楼×层×号房屋（以下简称涉案房屋）出售给任某、付某。涉案房屋建筑面积 60.58 平方米，双方约定的房屋总价款为 321 万元。关于付款方式双方约定任某、付某须于 2017 年 3 月 8 日及 15 日分两笔支付定金 20 万元，同时双方约定宋某应于 2017 年 3 月 31 日前向涉案房屋的贷款机构提交一次性还清剩余贷款的申请，且最迟于 2017 年 4 月 30 日前办理完毕解除抵押登记手续，宋某自行筹集解除抵押所需款项。对于首付款的支付双方约定任某、付某应于过户前 3 个工作日内分两笔支付首付款共计 109 万元。剩余房款任某、付某通过贷款方式支付。此外，双方还约定了其他内容。

上述协议签订后，任某、付某于 2017 年 3 月 8 日向宋某支付了定金 10 万元，后又于 2017 年 3 月 14 日向宋某支付了定金 10 万元。宋某于 2017 年 3 月 9 日一次性向北京农商银行还款 105,023.61 元，该行于 2017 年 3 月 30 日出具证明，证明宋某的贷款于 2017 年 3 月 9 日还清，宋某于 2017 年 3 月 31 日办理了涉案房屋的解押手续。后双方再未履行上述协议的其他内容，涉案房屋也未交付。

2017 年 3 月 17 日，北京市住房和城乡建设委员会、中国人民银行营业管理部、中国银行业监督管理委员会北京监管局、北京住房公积金管理中心联合下发了《关于完善商品住房销售和差别化信贷政策的通知》，其中规定居民家庭名下在本市已拥有 1 套住房，以及在本市无住房但有商业性住房贷款记录或公积金住房贷款记录的，购买普通自住房的首付款比例不低于 60%，购买非普通自住房的首付款比例不低于 80%。任某、付某表示其在河北省廊坊市曾购房办理过贷款，故其此次购买涉案房屋符合上述通知的条件，其此次购房首付款必须不得低于 60%。2017 年 3 月 30 日，任某、付某向第三人×经纪公司提交了一份声明，载明因上述通知的出台，导致其无力增加支付首付款，故要求暂停办理网签手续。庭审中，宋某表示其未见到过声明，但在2017年3月30日×经纪公司的业务员曾向其提起过声明。

经询问，双方均认可双方签订的北京市存量房屋买卖合同（经纪成交版）及补充协议已经解除。双方争议的焦点为上述合同的解除是否给宋某造成了损失。宋某主张其产生了损失，其主张的损失为因其用任某、付某支付的定金中的10万余元解除了涉案房屋的抵押登记，其已经无力全额返还任某、付某定金，如若返还则会给其造成债务压力，且打破了其原来的生活节奏。任某、付某认为双方合同约定宋某自筹资金进行解押，宋某则表示其曾与×经纪公司明确表示其要用买方的定金进行房屋解押，且对此应当是知情的，任某、付某对宋某的该主张不予认可。

在本案审理过程中，经法院询问，宋某表示涉案房屋的价格比双方签订协议时降低了一部分，并表示即使没降低，现在的市场也没有当时活跃，房屋不容易出售。对此任某、付某不予认可，任某、付某认为涉案房屋的价格已经比双方签订协议时上涨了。宋某不申请对涉案房屋的价值进行评估。

任某、付某向一审法院起诉请求：判令被告宋某返还我方定金20万元，并由被告承担本案诉讼费用。事实与理由：经第三人×经纪公司介绍，任某、付某和宋某于2017年3月8日签订了关于北京市通州区玉桥中路×号房屋的买卖合同。任某、付某依约向宋某支付了定金20万元。但北京市于2017年3月17日出台了房屋限购政策，依照此政策，任某、付某购房首付款的比例由35%增加至60%。第三人×经纪公司与相关部门协商后明确答复任某、付某要严格按照规定增加首付款，但任某、付某无力承担。任某、付某于2017年3月20日提交了书面声明。第三人×经纪公司表示在双方解除合同后，全额退还中介费。经第三人×经纪公司及买卖双方多次沟通，宋某认可由于新政解除合同，但明确拒绝退还购房定金。为维护任某、付某的合法权益，任某、付某诉至法院，请求法院支持任某、付某的诉讼请求。

宋某辩称，我不同意全额返还定金20万元，双方签订买卖合同时，我的房屋还有10万多元的抵押贷款没有还，我一直是按月偿还月供，还有6年的还贷期。我卖房需要全额还贷才能办理房屋解押，原告方已经给付我20万元定金，我拿到定金后便用其中的10万余元还清了贷款，后我去相关部门办理了房屋解押。原告方没有告知我不买房的理由，也没有对我表示筹款延期的意愿,也没有书面通知我不买房。现在我一次性返还原告方定金会对我造成债务压力,因为我把房款用来还银行贷款了,现在返还定金会打乱我的生活节奏和规划。

第三人×经纪公司述称,我方同意原告方的诉讼请求。原告、被告之间合同的履行情况是2017年3月8日,原告、被告双方在我公司的居间下,签订了房屋买卖合同、补充协议等相关合同。后我公司协助原告方提交了购房资质审核申请,需要10个工作日审核。2017年3月17日,受限购政策影响,原告方告知我公司及被告方,其无法购买房屋,故后续的流程均未办理。

法院观点

一审法院认为,双方签订的上述协议无法继续履行的原因系北京市房屋新政的出台,属于国家的宏观政策,属于不可归责于双方的原因,在此情况下,宋某应当将任某、付某已经交纳的定金返还,对合同解除造成的损失,应当由双方分担。本案中,宋某答辩称其存在损失,一方面,对于房屋差价的损失,根据目前北京市整体房屋的价格走势来看,并不存在房屋价格明显下跌的情形,宋某也并未申请对其房屋的市场价值进行评估,故对于房屋价值方面的损失,法院不予支持;另一方面,对于宋某所称提前偿还贷款给其造成的经济压力,缺乏说服力,不具备相应的事实和法律依据,法院难以支持。判决宋某于本判决生效之日起七日内返还原告任某、付某定金20万元。

宋某上诉请求:1. 依法撤销原审判决;2. 改判驳回任某、付某的一审诉讼请求;3. 两审诉讼费用均由任某、付某承担。事实与理由:一审判决事实认定不清、适用法律错误。1. 一审法院没有查明涉案房屋买卖合同及补偿协议解除的过错方。2017年3月17日下发的《关于完善商品住房销售和差别化信贷政策的通知》将首付款额度上调,但该规定并不属于不可抗力因素,任某、付某可以通过其他途径筹集首付款,该政策的出台并不必然导致合同解除。任某、付某要求解除合同,属于违约,定金不应返还。2. 宋某已经根据合同约定向银行提前偿还了贷款。宋某在委托第三方出售房屋时,已经告知链家公司该房屋还有10万元贷款未还,且宋某无力一次性偿还银行贷款,故要求买房人提供定金。合同签订时,宋某提出要还贷款的事宜,重新打印了合同,任某、付某分两次将定金给付宋某,后宋某用定金办理了提前还款手续,并打电话告知了链家公司。

在此期间,“3·17”政策出台。任某、付某要求解除合同,宋某同意解除合同但无力偿还定金。退一步讲,即便宋某需要返还定金,也应根据贷款的方式分批返还,因为宋某提前还贷是任某、付某导致的。综上所述,宋某认为一审未查明全部事实,显失公平,故提起上诉请求二审法院支持宋某的上诉请求。

任某、付某共同辩称:同意原判决,一审认定事实清楚,适用法律正确,应予维持;不同意宋某的上诉请求。第一,宋某称一审事实认定不清,适用法律错误,任某、付某不予认可。国家政策变化导致任某、付某无法履行合同,任某、付某也提供了充分的证据来证明这一点。宋某提出任某、付某对合同解除存在过错,任某、付某不认可,是国家政策导致合同不能履行,双方均不存在过错,同时双方在一审中也表示过自愿解除合同。×经纪公司已于一审判决后返还任某、付某中介费8.4万元,这也是第三方对国家政策出台导致合同无法继续履行的认可。第二,任某、付某知晓宋某要还贷款,但不清楚对方要用定金偿还什么贷款。宋某称无力返还定金不属实,最初宋某是拒绝返还定金而不是无力返还定金,经法院释法后宋某又称可以返还一部分,现在宋某称无力返还定金,任某、付某不认可。

原审第三人×经纪公司未出庭参加二审庭审,向本院提交书面答辩意见称:收到本院合法传唤,同意缺席审理。同意一审判决,陈述意见同一审意见。

二审法院经审理认为,一审法院事实认定清楚,适用法律正确。遂判决驳回上诉,维持原判。

法官点评

当事人协商一致,可以解除合同。合同解除后,尚未履行的,终止履行;已经履行的,根据履行情况和合同性质,当事人可以要求恢复原状、采取其他补救措施,并有权要求赔偿损失。本案中,任某、付某与宋某经协商一致,均认可双方签订的北京市存量房屋买卖合同(经纪成交版)及补充协议已经解除。

双方签订的合同无法继续履行的原因系北京市房屋新政的出台,属于国家的宏观政策,属于不可归责于双方的原因,故一审法院判决宋某返还任某、付某定金20万元,并无不当。关于宋某主张存在房屋差价损失及提前偿还贷款给其造成的经济压力的问题,未提供充分证据予以证明,缺乏事实与法律依据。

本案系涉及近期颁布的房产交易“新政”的案件,此类往往存在法律适用标准不统一,裁判尺度大相径庭的问题。实践中,“新政”对购房人的履约能力产生重大影响,从而产生首付款、定金能否退还等问题。目前,北京地区购房者大多采用按揭贷款的方式购买房屋,而随着北京楼市调控“新政”的陆续颁布,会出现贷款首付比例上升,贷款最长期限缩短,以及购房人失去购房资格等情况。如果“新政”导致购房人出现履约困难的情况,是否可以认定为不可抗力或是情势变更还存在争议,因为“新政”的颁布虽然往往会给购房人的履约带来困难,但却并不必然导致购房人无履约能力,同时如果判决解除合同还有可能造成对卖方当事人不公平的局面。例如,某购房者买房是为了改善居住条件而进行的“以小换大”,购房人有可能因为新政策的出台,无力承担高额的首付款,停止购房并停止出售自己原有的住房,这就意味着换房者可能会同时出现两个合同的违约行为,从而进退两难。换房者作为购房人,可以主张新政策造成不可抗力或情势变更,从而免除违约责任,但是作为卖房人,却很难以购房的合同目的无法实现而主张其卖房的合同无法履行,从而免除违约责任。同样的,买受人以出售己方名下房屋获得购房资金方式向卖房人购买房屋,因新政出台的原因导致其无法出售房屋获得资金。买受人以此为由请求不承担对卖房人的违约责任,也难以得到支持。合同具有相对性,在司法实践中不可能因为一方违约,而放任其不断违约下去,这会使换房者承担高额的违约赔偿。因此,当换房人解除房屋买卖合同时,购房者如果未及时通知对方当事人或未尽其他的相关义务而加重了买方当事人的损失,是否可以结合案件本身的情况,具体分析,酌情对违约责任予以支持。此外,如果卖方当事人能够证明购房者有充分履约能力的,是否可以认定合同解除的主张不成立,并认定购房人应继续履行合同或依法承担违约责任。这些问题,在审判实践中使法官处于两难之地,因为立法具有滞后性,房地产调控“新政”根据北京地区房地产交易的实际情况陆续推出,而相关的司法解释等还没有跟上政策出台的步伐,同时,在审判中此类案件也没有形成统一的裁判标准,所以处理这类案件时还需要具体情况具体分析,或是通过调解工作与双方沟通,尽量平衡双方的利益。

针对上述问题,笔者提出以下几点对策和建议:第一,完善楼市“新政”相关的立法或司法解释工作,明确涉及“新政”的房屋买卖合同双方的合同义务,明确具体的合同解除要件,对合同可以继续履行,或是购房者应承担违约责任的情形进行整理汇编,通过案例或者会议纪要等方式有针对性地作出统一规定,为此类纠纷的解决提供依据,从而统一裁判尺度,保障双方当事人的权益。针对该类案件应强化类案归纳研究，针对此类案件事实认定难的问题，建议加强类案的研究与总结，搭建平台汇集观点，归纳审理裁判要旨，以形成成熟的裁判思路和经验，发挥对实践的指导作用。第二，具体问题具体分析，从公平的原则和双方当事人的切身利益出发，同时考虑双方当事人的履行能力，积极与当事人沟通，通过调解工作解决问题，这样既尊重双方当事人的意见，也起到了尽量平衡双方利益的目的。第三，规范房屋买卖合同文本，在合同中应当对政策变更后的处理原则予以明确。交易双方要在房屋买卖合同中对资金监管具体方式、步骤等内容约定明确，明确各方权利和义务；相关行政主管部门加强对第三方房地产中介市场监管，提高市场准入，保障交易安全。涉及三方及以上的房产交易的，应出台相应政策和特别规范保障交易各方的利益。第四，法院与住建委等相关机关应建立有效的沟通联络机制。通过该机制，定期整理发送房产交易纠纷的典型案件，分享审判实践中常见的涉诉案件类型与法院裁判观点，加强信息沟通，以确保房屋交易市场的规范运行。

裁判精要

国家的宏观政策，属于不可归责于双方的原因，在此情况下，卖方应当将买方已经交纳的定金返还，对合同解除造成的损失，应当由双方分担。

《民法典》第五百六十三条规定，有下列情形之一的，当事人可以解除合同：(一)因不可抗力致使不能实现合同目的；(二)在履行期限届满前，当事人一方明确表示或者以自己的行为表明不履行主要债务；(三)当事人一方迟延履行主要债务，经催告后在合理期限内仍未履行；(四)当事人一方迟延履行债务或者有其他违约行为致使不能实现合同目的；(五)法律规定的其他情形。以持续履行的债务为内容的不定期合同，当事人可以随时解除合同，但是应当在合理期限之前通知对方。民法典实施后，本案情况和裁判结果没有变化。

（编写人：申峻屹、林家诚）

第四章　房屋买卖合同的违约责任承担

一、违约金的调整问题分析

实务难题

随着经济的发展，合同也呈现复杂化、长期化的特点。不同于传统经济中简单的即时交易，现代合同的履行期限拉长，且不稳定因素增多，易于受外部环境影响。因此，在长期合同违约责任的确定中，更应综合合同的履行阶段、当事人的过错、预期利益等因素综合判定。

在房屋买卖合同中，交易流程复杂，当事人在中介公司的居间下，一般会采取中介公司提交的格式合同范本，其中对违约金等事项都有明确的约定。为了保证合同的顺利履行、震慑当事人的违约动机，合同往往会约定高额违约金。但是争议发生的阶段往往不尽相同，可能是接近全部履行阶段，也可能是部分履行，且部分履行的程度亦不相同。因此，在部分履行中，约定的违约金数额经常与非违约方的损失以及违约方的违约情节相去甚远。因此，合同在部分履行的情况下，如果当事人申请酌减违约金，法院应否支持？我们认为答案是肯定的。在有一方明确提出调整违约金的请求时，法院应以实际损失为基础，兼顾合同的履行情况、当事人的过错程度以及预期利益等综合因素酌情确定违约金，以平衡双方当事人的利益，实现实质意义上的公平。

疑难案例

2016年3月19日，欧阳某代理其前夫何某（出卖人）与孙某、王某（买受人）签订北京市存量房屋买卖合同，合同约定涉案房屋以526万元的价格出售给孙某、王某,定金50万元于2016年3月25日前自行交接。买受人贷款总额为240万元,由买受人委托担保公司办理公积金贷款手续。剩余购房款买受人于2016年6月30日前支付出卖人80万元,支付方式为金诚丰分公司指定账户资金监管;买受人于过户前两个工作日支付出卖人购房款156万元,支付方式为银行资金监管。全部监管款项于权属转移登记手续办理完毕后支付出卖人,具体内容以买卖双方与资金监管机构签订的监管协议为准。买卖双方均应按约定履行义务,任一方违约造成买卖合同无法继续履行或解除,守约方可依据定金罚则或成交价格的20%向违约方索赔。违约方还应承担守约方因本次交易所支付的居间等各项费用。

2016年4月10日,欧阳某代理何某与孙某、王某签订补充协议约定:1.原有合同约定出卖人为何某,现经过原业主何某已经更名为欧阳某。2.原有合同在抵押情况一项中为否,现改为有抵押,抵押权为工商银行,抵押180万元,但是会在2016年7月2日之前开始走解押流程,解押款会在6月30日前以买受人支付购房人民币80万元由金诚丰分公司指定账户资金监管给出卖人。

2016年3月19日及24日孙某、王某共计向欧阳某支付定金50万元。2016年6月30日,孙某、王某签署了房屋交易资金监管协议并向金诚丰分公司指定账户中转入80万元。

孙某、王某于2016年8月22日向法院提出申请,要求查封涉案房屋,法院于2016年8月23日出具(2016)京0105民初48347号民事裁定书查封涉案房屋。

法院观点

一审法院认为:欧阳某与孙某、王某签订的北京市存量房屋买卖合同及补充协议是双方真实意思表示,不违反法律、行政法规的强制性规定,合法有效。现双方均同意解除合同,对此法院不持异议。合同解除后,孙某、王某向欧阳某支付的定金50万元,应予返还。

本案争议焦点在于导致合同未能继续履行的违约方及违约行为。双方签订的北京市存量房屋买卖合同及补充协议均约定了80万元购房款在2016年6月30日之前通过金诚丰分公司指定账户资金监管支付给出卖人。根据孙某、王某向法院提交的证据及金诚丰分公司的陈述,孙某、王某在合同约定时间之前将80万元购房款打入金诚丰分公司指定账户，孙某、王某已经完成了自己的合同义务，孙某、王某在合同履行中不存在违约行为，欧阳某以未收到该笔款项为由要求孙某、王某承担违约责任并支付违约金的反诉请求没有事实和法律依据，法院不予支持。欧阳某未按合同约定签订资金监管协议，并要求单方面变更付款方式，导致合同无法继续履行，应属违约，对此应当承担违约责任。

至于合同约定违约金是否过高一节，法院在庭审过程中，两次向双方当事人释明是否请求酌减违约金，双方均称不同意，但在庭后提交的代理词中，欧阳某称孙某、王某没有实际损失，请求法庭酌减违约金。约定的违约金过分高于造成的损失的，当事人可以请求人民法院或者仲裁机构予以适当减少。鉴于合同签订后至今，北京市房屋交易价格已大幅上涨，欧阳某辩称孙某、王某没有受到损失的抗辩意见法院不予采纳。根据本案案情及公平原则，对于违约金数额法院酌予支持100万元。一审法院于2016年12月判决：一、解除孙某、王某与欧阳某签订的北京市存量房屋买卖合同及补充协议。二、欧阳某于本判决生效之日起十日内退还孙某、王某定金50万元。三、欧阳某于本判决生效之日起十日内向孙某、王某支付违约金100万元。四、驳回孙某、王某的其他诉讼请求。五、驳回欧阳某的其他反诉请求。欧阳某如果未按本判决指定的期间履行金钱给付义务，应当依照《民事诉讼法》第二百五十三条之规定，加倍支付迟延履行期间的债务利息。

欧阳某不服，向二审法院提起上诉，要求撤销原判，依法改判。事实与理由：1. 一审法院认定事实错误。双方签订北京市存量房屋买卖合同时，孙某、王某明知我急需现金，也知晓我的房屋即将进行抵押贷款，所以补充协议约定变更付款方式，孙某、王某应于2016年6月30日前支付解押款，我再去走解押流程。孙某、王某未按补充协议约定支付解押款构成违约，我才解除合同。2. 一审法院判决违约金过高。签订合同时，涉案房屋不符合"满五唯一"的条件，我于2016年3月21日将房屋变更到我名下，并于2016年6月7日与前夫离婚。

二审法院补充查明，2016年3月19日，欧阳某代理其前夫何某与孙某、王某签订北京市存量房屋买卖合同，其中约定买卖双方应于2016年8月15日前与担保公司签署申请办理公积金贷款文件。买卖双方应于商业贷款及公积金贷款批复后5个工作日办理税费交纳手续，取得契税完税凭证且剩余房款支付完毕后5个工作日办理房屋权属转移登记手续。2016年4月10日，欧阳某代理何某与孙某、王某签订补充协议,其中约定出卖人于2016年10月7日前把房屋交予买受人。2016年6月30日(星期四),孙某、王某签署了房屋交易资金监管协议并向金诚丰分公司指定账户中转入80万元未果,7月3日(星期日)王某向金诚丰分公司指定账户中转入80万元。

2016年7月14日,欧阳某书面通知孙某、王某,7月15日收不到解押款即解除合同,50万元定金以现金形式退还。2016年8月9日,孙某、王某提起本案诉讼,诉如所请。

二审法院经审理认为,履行期限届满之前,当事人一方明确表示或者以自己的行为表明不履行主要债务,当事人可以解除合同。根据北京市存量房屋买卖合同及补充协议的约定,孙某、王某与欧阳某尚在解押的阶段中,欧阳某因收不到解押款书面通知孙某、王某解除合同,欧阳某的行为属于预期违约。此时欧阳某仅收到房屋定金50万元,尚不足购房款526万元的1/10。现双方均同意解除合同,对此本院不持异议。合同解除后,欧阳某应予返还孙某、王某支付的定金50万元。根据北京市存量房屋买卖合同约定,2016年6月30日孙某、王某前支付欧阳某80万元,支付方式为金诚丰分公司指定账户资金监管。全部监管款项于权属转移登记手续办理完毕后支付出卖人。补充协议则约定2016年7月2日之前开始走解押流程,解押款会在6月30日前以买受人支付80万元走金诚丰分公司指定账户资金监管给出卖人。显然解押款的用途在于欧阳某支付给相关银行以解除涉案房屋的抵押权,以便办理房屋权属转移登记手续。补充协议约定的80万元解押款如果按照资金监管程序在权属转移登记手续办理完毕后支付出卖人,无法实现解除抵押的合同目的,亦明显与2016年7月2日之前开始走解押流程相悖。如果欧阳某自行支付解押款,则补充协议无必要约定80万元为解押款及支付方式。因此补充协议上述约定应理解为2016年6月30日前孙某、王某支付80万元(通过金诚丰分公司指定账户)给欧阳某,否则不仅无法实现约定的款项用途,更不可能在2016年7月2日之前开始走解押流程。因此2016年7月3日(星期日)孙某、王某向金诚丰分公司指定账户中转入80万元,亦属于违约,但情节显著轻微。欧阳某以未收到该笔款项为由要求孙某、王某承担违约责任的反诉请求没有事实和法律依据,本院不予支持。欧阳某主张双方约定的违约金过高请求予以适当减少,因合同仅履行到办理解押阶段,本院以孙某、王某此期间的实际损失为基础,兼顾合同的履行情况、当事人的过错程度以及预期利益等综合因素,酌情确定欧阳某支付孙某、王某违约金52.6万元。综上所述,欧阳某上诉请求的合理部分,予以支持。二审法院判决:一、维持北京市朝阳区人民法院(2016)京0105民初48347号民事判决第一、二、五项;二、撤销北京市朝阳区人民法院(2016)京0105民初48347号民事判决第四项;三、变更北京市朝阳区人民法院(2016)京0105民初48347号民事判决第三项为:欧阳某于本判决生效之日起十日内向孙某、王某支付违约金52.6万元;四、驳回孙某、王某的其他诉讼请求。

法官点评

违约金,是由当事人约定或者法律规定的、在一方当事人不履行或者不完成履行合同时向另一方当事人支付的一笔金钱或其他给付。违约金主要是一种迫使当事人依约履行的压力手段。通过违约金,债权人掌握一种有压力的手段,债务人为避免支付违约金,便会竭力履行其债务。此外,违约金还具有简单易行的优点。违约金对于债权人而言,尚有另外一个长处,于债务人违反合同债务场合,债权人无须就其所遭受的损害逐个举证,而得直接主张违约金。因而,违约金之约定于竞业禁止及其他不作为义务场合尤为常用。另外,于不得主张金钱损害赔偿场合,亦不妨作为违约金而由当事人约定金钱的给付。因此,违约金基于其自身的优点,在合同条款中大行其道。

但是在合同部分履行的情况下,其违约金的确定是否与全部履行情形下的一致呢?对此,我国台湾地区"民法"规定了"一部履行之酌减",即"债务已为一部履行者,法院得比照债权人因一部履行所受之利益,减少违约金。"其理由为:谨按当事人以契约预定违约金者,于债务人不履行债务时,应即支付违约金,此属当然之事。然债务人已为一部之履行时,如仍使照约支付违约金,则债务人备受不测之损害,殊失情理之中。故法院得比照债权人因一部履行所受之利益,减少违约金,以期得到公平之结果。此本条所由设也。我国《合同法》虽然没有明确的规定,但可以认为第一百一十四条第二款后段可以包含此种情形。

而《合同法解释(二)》第二十九条第一款规定:"当事人主张约定的违约金过高请求予以适当减少的,人民法院应当以实际损失为基础,兼顾合同的履行情况、当事人的过错程度以及预期利益等综合因素,根据公平原则和诚实信用原则予以衡量,并作出裁决。"其中,兼顾合同的履行状况,我们也可以认为是比照合同的履行程度对违约金进行调整。因此,无论是法理上还是实定法上,违约金应参考合同的履行阶段和程度予以细化调整。

近年来,由于房地产市场的热度,房屋交易数量居高不下,且在北京等高房价地区,一个房屋买卖的交易标的动辄上百万元甚至上千万元,往往占据了交易双方绝大部分的个人资产。因此,争议发生后,违约责任的确定、违约金的认定,往往数额巨大,牵动着当事人的切身利益。在处理此类案件中,法院尤应慎重,应细致、全面地分析违约情节再予以判定。在此类案件的审理中,首先,当事人主张约定的违约金过高请求予以适当减少的,法院可以予以酌减。其次,法院应当以实际损失为基础,兼顾合同的履行情况、当事人的过错程度以及预期利益等综合因素,根据公平原则和诚实信用原则予以衡量。

本案中,双方对违约金进行了约定,且在一审审理中均对违约金调整进行了申请,一审法院"鉴于合同签订后至今,北京市房屋交易价格已大幅上涨,欧阳某辩称孙某、王某没有受到损失的抗辩意见法院不予采纳。根据本案案情及公平原则,对于违约金数额法院酌予支持一百万元。"可见,一审法院只是从损失角度对违约金进行了衡量,认为基于房屋上涨的事实,不宜对违约金进行大幅酌减,其酌减力度非常轻微。二审中,上诉人主张双方约定的违约金过高请求予以适当减少,因合同仅履行到办理解押阶段。二审法院对该理由进行了采纳,认为本案的履行只是部分履行,因此应在合同约定的基础上再行酌减违约金。故二审法院以孙某、王某此期间的实际损失为基础,兼顾合同的履行情况、当事人的过错程度以及预期利益等综合因素,酌情确定欧阳某支付孙某、王某违约金 52.6 万元。

裁判精要

一方当事人主张约定的违约金过高请求予以适当减少时,法院应以实际损失为基础,兼顾合同的履行情况、当事人的过错程度以及预期利益等综合因素酌情确定违约金,根据公平原则和诚实信用原则予以衡量。

《民法典》第五百八十五条沿袭了《合同法》第一百一十四条的规定,条文完全一致。该条第二款规定"约定的违约金低于造成的损失的,人民法院或者仲裁机构可以根据当事人的请求予以增加;约定的违约金过分高于造成的损失的,人民法院或者仲裁机构可以根据当事人的请求予以适当减少",即本案的法律依据。另外,

《合同法解释(二)》第二十九条亦未废止,因此《民法典》施行后,本案例仍具有指导意义。

(编写人:胡新华、杨琳)

二、双方在房屋买卖合同中约定户口迁出的,逾期迁出应承担违约赔偿责任

实务难题

房屋作为商品,具有价值和使用价值。房屋能够满足人们居住和使用需要,是人们赖以生存和经营的主要生活,生产资料。正因为房屋的不可或缺性,加之房地产价值高以及中国人传统的购房、置地观念,这就使得拥有自己的房屋成为很多人为之奋斗的目标。在当前中国社会,户籍管理政策、教育资源不均衡等,导致房屋居住实用性下降,落户上学功能突出,将户口迁入购买房屋之内成为购买房屋的另一个重要目标。随着房地产市场的蓬勃发展,房屋买卖合同纠纷大量涌现,因户口迁入迁出产生的责任纠纷屡见不鲜。

目前房屋买卖合同纠纷中涉及户口迁出争议的案件主要有四种类型:一是买房人要求现有户口迁出的案件;二是买房人要求赔付预期迁户违约金的案件;三是卖房人将户口迁出后,要求返还履约保证金的案件;四是因卖方人无法对学区名额作出明确承诺,买房人要求解除合同的案件。实践中,部分当事人同时提出以上多项诉求,其中买房人要求将现有户口迁出的同时,提出赔付违约金请求,较为常见,是本文探讨的情形。

此类案件中,当事人大多参考了北京市住建委发布的房屋买卖合同示范文本,对户口迁出时间、违反户口迁移义务的违约金进行了明确规定,如出卖人应当按日计算向买受人支付全部房屋总价款一定比例的违约金。买卖双方既然在合同中就此进行了约定,当发生逾期户口迁出纠纷时,法院是否应当按照合同约定判处卖房人履行户口迁出义务、赔偿合同约定的违约金?目前统一的处理思路是:由于迁户事实情况复杂,又涉及公安机关户籍管理的相关政策,法院一般对此不判"强迁",由于违约时间较长,买房人主张违约金过高,法院未按照合同约定判决赔付数额,而是在不同程度上进行了相应调整,这些看上去似乎与《合同法》的意思自治原则相悖,一定程度上也无法真正实现买房人维权目的,影响了判决的法律效果和社会

效果。因此，就此类案件进行细致的阐述和探讨，是法律确定性、可预见性、统一性的要求，也是引导当事人合理规避法律风险的现实需求。

疑难案例

2012 年 6 月 9 日，李某作为出卖人，任某作为买受人，双方签订北京市存量房屋买卖合同，约定出卖人向买受人出售朝阳区华威北里 × 号楼 × 号房屋（以下简称涉案房屋）；成交价格 196 万元。双方在该合同第十条第三款中约定："出卖人应当在该房屋所有权转移之日起十日内，向房屋所在地的户籍管理机关办理完成原有户口迁出手续。如因出卖人自身原因未如期将与本房屋相关的户口迁出，应当向买受人支付相当于已付房款千分之五的违约金，逾期超过十日未迁出的，自期限届满之次日起，出卖人应当按日计算向买受人支付全部已付款万分之五的违约金"。2012 年 8 月 30 日，涉案房屋转移登记至任某名下。2012 年 6 月 26 日，李某签写二手房首付款交付确认函，确认收到首付款 100 万元（含定金 2 万元）。2012 年 8 月 30 日，李某重新出具收条，确认收到首付款 115.8 万元，剩余 2000 元于物业交割之日结算完成后补齐，并承诺银行放款当周周日上午 12 时之前交房。2012 年 9 月 17 日，李某出具收条，确认收到房款 2117.3 元，至此所有购房款项均已结清。剩余 80 万元通过银行贷款的方式支付。截至起诉时，李某及其丈夫、女儿、外孙女的户籍仍然在涉案房屋。

2014 年 7 月，任某依据北京市存量房屋买卖合同将李某诉至一审法院，请求判令李某支付违约金 9800 元，并且自 2012 年 9 月 20 日起至实际办理完毕户口迁出手续之日按照每日 980 元支付违约金，立即将所有原有户口迁出。

一审庭审中，李某提交了北京市公安局十八里店派出所开具的不能迁移户口证明信，以证明其现住址（北京市朝阳区 × 号房屋）不具备入户条件，不能迁移户口。

任某提交了其与案外人徐某签订的北京市存量房屋买卖合同以及其向徐某双倍返还定金 60,000 元的收条，欲证明其遭受损失的情况。

法院观点

一审法院认为，户籍迁移并非以自有房屋为必要条件，因此李某不能以现住址不具备入户条件作为其不履行迁出涉案房屋原有户口义务的合法抗辩。李某及其亲属的户籍现仍在涉案房屋,故李某应当依约承担违约责任。户籍迁移系公安部门主管事项,故任某要求李某将涉案房屋所有原有户口迁出的诉讼请求,不属于法院民事诉讼主管范围,法院不予处理。关于任某主张的违约金。任某未能提供有效证据佐证其实际损失情况;李某迁出涉案房屋原有户口的日期尚无法确定,且任某将来亦可能因出售涉案房屋等因素而与该房屋户口事宜脱离利害关系,且双方约定的违约金确实过分高于任某可能因户口问题而遭受的损失,故法院在本案中仅将违约金支持至判决作出之日,并酌定数额为5万元。

李某不服一审判决,上诉至二审法院,认为户口未迁出并非其个人原因,亦未给任某造成损失,且原审法院酌定违约金数额过高,故请求二审法院撤销原审判决,依法改判驳回任某的诉讼请求。

二审法院经审理认为,李某上诉主张并非因其自身原因不迁户口,但因合同已经对户口迁出问题进行明确约定,李某应当自行安排好户口迁出后的迁入问题,故户口不能顺利迁入新址属于其自身原因,不能构成免责事由。关于违约金数额问题,因李某未如期将原有户口迁出,必然会导致任某对涉案房屋使用收益等产生一定损失,但因任某并未提供充分证据证实其实际损失的具体情况,原审法院综合考虑本案的实际履行情况、李某的逾期时间及过错程度、任某的实际损失及其预期利益等因素,根据公平原则,酌情确定截至原审判决作出之日的违约金数额适当,应予维持。遂判决驳回上诉,维持原判。

法官点评

此类案件房屋买卖的基本事实清晰,户口未迁出原因复杂,卖房人提供了证据材料证明其因此遭受的实际损失,法院对于当事人诉请如何判处,主要考量两个方面:一是法院能否判处户籍迁移;二是卖房人是否应当承担违约责任。

(一)户籍迁移不属于法院民事诉讼管辖范围

此问题涉及民事纠纷可诉性问题研究。纠纷的可诉性即纠纷的可司法性,它是指纠纷发生后,纠纷主体可以将其诉诸司法的属性。或者说,纠纷可以被诉诸司法因而能够通过司法最终解决的属性。凡是法院能够行使司法权的纠纷就可认为纠纷具有可诉性。纠纷可诉性范围的确定直接决定一国审判权的界限,也是国民享有诉权的基础。作为法院,究竟应该在多大范围内处理民事纠纷,或者说法院民事审判权的界限在何处,主要受到两种因素的影响:一是司法固有属性;二是受特定国家宪政结构的影响。可诉性受国家宪政结构的影响,可以做如下理解:为避免权利不会在公权力之间的相互争夺或相互推诿中遭受损害或落空,分权制衡的技术进一步划定了司法权在国家权力结构中的具体份额,这一份额取决于政府和社会对司法权的依赖程度及其为之提供的资源支持,并反过来决定着审判权在承担社会冲突解决方面的能力。在我国,由于我们国家在结构形式上,实行人大监督下的一府两院制。司法机关相对于立法机关并非相互制衡的分权关系而系下位对上位的关系。司法官员受人大任免,司法机关对人大报告工作并接受其监督。在实质的权力关系上,所有国家机关必须接受执政党——中国共产党的领导,司法机关与司法工作也不例外。虽然党的领导方式受到一定的限制,但司法机关并不享有政治结构上即国家权力关系上的独立。尽管从当前中国的社会现实来看,由于诉讼之外的权利救济渠道不甚通畅,公民权利的实现和救济经常受阻,从而使司法已然承载着超乎寻常的正义诉求使命;但此时若无视国家权力结构和宪政模式的现实条件,盲目扩大司法可解决纠纷的范围,并不一定能带来理想的效果。尽管司法固有的属性可以让我们对纠纷可诉性的范围有一个原则性的认识,但在纠纷可诉性范围的问题上划上我们不得不承认的"要结合国情"来具体裁量和判断的符号。正是为此,对任何高举司法积极主义,扩大民事案件受理范围的做法我们都应持谨慎的支持态度。

那么,中国法官在面对各种诉诸法院的纠纷的时候,如何作出纠纷可诉性问题的价值判断呢?除了社会主流价值观念之外,还应考量公共政策。在现代社会,随着政府职能的不断扩张,制定并推行一定的公共政策是政府实施其社会公共事务职能的一种常规方式和一种必不可少的手段。公共政策作为政府平衡社会利益冲突、表达和维护公共利益的重要工具,一旦制定并执行,便会立即在一定范围内改变社会原有的利益格局,使社会资源重新整合,人们的行为模式也将因此而发生一些转变。公共政策对社会生活包括司法领域的影响是不能轻视的。在这种情形下,如何用特定的政策标准来判定对纠纷有无保护的必要,就需要法官运用司法智慧衡量公共政策的导向加以判断。

具体到本案中,法院是否应当按照合同约定判处卖房人履行户口迁出义务,也应当分析户籍管理在我国的具体状况。户口,又称户籍,是国家主管户政的行政机关所制作的,用以记载和留存住户人口的基本信息的法律文书。户籍对自然人按户进行登记并予以出证的公共证明簿,记载了公民的姓名、出生日期、亲属、婚姻状况等。法律方面,《户口登记条例》规定:“户口登记工作,由各级公安机关主管”“公民迁出本户口管辖区,由本人或者户主在迁出前向户口登记机关申报迁出登记,领取迁移证件,注销户口。”《办理户口、居民身份证工作规范》规定:“公安派出所应当将各类户口登记、居民身份证的办理条件、时限、程序、收费项目和收费标准公开,严格按照有关法规和政策,秉公办事,主动接受监督。”实际中,户籍管理属于公安机关行政管理职责范围。在人口大量流动的当今时代,人户分离导致了严重社会问题。2014 年户籍制度改革以来,各地改革进度不一,各地落户政策不一,加上医疗资源、教育资源分布不均,户口问题在我国具有一定的复杂性和特殊性。

基于以上情况,综合法律效果和社会效果以及国家机关分工状况,房屋买卖引起的户口迁移问题涉及相关行政部门的审批制度,应当属于行政管理范畴,不属于民事案件的受理范围。对于买受人起诉要求出卖人迁出户口的,无论当事人在买卖合同中就户口迁移事宜是否作出了约定,法院均不会受理,已经受理的,亦应裁定驳回起诉。

(二)卖房人逾期迁出户口的,应当承担违约责任

本案中,李某提交了北京市公安局十八里店派出所开具的不能迁移户口证明信,以证明其现住址不具备入户条件,不能迁移户口。李某上诉主张户口未迁出并非其个人原因,亦未给任某造成损失,所以不应承担逾期迁户的违约责任。李某上诉理由能否成立,涉及违约责任及违约责任归责原则问题。

违约责任是合同当事人不履行合同义务或履行合同不符合约定时,依法产生的法律责任。当合同义务不履行或履行不符合约定时,该义务转化为违约责任,违约责任便成为合同义务的转化形态或替代品,它或者是原合同义务的变形,或是原合同义务的延伸。一项损害发生后,如果该损失不由受害人自己承担,就会面临由其他人承担的问题。这时,将赔偿损害作为一项法律责任,归于某人承担,便是在“归责”。我国《合同法》上总体规定了两种违约归责原则:过

错责任与无过错责任(也称严格责任)。《合同法》第一百零七条规定:“当事人一方不履行合同义务或履行合同义务不符合约定的,应当承担继续履行、采取补救措施或者赔偿损失等违约责任。”该条款中并没有出现“但当事人能够证明自己没有过错的除外”的字样,被认为是采取了无过错原则。当然,对于是否应当采用严格责任原则,在立法论上有不同意见。房屋买卖合同在此也没有特殊规定,在逾期迁户违约责任方面亦应该采用严格责任原则。另一个角度解释,违约责任是由合同义务转化而来,本质上出于双方当事人约定,合同相当于当事人双方为自己制定的法律,法律确认合同具有约束力,在一方不履行时追究其违约责任,不过是执行当事人的意志和约定而已。简言之,违约责任出于当事人自己的约定,这就使违约责任具有了充分的合理性和说服力,才无须再要求使违约责任具有合理性和说服力的其他理由。具体到户口迁移问题中,涉案房屋买卖合同既然是当事人协商一致的产物,凡是依法成立的合同,均受法律保护,当事人应全面履行自己各自的权利义务。在房屋买卖合同中,如双方约定了出卖人在一定期限将户口迁出,出卖人就应当自行安排好户口迁出后的迁入问题,不管出于何种原因卖房人户口不能顺利迁入新址,不能构成其免责事由。即卖房人逾期迁出户口的应当承担违约责任。

应当指出的是,实践中,法院判处卖房人逾期迁户违约金不等。一方面,是因为卖房人未按合同约定将涉案房屋上原有户口迁出的时限不等,按照合同条款计算违约金数额多少不一;另一方面,守约方因对方违约所遭受的损失是判断违约金水平是否过高的重要标准,但是由于不同地区执行的户籍政策、房屋性质及用途不同,买房人所受损失的计算标准和方式亦不同。此外,不同法院、不同法官对违约金的调整方式也存在差异。

裁判精要

房屋买卖引起的户口迁移问题涉及相关行政部门的审批制度,应当属于行政管理范畴,不属于民事案件的受理范围。买卖双方在房屋买卖合同中约定出卖人在一定期限将户口迁出,但实际未迁出的,买受人起诉要求法院判决出卖人迁出户口的,法院不予受理;已经受理的,应当裁定驳回起诉。但卖房人逾期迁出户口的,应当承担相应违约责任,具体违约数额,法院应当综合双方合同约定、逾期迁出原因、买房人实际损失等综合判定。

《民法典》对于合同编中的违约责任进行了删减和调整，但对于本案相关违约责任适用部分条款无变化，对本案处理无影响。《民法典》第五百七十七条规定："当事人一方不履行合同义务或者履行合同义务不符合约定的，应当承担继续履行、采取补救措施或者赔偿损失等违约责任。"第五百八十四条规定："当事人一方不履行合同义务或者履行合同义务不符合约定，造成对方损失的，损失赔偿额应当相当于因违约所造成的损失，包括合同履行后可以获得的利益；但是，不得超过违约一方订立合同时预见到或者应当预见到的因违约可能造成的损失。"第五百八十五条规定："当事人可以约定一方违约时应当根据违约情况向对方支付一定数额的违约金，也可以约定因违约产生的损失赔偿额的计算方法。约定的违约金低于造成的损失的，人民法院或者仲裁机构可以根据当事人的请求予以增加；约定的违约金过分高于造成的损失的，人民法院或者仲裁机构可以根据当事人的请求予以适当减少。当事人就迟延履行约定违约金的，违约方支付违约金后，还应当履行债务。"

（编写人：闫慧、肖萌萌）

三、一方要求返还定金、另一方请求支付违约金的，以守约方的实际损失为依据调整违约金数额

实务难题

合同中同时约定了定金和违约金，一方要求返还定金，另一方请求支付违约金的，人民法院应当在综合考量合同的履行情况、当事人的过错程度以及预期利益等的基础上，以守约方的实际损失为依据调整违约金数额，其中，定金的支付应当作为人民法院调整违约金数额的依据之一。

疑难案例

2016年1月7日，侯某作为买受人、张某作为出卖人与麦田公司作为居间方签订居间服务合同，双方委托麦田公司就买卖涉案房屋提供居间服务。约定买受人向居间方支付居间服务费98,550元。双方签订的买卖合同成立时，居间服务完成。支付方应按照合同约定支付居间服务费。出卖人或买受人违反

本合同约定，导致居间方不能继续履行义务的，居间方不承担责任，且居间方有权收取本合同约定的居间服务费，如支付方为守约方，则守约方可要求违约方赔偿。

同日，侯某作为买受人、张某作为出卖人与金诚丰公司作为服务方签订《房屋交易保障服务合同》，约定服务内容为协助办理房屋解押手续、贷款手续、公证手续、评估手续等。签订本合同当日，买受人向服务方支付保障服务费32,850元。

一审庭审中，经法院询问，金诚丰公司同意退还侯某支付的保障服务费。

另查，2016年1月1日，侯某作为买受人（乙方）、张某作为出卖人（甲方）与麦田公司作为居间方（丙方）签订买方支付定金协议书，约定乙方愿意以657万元购买房屋，乙方贷款120万元方式支付。税费由乙方负担。签订本协议当日，乙方向丙方支付所要转付的购房定金10万元。合同约定于2016年1月15日前支付定金50万元，于2016年4月30日以资金监管方式支付200万元，于2016年5月30日过户当日支付282万元。物业保证金5万元在过户当日交接。

2016年1月7日，侯某作为买受人（乙方）、张某作为出卖人（甲方）签订北京市存量房屋买卖合同（经纪成交版），房屋为涉案房屋，商品房未设定抵押，房屋成交价格为657万元。附件二付款方式：买受人直接交付定金50万元，具体支付时间为签订本附件当日支付20万元，剩余30万元于2016年1月15日前支付。商业按揭贷款，买卖双方应于2016年4月27日前办理申请贷款手续，买受人拟贷款数额为120万元。剩余购房款，买受人于2016年4月27日前支付购房款200万元，支付方式为金诚丰公司指定账户资金监管。买受人于2016年6月1日前支付购房款282万元，支付方式为银行资金监管。全部监管款项于权属转移登记手续办理完毕后支付甲方。具体内容以买卖双方与资金监管机构签订的监管协议为准。第七条违约责任：买卖双方应按约定履行义务，若逾期履行，自逾期之日起违约方按成交价格的每日0.5‰向守约方支付逾期违约金。自逾期之日起超过十五个工作日仍未履行，守约方有权单方解除买卖合同，任一方违约造成买卖合同无法继续履行或解除的，守约方可依据定金罚则或成交价格的20%向违约方索赔。违约方还应承担守约方因此次交易所支付的居间等各项费用。

同日，侯某作为买受人与张某作为出卖人达成补充协议，约定买卖双方应于2016年4月8日前配合金诚丰公司办理资金监管手续，签订与办理资金监管相关的协议。买受人同意出卖人于2016年4月8日前以该房屋为担保办理借款，由金诚丰担保向出借人办理借款手续，配合出借人办理与借款相关手续，包括但不限于售房委托公证、房屋抵押、强制公证等。买受人应于2016年4月27日前将购房款200万元，转入金诚丰指定账户。若出卖人与金诚丰担保的出借人签订借款合同，则金诚丰监管的资金优先作为本次借款的还款来源。

合同签订后，侯某于2016年1月7日向张某支付定金20万元，于2016年1月18日向张某支付定金30万元。

2016年1月20日，侯某向麦田公司支付居间服务费98,550元，代收保障服务费32,850元。当事人当庭确认保障服务费系麦田公司代金诚丰公司收取，金诚丰公司表示同意退还此笔费用。

2016年4月8日，买卖双方准备签署资金监管协议。金诚丰公司与双方在签订资金监管协议时，准备签订借款合同等其他协议，张某予以拒绝，遂产生纠纷合同至此履行中止。侯某、麦田公司和金诚丰公司表示张某有借款需求，但拒绝签订借款合同等协议。张某则对此否认，表示没有借款需求，而金诚丰公司要求其在签订资金监管协议同时必须签订借款合同等协议，对此金诚丰公司否认，表示不需同时签订。

就双方签订的北京市存量房屋买卖合同（经纪成交版）、附件二以及《补充协议》中双方约定的由金诚丰公司进行资金监管以及张某向金诚丰公司指定的借款人借款一节，张某表示合同系制式合同，无法调整，张某基于重大误解签订的，要求撤销上述约定。就此，侯某、麦田公司、金诚丰公司均表示合同并非制式合同，是可以调整的。补充协议系依张某借款需要拟定的，是双方协商后拟定的，并非制式合同。

北京市朝阳区人民法院于2017年2月作出（2016）京0105民初25121号民事判决：一、解除侯某和张某于二〇一六年一月一日签订的买方支付定金协议书和二〇一六年一月七日签订的北京市存量房屋买卖合同（经纪成交版）和补充协议。二、张某于判决生效之日起七日内返还侯某购房定金50万元。三、张某于判决生效之日起七日内赔偿侯某违约金131.4万元。四、张某于判决生效之日起七日内赔偿侯某居间服务费损失9.855万元。五、驳回侯某的其他诉讼请求。六、驳回张某的全部反诉请求。如未按判决指定的期间履行给付金钱义务，应当按照《民事诉讼法》第二百五十三条之规定，加倍支付迟延履行期间的债务利息。判决作出后，被告张某不服，向北京市第三中级人民法院提起上诉，北京市第三中级人民法院于2017年6月30日作出民事判决：驳回上诉，维持原判。

法院观点

法院生效裁判认为：本案的争议焦点在于张某拒绝签订资金监管协议等行为是否构成违约，合同是否应当解除及合同解除后果。

依法成立的合同受法律保护，对当事人具有法律约束力。当事人应当按照约定履行自己的义务，不得擅自变更或解除合同。侯某和张某签订的北京市存量房屋买卖合同（经纪成交版）及附件、补充协议等系各方当事人的真实意思表示，合法有效，各方均应按照合同约定履行各自的义务。从各方履行合同的情况来看，侯某在合同签订后已按照约定支付了定金，各方应依约以金诚丰公司资金监管的方式继续履行合同，即办理资金监管手续、签订与办理资金监管相关的协议。而张某拒绝签订资金监管协议，其关于金诚丰公司不具备资金监管的资质、其签署由金诚丰公司资金监管的合同约定内容系重大误解应予撤销，以及被要求签署资金监管的相关文件严重损害其利益的上诉主张，缺乏事实及法律依据，故法院对此不予采纳。

根据侯某提交的录音证据内容得知张某在拒绝签订资金监管协议后曾明确表示拒绝变更由银行进行资金监管。其在一审期间及二审前期庭审过程中均对录音真实性表示予以认可，但在二审最后一次庭审中否认该录音的真实性，且其没有相反证据予以证明，故法院对其否认录音证据真实性的陈述不予采信。张某在拒绝金诚丰公司进行资金监管后亦拒绝变更为银行监管方式继续履行合同，明显与各方之间的协议约定相违背，一审法院据此认定张某构成违约，并无不当。张某上诉提出资金监管方式本可协商但系侯某原因造成合同无法继续履行而解除，与查明事实不符，法院不予采纳。

根据双方合同约定，对于张某违约造成合同无法继续履行的情形，侯某有权要求解除合同，且张某在庭审中亦表示同意解除，一审法院据此认定合同解除并无不当，二审法院予以确认。合同解除后，张某应向侯某返还定金50万元。合同的附件及《补充协议》均是合同的组成部分，故张某违反北京市存量房屋买卖合同(经纪成交版)附件和补充协议的约定亦应按照合同约定的违约金计算方式支付相应的违约金,一审判决结合合同违约金条款的约定及房屋升值损失,确定相应违约金数额并无过高,对此本院予以维持。张某上诉主张不应按照合同的违约金条款来计算违约金数额,依据不足,二审法院不予支持。关于居间服务费,根据双方合同约定,由违约方向守约方进行赔偿,一审法院据此认定由张某向侯某赔偿居间服务费,亦无不当。

法官点评

本案的主要争议焦点之一和涉及的法律问题为:当事人在合同中同时约定了定金和违约金的情况下,当事人一方请求返还定金,另一方请求支付违约金的,法院如何适用违约金调整规则?

定金是在合同订立或在履行之前支付的一定数额的金钱或替代物作为担保的担保方式。依据性质及功能的不同,定金又可分为立约定金、成约定金、解约定金、违约定金和证约定金。违约金系指按照当事人的约定或者法律直接规定,一方当事人违约的,应向另一方支付的金钱。依据我国《合同法》第一百一十五条,当事人可以约定一方向对方给付定金作为债权的担保。给付定金的一方不履行约定的债务的,无权要求返还定金;收受定金的一方不履行约定的债务的,应当双倍返还定金。从该条规定来看,定金作为债权的担保,系违约性质的定金,这就使定金与违约金约定在一定程度上产生了重合。

定金与违约金之间的适用,关系到合同因一方违约导致合同不能履行时,违约方应承担的责任问题,对守约方如何主张权利至关重要。由于定金与违约金均具有弥补守约方实际损失的功能,为避免违约方因同一行为承受两种后果,在定金与违约金的适用方面,我国《合同法》采取了"择一适用"的原则。依据《合同法》第一百一十六条,当事人既约定违约金,又约定定金时,对方可以选择适用违约金或者定金条款。不难看出,对于守约方来说,其仅能在两者之间选择一种对自己最有利的方式主张,获得赔偿。值得注意的是,该条款规定的"择一适用"针对的是同一违约行为,如果双方当事人在合同中针对不同违约行为分别做出了定金和违约金的约定,在一方存在以上所述的不同违约行为时,守约方依然可依据合同的约定分别主张定金和违约金。

在司法实践中,合同针对同一违约行为分别约定了定金和违约金,一方要求返还定金,另一方要求支付违约金,法院应当如何适用违约金调整规则对违约金的具体数额进行调整,存在争议。依据《合同法解释(二)》第二十九条,人民法院应当以实际损失为基础,兼顾合同的履行情况、当事人的过错程度以及预期利益等综合因素,根据公平原则和诚实信用原则予以衡量。依据该条款,其仅对人民法院在调整违约金数额时应当予以考虑的因素作出了规定,并未提到定金与违约金同时约定时,应如何衡量。目前,对于是否将定金约定及支付的数额作为确定违约金数额的依据,存在两种观点:第一,调整违约金数额应以实际损失为依据,无须考虑定金支付的情况。合同中对于违约金的约定系双方当事人的真实意思表示,在一方违约的情况下,应当按照合同约定的违约金数额对守约方予以赔偿损失,无论定金支付的情况,该违约金条款均为有效。第二,调整违约金数额时应考虑到定金的支付情况,并将其作为确定违约金数额的一个依据。定金和违约金作为守约方可自主选择的权利主张方式,其功能均是赔偿守约方因合同不能继续履行所造成的损失,如果两者数额差距过大,便会违背权利义务相统一的理念。例如,双方签订房屋买卖合同,总价款为700万元,双方约定若一方违约,则其应当支付守约方20%即140万元的违约金,合同签订后,买方支付了10万元作为定金,现卖方违约,买方在主张损失时,既可以要求按照定金罚则双倍返还定金,也可以要求按照合同约定的违约金主张赔偿,这此种情况下,定金罚则与违约金的数额相去甚远,守约方能否基于其已付的10万元定金作为要求违约方支付140万元违约金的依据?通过对相关案件进行检索,从权利义务相统一的角度出发,目前人民法院往往会将定金作为调整违约金数额的依据之一,在考虑守约方定金支付数额的情况下,对合同履行情况等其他因素予以综合考量,酌情确定违约金数额。

裁判精要

一方要求依约返还定金,另一方请求依约支付违约金的,应当以守约方的实际损失为依据调整违约金数额,定金支付情况视为调整依据之一。

根据《民法典》关于定金及违约金的相关规定,当事人可以约定一方违约时应当根据违约情况向对方支付一定数额的违约金,也可以约定因违约产生的损失赔偿额的计算方法。约定的违约金低于造成的损失的,人民法院或者仲裁机构可以根据当事人的请求予以增加;约定的违约金过分高于造成的损失的,人民法院或者仲裁机构可以根据当事人的请求予以适当减少。当事人可以约定一方向对方给付定金作为债权的担保。债务人履行债务的,定金应当抵作价款或者收回。给付定金的一方不履行债务或者履行债务不符合约定,致使不能实现合同目的的,无权请求返还定金;收受定金的一方不履行债务或者履行债务不符合约定,致使不能实现合同目的的,应当双倍返还定金。当事人既约定违约金,又约定定金的,一方违约时,对方可以选择适用违约金或者定金条款。定金不足以弥补一方违约造成的损失的,对方可以请求赔偿超过定金数额的损失。相较于之前《合同法》《担保法》中关于定金及违约金的相关规定,民法典有关定金制度的变化主要体现在对于定金罚则适用条件的严格化,即只有在一方不履行债务或者履行债务不符合约定,且致使不能实现合同目的的情况下,才能适用有关定金罚则的相关规定。因本案例涉及的观点为同时约定定金罚则及违约金条款时,定金支付情况对于违约金调整的影响,故民法典的相关规定对本案例并无颠覆性影响。

(编写人:全奕颖、薛保潇)

四、违约金调整应当根据合同履行的不同阶段并结合案件具体情况予以确定

实务难题

我国《合同法》第一百一十四条赋予了当事人对违约金进行调整的请求权,但是由于内容笼统,用语模糊,缺乏客观统一标准。在司法实践中,由于法官的个人认知水平不同,将导致类似的案情甚至同样的案情得到不同的判决结果,极大影响裁判权威。

疑难案例

2014 年 9 月 20 日,张某(甲方、出卖人)、叶某(乙方、购买人)与链家公司(丙方、居间人)签订《定金协议》;当日,叶某(买受人)与张某(出卖人)通过链家公司居间签订了《买卖合同》,房屋成交价格为人民币 2,970,000 元,该房屋家具、家电、装饰装修及配套设施设备等作价人民币 2,240,000 元;买受人向出卖人支付定金人民币 300,000 元,定金支付方式为直接支付给出卖人。同日,

张某、叶某与链家公司同时签订《居间服务合同》，约定叶某于该合同签订当日向链家公司支付居间服务代理费人民币（大写）壹拾壹万肆仟陆佰贰拾元整。当日，叶某通过朱天浩账户向张某转账100,000元定金，并向链家公司分两次累计汇款共计25,640元。2014年9月28日，叶某向链家公司发出通知，内容为"2014年9月20日，通过贵公司我与卖方张某签订了朝阳区安翔里22号楼×室房屋买卖合同，但是购买的实际户型与提供给我的房屋户型图明显不符。基于此，本人于9月22日通知了贵公司决定解除各方之前签订的所有合同，并请转告卖方。"叶某起诉至法院，要求解除合同并返还定金。

法院观点

原审法院认为：本案争议焦点在于叶某解除合同之行为是否属于行使法定解除权。在张某未存在约定或法定的违约情形之情况下，叶某未按照买卖合同及补充协议的约定向张某按期支付购房款，显属违约，应当承担相应的赔偿责任。就张某反诉要求叶某支付违约金300,000元一节，买卖合同第七条第二款第二项约定出卖人解除合同的，买受人应当自解除合同通知送达之日起15日内按照累计的逾期应付款的20%向出卖人支付违约金，张某虽未在诉讼之前要求与叶某解除合同，但在庭审中，其提出反诉要求解除买卖合同、定金协议、补充协议，反诉可视为送达解除合同通知之行为，叶某收到反诉状即为解除合同通知送达之日，根据合同约定的标准计算，叶某应承担的违约金数额逾百万，考虑到叶某的违约情节及过错程度，法院认为张某主张之违约金数额合理，故予以支持。据此，一审法院于2015年1月做出判决如下：一、解除叶某与张某双方的北京市存量房屋买卖合同、买卖定金协议书、补充协议。二、张某于判决生效后10日内退还叶某定金10万元。三、叶某于判决生效后10日内给付张某违约金30万元。四、驳回叶某的其他诉讼请求。

判决后，叶某不服原审法院判决，上诉至二审法院，认为原审判决确定的违约金数额过高，请求二审法院撤销原判，改判降低违约金数额。张某同意原审判决。

二审法院认为，本案争议的焦点是涉案违约金数额是否过高、人民法院应否依当事人申请对违约金数额予以调整。我国《合同法》第一百一十四条规定："……约定的违约金过分高于造成的损失的，当事人可以请求人民法院或者仲裁机构予以适当减少。……”对于违约金的具体认定标准。《合同法解释(二)》第二十九条第一款规定:“当事人主张约定的违约金过高请求予以适当减少的,人民法院应当以实际损失为基础,兼顾合同的履行情况、当事人的过错程度以及预期利益等综合因素,根据公平原则和诚实信用原则予以衡量,并做出裁决。”具体到本案而言,当事人双方虽然签订了合同,但叶某在给付购房定金后,马上提出不再继续履行合同,并请求予以解除;实际上该合同并未实际得以履行;也无证据证明出卖人因此受到相应实际经济损失;实际上,用叶某已经支付给张某的10万元购房定金,来折抵叶某因解除涉案合同所应承担的违约责任,符合本案客观实际,也更为公平合理;对于叶某的本诉和张某的反诉请求,法院均不再予以支持。二审法院判令:一、维持北京市朝阳区人民法院(2014)朝民初字第××号民事判决第一项;二、撤销北京市朝阳区人民法院(2014)朝民初字第××号民事判决第二项、第三项、第四项;三、驳回叶某的其他诉讼请求;四、驳回张某的全部反诉请求。

法官点评

审判实践中,关于违约金的性质、违约金过高的主张方式、判断标准以及如何调整等问题认识不一。本案争议的焦点是涉案违约金数额是否过高、人民法院应否依当事人申请对违约金数额予以调整。本案依照相应的法律规定,根据公平原则,对于上述问题作出了相应认定和处理。

关于违约金的性质。我国《合同法》第一百一十四条规定:“……约定的违约金过分高于造成的损失的,当事人可以请求人民法院或者仲裁机构予以适当减少。……”这表明对于合同中违约金的约定虽然属于当事人所享有的合同自由的范围,但是这种自由要受到一定限制。因为违约金是事先约定,它与违约发生后所造成的实际损失不可能完全一致。如果与实际损失相比较,当事人约定的违约金数额过低,则难以起到制裁违约行为和补偿受害人损失的作用;如果约定的违约金过高,不仅会使受益人获得不正当利益,在一定程度上恶化违约方的财产状况,而且任由当事人订立数额过高的违约金,等于鼓励当事人依靠不正当的方式取得一定的利益和收入,违反公平和诚实信用原则。

关于违约金的具体认定标准。《合同法解释(二)》第二十九条第一款规定:“当事人主张约定的违约金过高请求予以适当减少的,人民法院应当以实际损失为基础,兼顾合同的履行情况、当事人的过错程度以及预期利益等综合因素,根据公平原则和诚实信用原则予以衡量,并做出裁决。”主要从以下几点考量:第一,“违约造成的损失”是衡量违约金是否过高的最基础、最重要标准,该因素要求人民法院应当查明违约造成的实际损失;第二,应考虑合同的履行程度,毋庸置疑,一个已经几近履行完毕的合同和尚未履行的合同,违约所造成的结果有着很大区别;第三,还应考虑当事人的过错程度。违约方式是恶意违约还是过失违约,直接决定违约金的补偿性和惩罚性功能的此消彼长。总之,在衡量违约金是否过高时,法院应根据合同性质、履行程度、损失大小、违约情况、主观过错及当事人的履约和赔偿能力等因素,予以综合判断,合理调整违约金的数额。

具体到本案而言,当事人双方虽然签订了合同,但叶某在给付张某10万元的购房定金签订合同后,随即发现自己正在购买的房屋户型与理想中的房屋状态有较大不符,马上提出不再继续履行合同,并请求予以解除;在合同的履行程度上,仅属履行开始,实际上该合同并未实际得以履行;在损失认定上,也无充分证据证明出卖人张某因此受到相应的实际经济损失;在主观过错上,由于叶某一方在合同签订前看房时的主观疏忽,未发现涉案房屋的户型问题,属过失违约,缺少主观恶意;同时,还要看到,叶某购买涉案房屋的主要目的是用作婚房,结婚乃人生之大事,基于这种特定的购房要求,叶某由于户型不符,在合同履行之初,即请求解除合同,亦合乎人之常理,作为一个善良合同相对方,张某亦对此应予理解和尊重。在赔偿能力上,叶某是一个刚工作几年的年轻人,属于依靠工资收入工作谋生的工薪一族,其赔偿能力也极为有限。在一审庭审中,叶某也提出了请求法院调整降低的请求,但原审法院未予支持。实际上,就本案实际情况而言,用叶某已经支付给张某的10万元购房定金,来折抵叶某因解除涉案合同的所应承担的违约责任,符合本案客观实际,也更为公平合理;在上述定金和违约金相互折抵后,对于叶某请求返还定金和张某请求给付违约金的反诉请求,法院均不再予以支持。

关于违约金调整需要考虑的一般要素。我国《合同法》仅以损失作为衡量违约金过高的唯一标准,从理论上和实践中看都是不合理的。世界上两大法系国家对违约金进行衡量时是将损失作为重要的考量因素,而不是作为唯一的考量因素,一般都考虑了债权人的其他合法权益。只有在综合衡量的基础上,才能对违约金的调整作出一个恰当的判断,因此,笔者认为,违约造成的损失、合同未履行部分的标的额、替代交易的难易程度、违约方主观过错的大小、违约金条款是否显失公平等都应当作为违约金调整的考量因素在相关法律中予以明确规定。

1. 造成的损失。对于“造成的损失”理论上有两种观点：一种理解为属于守约方因违约行为产生的实际损失；另一种则理解为可以给予赔偿的损失。两个概念的区别在于后者的数额一般要小于或等于前者，并且前者不一定能够得到全额赔偿。在我国理论界、实务界都将“造成的损失”理解为“实际损失”，对此，笔者也同意实践中将实际损失作为确定调整违约金标准的因素之一。不容忽视的是，在考量调整违约金的因素时，我们不仅要考虑违约行为给守约方造成的损失，同时也要考虑违约方因违约行为得到的利益。特别是在确定违约金数额时，更应慎重考虑该合同顺利履行后，债权人应得的利益；若忽视了这个方面，无疑是对违约方的纵容。

2. 当事人主观过错程度。法院或仲裁机关对违约金数额进行调整时，应当考虑双方当事人的主观过错程度，对不同的违约情形予以区分对待，特别是，对于当事人的善意违约和恶意违约调整尺度应当是不同的。前者是指违约的原因是履约能力不足，即该方已尽到善良及勤勉义务；而后者是指违约方完全有能力履约，但为了其他目的而违约的情形。目前，恶意违约频率逐渐上升，如常见的“一房二卖”。对恶意违约情况，各省市也出台相关的规定，如《江苏省高级人民法院关于适用〈中华人民共和国合同法〉若干问题讨论纪要（一）》第二十九条第二款。过错是承担违约责任的构成要件之一，对于违约金特别是惩罚性违约金来说，本质上就带有惩罚的意图。韩世远教授也认为，司法实践中应将违约金与实际损失之间的差额作为考量违约金减额的重要因素，当然还应适当考虑其他因素诸如债权人其他合法权益、是否故意违约等，最后在综合衡量的基础上，从而作出恰当的减额决定。

3. 双方信息是否不完全。信息是合同订立、履行的基础，对交易成本、安全等影响较大。信息不完全包括信息不完全及信息不对称。前者是狭义的信息不完全，即所需要的信息是否客观存在还处于不确定状态；后者是以信息已经存在为前提，对合同一方当事人是已知的，但对另一方当事人来说则是未知的。信息不完全是合同法需要解决的重要的问题，对于违约金调整有着重要影响。

4. 违约方的经济状况。法院在对违约金进行调整的过程中，若出现违约方承担过高违约金将导致破产的情况时,法官应根据实际情况对违约金数额进行适当的调整,以此避免因为违约金的承担而使违约方支付完过高的违约金后导致自身的财产状况受到不应有的冲击。若违约方在经济方面确实存在困难,加上又非故意违约,可以考虑将违约金数额调整至与违约方能够接受的程度。但是,该情况不能推广,否则会产生弱化违约金责任的效果,从而使其不能发挥应有的作用。

5. 对于违约金的具体认定标准。主要考虑以下几点:第一,“违约造成的损失”是衡量违约金是否过高的最基础、最重要标准,该因素要求人民法院应当查明违约造成的实际损失。第二,应考虑合同的履行程度。毋庸置疑,一个已经几近履行完毕的合同和尚未履行的合同,违约所造成的结果有着很大区别。第三,还应考虑当事人的过错程度。违约方式是恶意违约还是过失违约,直接决定违约金的补偿性和惩罚性功能的此消彼长。总之,在衡量违约金是否过高时,法院应根据合同性质、履行程度、损失大小、违约情况、主观过错及当事人的履约和赔偿能力等因素,予以综合判断,合理调整违约金的数额。在具体适用过程中还要注意以下几点:(1)在我国违约金调整的对象是约定的违约金,由于法定违约金是法律明确规定的合同当事人必须采取的违约赔偿方式,其计算方法和数额均是依法确定的,所以法定违约金不属于调整范围。(2)调整的条件是约定的违约金低于或者过分高于造成的损失,即以违约造成的损失作为判断标准,分为两种请况分别予以调整。针对约定的违约金“低于”因违约造成的损失的情形,由守约方依法申请,法院或者仲裁机构可以依法作出调高违约金的裁决;针对当约定的违约金“过分高于”因违约造成的损失的情形,经违约方申请,法院或者仲裁机构将依法作出予以“适当调低”违约金的裁决。(3)调整的启动必须有当事人的请求,法院或者仲裁机构不得在没有当事人申请的情况下,依职权主动调整,这是充分尊重当事人意思自治的体现。(4)最终是否予以调整或者调整的幅度的裁量权在于人民法院,虽然约定违约金是一种私法行为,缔约双方在行使、实现各自私权利的时候,出于自我利益的考量,必然会产生一些不可调和的矛盾,甚至是为了获取自己的不正当利益,故意违背诚实信用原则,这就需要国家公权力的居中裁判,从而平衡两方的利益,维护公平正义的格局,也是为了更好地实现违约金调整规则的初衷。

裁判精要

在司法实践中，违约金数额是否过高、人民法院应否依当事人申请对违约金数额予以调整。应当以实际损失为基础，兼顾合同的履行情况、当事人的过错程度以及预期利益等综合因素，根据公平原则和诚实信用原则予以衡量，并做出裁决。

本案例研究的核心问题在于违约金的调整，对此《中华人民共和国民法典》第五百八十五条规定：当事人可以约定一方违约时应当根据违约情况向对方支付一定数额的违约金，也可以约定因违约产生的损失赔偿额的计算方法。约定的违约金低于造成的损失的，人民法院或者仲裁机构可以根据当事人的请求予以增加；约定的违约金过分高于造成的损失的，人民法院或者仲裁机构可以根据当事人的请求予以适当减少。当事人就迟延履行约定违约金的，违约方支付违约金后，还应当履行债务。与《中华人民共和国合同法》第一百一十四条的规定一致；《中华人民共和国民法典》的颁布对于本案例的分析和结论并无影响。

（编写人：林存义）

五、预约合同的性质以及机会损失的赔偿范围

实务难题

对于预约合同的性质或者预约合同与本约合同的关系，理论界争议颇大，对此，存在前契约说、从合同说、附停止条件本约说，独立契约说。个人倾向于独立契约说，预约合同可以具备合同成立要件，预约与本约虽然存在牵连关系，但无主从关系，预约合同有别于附停止条件的合同。

机会损失如何界定以及是否赔偿，学界和实务界始终存在争论，目前尚未形成共识。个人认为，缔约机会损失并未超越违约损害赔偿的可预见性，对缔约机会损失的赔偿可以是对一般人具体的、合理的机会利益丧失的补偿。

疑难案例

某公司系某项目的开发商，该项目坐落于北京市通州区朝阳北路温榆河畔的别墅小区。2016 年 9 月 23 日，王某作为认购人与某公司签订认购书，约定王

某认购该小区的涉案房屋，房屋面积262.03平方米，建筑面积单价32,900元每平米，总价8,620,787元。以下援引双方认购书的部分具体内容："认购金：人民币 /万元，付款方式：(未选填)；双方约定：1. 认购人应于签订本认购书之日向出卖人支付本认购书预定的认购金，出卖人收取认购金后应向认购人出具收款凭证，并注明收款时间；2. 在签订本认购书之前，认购人已经详细阅读并同意出卖人公示于售楼处的商品房买卖合同（含附件）、项目证件等文件的全部内容，且已经详细了解了订购房屋、房屋所在小区及周边的具体情况，并自愿选购该房屋。出卖人与认购人共同承诺：在预定签约期，双方将签订上述公示且为认购人所知悉的商品房买卖合同；3. 认购人应于资质审核通过后7天签约，即签订现房买卖合同（包括但不限于补充协议、临时管理规约等附件，以下统称'房屋买卖合同'）并支付相应的房屋款项；4. 在约定签约日期内，出卖人不得将该房屋出售给第三人，如出售给第三人，应双倍返还认购人所支付的认购金。如认购人未在约定的签约日期内签订现房买卖合同，出卖人有权解除本认购书，认购人无权要求返还认购金，出卖人有权将订购房屋另行出售；5. 认购人应在约定签约日期内到售楼处与出卖人签订现房买卖合同并支付认购书中约定的房价款，以本认购书所约定的价格为准；6. 双方签订合同且合同生效后，本认购书自行失效，认购人缴纳的认购金将转为该房屋首付款的一部分；7. 未经出卖人同意，认购人不得转让本认购书之任何权利义务或增加其他人为认购人或更改认购人的名称，否则视为认购人违约，出卖人有权立即解除认购书，认购人支付认购金概不退还，认购书解除的同时出卖人有权将认购房屋转让给第三方；8. 本认购书自认购人与出卖人签订，且认购人支付了认购金后生效。"认购书备注栏注明："已交100万元，需在2016年11月20日之前再补交160万元（赠送储藏间一个）。"销售代表张某、销售经理刘某亦在认购书中签字。当日，王某向某公司支付款项50万元，加上之前于2016年9月10日支付的50万元，王某共向某公司支付了100万元。2016年11月20日，王某向北京市通州区朝阳北路东端与温榆河交汇处（北京物资学院北侧）某公司邮寄《通知函》，告知其于2016年11月16日交款，但遭到拒收并拒绝做出解释。2016年11月19日其再次要求在认购书约定日前支付认购款，但仍遭拒收。顺丰速运显示该邮件已签收。某公司表示销售经理已经离职，销售代表否认收到《通知函》。王某和某公司至今未签订现房买卖合同。

法院观点

一审法院认为,认购书合法有效。认购书与作为本约的商品房买卖合同没有主从关系。认购书通篇没有"定金"二字,不符合定金的书面形式要件,所以100万元款项的性质不宜认定为定金,不发生丧失或双倍返还的效力。王某多次要求向某公司支付剩余认购款160万元,某公司拒绝收取,且在一审开庭过程中明确表示不能再与王某继续签署现房买卖合同,应当承担违约责任。由于某公司在决定不收取王某剩余认购金以及不签订现房买卖合同时间前后未将房屋另行出售,法院难以准确计算某公司因此所获的利益,故根据双方认购书的签订情况、履行情况及违约情况综合认定为王某的可信赖利益损失为10万元。王某要求以每平方米4.7万元作为现在市场价计算和认购书中价格的差价计算其损失,王某丧失了订立501号房屋买卖合同的机会,并无履行利益可言,且在2016年11月20日向某公司发《通知函》时即应该预见到签订本约合同的可能性处于急剧降低的状态,可信赖利益极有可能受损,某公司多次不收取剩余款项的行为已经具有了不继续订立本约的意思表示,王某该项主张没有法律依据,该院不予支持。判决某公司返还王某100万元、赔偿王某经济损失10万元、驳回王某的其他诉讼请求。

王某不服,以涉案合同为本约合同、一审判决认定的经济损失过少,应当包括房屋涨价差价损失3,694,623元为由,向二审法院提起上诉,要求撤销原判第二项、第三项,改判某公司向其双倍返还其已经支付的认购金,同时赔偿认购书所约定房屋的现市场总价与原认购总价之间的差价款损失5,694,623元。

二审法院经审理认为,双方签订认购书,约定拟购房屋的基本状况、价款数额,但未约定价款支付方式,因此认购书未同时具备《商品房销售办法》第十六条规定的商品房买卖合同的主要内容,且某公司收受了部分"认购金",但未依照认购书的约定收受剩余"认购金",故认购书不能认定为商品房买卖合同的本约。某公司无正当理由拒绝收取认购书约定的剩余"认购金",亦不同意依照认购书约定的价格签订房屋买卖合同,属于违约行为,王某有权要求其赔偿预约违约损失即本约的信赖利益损失。综合涉案房屋的市场价格变动情况、王某的付款情况,一审判决认定王某的可信赖利益损失为10万元,难以补偿守约方的实际损失,二审法院予以调整。判决维持一审判决第一项;撤销一审判决第二项、第三项;某公司赔偿王某110万元;驳回王某的其他诉讼请求。

法官点评

(一)预约合同的认定

实践中,买卖双方经磋商先签订购房意向书再签订正式房屋买卖合同的情况非常普遍。关于购房意向书与房屋买卖合同的性质及关系,两者在性质上都是合同,在合同法上是预约和本约的关系,当事人对购房意向书是预约还是本约存在争议的,不应当拘泥于协议书的名称,而应当探求当事人签订协议书时的真实意思。依据《最高人民法院关于审理商品房买卖合同纠纷案件适用法律若干问题的解释》第五条规定:"商品房的认购、订购、预订等协议具备《商品房销售管理办法》第十六条规定的商品房买卖合同的主要内容,并且出卖人已经按照约定收受购房款的,该协议应当认定为商品房买卖合同。"故认定当事人签订的协议书名为预约实为本约的,该协议书至少应当包括拟购房屋的基本状况、价款数额、价款支付方式三部分内容,未同时具备的,不能认定为房屋买卖的本约。

(二)信赖利益损失的认定

缔约的一方基于对合同将有效成立和实际履行的信赖而放弃了与第三人缔约的机会,应得到法律的充分保护。如保护不力,会使违约方获利,而守约方或将花费更多的信息费用、安全费用,导致社会为此支付巨大的成本。通过法律对缔约机会予以合理的有限度的保护,可以实现个体与社会利益的平衡。缔约机会损失并未超越违约损害赔偿的可预见性原则,关于机会损失的赔偿数额,应当在最高不超过信赖利益的范围内,从利益平衡和诚实信用、公平原则出发,结合案件情况,综合考虑守约方的履约情况、违约方的过错程度、合理的成本支出等因素,酌情予以裁量。对于房屋买卖合同而言,涉及当事人的巨大切身利益。近年来,房屋价格波动较大,更应当侧重保护守约方的机会损失,以维护诚实信用的经济秩序。首先,房屋的价格变动为确定损失的重要参考因素。其次,守约方的履行程度亦应当作为确定其信赖利益损失数额的重要参考因素。同时,守约方主张的机会损失应当以预见到达成本约的风险之时点为界限而非其提起诉讼之时。

裁判精要

预约违约的损失在总体上应相当于本约的缔约过失责任范围，相当于本约的信赖利益损失。信赖利益损失通常包括所受损失与所失利益。依照我国合同法理论目前的基本共识，损失包括缔约费用、准备履行所需费用、已给付金钱的利息等，所失利益主要是另失订约机会之损害。

《民法典》对于预约合同并无新的规定，故《民法典》的出台不影响前述分析论证。

（编写人：杨路）

六、被告对于违约行为和违约金数额表示认可后，未有正当理由不得反悔

实务难题

一审期间，被告对于自己的违约行为、违约期间和违约金数额均表示认可的，对于其性质应如何确定，实务中时常或不予区分或统一认定构成当事人自认。然结合民事诉讼法及相关司法解释的规定，可知民事诉讼中的当事人对于己不利的事实和原告诉讼请求的承认构成了两个不同领域的“概念”，前者应当界定为事实层面的自认，后者应当界定为诉讼请求层面的认诺，两者产生的法律后果并不相同。在区分两者的基础上，才能更为清晰地判断：如果被告在一审判决之后针对违约金提起上诉，如何从自认和认诺的角度确定被告的上诉请求是否成立。

疑难案例

2013年10月22日，北京合生绿洲房地产开发有限公司（以下简称合生绿洲公司）与陈某签订商品房预售合同（以下简称预售合同），约定陈某购买合生绿洲公司开发的803号房屋，总价款为2,923,205元。预售合同第十二条约定“出卖人应当在2016年6月20日前向买受人交付该商品房”；第十四条约定：“除不可抗力外，出卖人未按照第十二条约定的期限和条件将该商品房交付买受人的，逾期在180日之内，自第十二条约定的交付期限届满之次日起至实际交付之日止，出卖人按日计算向买受人支付已交付房价款万分之一的违约金，

并于该商品房实际交付之日起30日内向买受人支付违约金，合同继续履行；逾期超过180日后，买受人有权退房，买受人退房的，出卖人应当自退房通知送达之日起60日内退还全部已付款，并按照买受人全部已付款的1%向买受人支付违约金；买受人要求继续履行合同的，合同继续履行，自第十二条约定的交付期限届满之次日起至实际交付之日止，出卖人按日计算向买受人支付全部已付款万分之一的违约金，并于该商品房交付之日起30日内向买受人支付违约金。”后陈某支付了全部购房款。

2016年9月12日，合生绿洲公司向陈某送达交楼通知书，载明商品房已经达到交付条件，通知陈某于2016年9月18日办理收楼手续。后陈某于约定的时间前往办理收楼手续，因就迟延交房违约金的抵扣问题双方未能达成一致意见，故合生绿洲公司并未实际交付803号房屋。

后陈某提起本案诉讼，要求合生绿洲公司立即交付803号房屋；并支付迟延交房违约金至实际交付之日止（按日万分之一自2016年6月21日计算，以2,923,205元为基数）。

一审诉讼过程中，法院就违约金的问题进行释明，合生绿洲公司表示认可2016年6月21日至9月18日的迟延交房违约金，只是以陈某存在逾期付款为由不同意承担2016年9月18日之后的违约责任。

法院观点

一审法院认为，合生绿洲公司于2016年9月12日通知陈某于2016年9月18日办理收楼手续，晚于合同约定的2016年6月20日，对于合生绿洲公司认可2016年6月21日至9月18日的迟延交房期间的违约金，法院不持异议，对于2016年9月18日之后是否应当承担违约责任的问题，因合生绿洲公司表示未解决违约金抵扣事宜拒绝交付房屋，故合生绿洲公司对此应当承担相应的违约责任。对于合生绿洲公司关于陈某未缴纳逾期付款违约金故不同意交房并不同意承担9月18日之后违约金的答辩意见，于法无据，故法院对此不予采纳。一审法院判决：一、合生绿洲公司于本判决生效之日起15日内向陈某交付803号房屋；二、合生绿洲公司给付陈某2017年2月21日之前的逾期交房违约金71,910.84元，于本判决生效之日起15日内给付完毕；三、合生绿洲公司按2,923,205元的日万分之一给付陈某2017年2月22日至实际交房之日的逾期交房违约金。

合生绿洲公司不服一审判决，其认为因政府原因导致在合同履行期间停工长达 25 日，此期间按合同约定应当免责，故提出上诉。二审法院经审理认为，合生绿洲公司通知陈某于2016 年9 月 18 日收房时，已超过合同约定期限，一审期间，合生绿洲公司认可其自 2016 年6 月 21 日至9 月 18 日的逾期交房行为，只是对其通知陈某收房之后的违约责任存在异议，然二审期间，合生绿洲公司又以政府原因为由要求 25 天的免责期。对此，法院认为，合生绿洲公司于一审期间的陈述已构成自认，且一审期间从未提出过免责天数的抗辩，再结合合同的提供方因素，认为合生绿洲公司的上述意见有违诚信，不予采纳。据此，二审法院判决驳回上诉，维持原判。

法官点评

（一）当事人对于违约行为的认可构成事实的自认

《最高人民法院关于适用〈中华人民共和国民事诉讼法〉的解释》第九十二条第一款规定："一方当事人在法庭审理中，或者在起诉状、答辩状、代理词等书面材料中，对于己不利的事实明确表示承认的，另一方当事人无需举证证明。"自认包含了当事人的处分意志，对作出自认的当事人而言，即使依自认的事实作出不利于他自己的判决，就某种程度上而言也是"自愿追求"。自认对当事人产生的约束力，具体而言，是指自认人作出自认之后，不得随意撤销或主张与自认相反的事实。这不仅是诚信原则的体现，也是程序安定与诉讼效率的要求。当然，在符合一定条件时，可以允许撤回自认。具体来说有以下几种情形：其一，当事人在法庭辩论终结前撤回自认并经对方当事人同意；其二，有充分证据证明自认行为是受到胁迫或重大误解下作出且与事实不符；其三，当事人反悔并有相反证据足以推翻自认。合同纠纷中，如果一方当事人认可己方存在违约行为，也就构成了对事实的自认，守约方无须再对此举证。就违约行为而言，包括违约程度、违约天数，上述内容都可成为当事人自认的范围，且自认后不可随意撤回。

本案中，合生绿洲公司在一审中认可了其在 2016 年6 月 21 日至9 月 18 日存在迟延交房的违约行为以及违约天数，其有异议只是 2016 年 9 月 18 日之后的违约责任承担,应当认定合生绿洲公司对上述违约情节的陈述构成了自认。

(二)当事人对于违约金标准和数额的认可构成诉讼请求认诺

诉讼请求认诺是指被告在诉讼中对原告的诉讼请求予以承认、认可的诉讼行为。但诉讼请求认诺属于理论概念,我国现行立法则称为"对原告诉讼请求的承认"或"承认原告诉讼请求",如《民事诉讼法》第五十一条规定:"原告可以放弃或者变更诉讼请求。被告可以承认或反驳诉讼请求,有权提起反诉。"

从诉讼程序的角度分析,被告认诺的对象是原告的诉讼请求。一旦认诺成立后,原告对诉讼请求的成立无须再承担举证责任。故此,某种意义上,认诺具有终结诉讼的效果,对于被告认诺的部分内容,法院应当就此作出原告胜诉之判决。

对于认诺的构成要件,我国虽未存在成文法意义上的规范,然结合司法实践和理论界的通说,其大致包括如下内容:其一,认诺的主体需要具有诉讼行为能力或诉讼代理权限;其二,认诺的对象是原告的诉讼请求,包括全部诉讼请求和部分诉讼请求;其三,认诺的请求是法律所承认且不违反强制或禁止性规定;其四,认诺的行使时间,一般限于民事诉讼程序启动后的诉讼过程中,集中体现在准备程序和言词辩论程序。此外,认诺和自认亦非同一概念,两者存在明显的区别,具体而言:自认是指当事人对于己不利事实的承认,其对象是案件事实,虽然自认和认诺皆可产生免除相对方就待证事实提供证据之责任,但当被告仅对部分事实作出自认时,并不必然导致原告的诉讼请求得以成立;认诺虽也免除了原告对于要件事实的证明责任,然更为重要的结果是导致原告的诉讼请求得以成立,法院也应当受认诺内容之约束而作出判决,其法理依据在于当事人对于自己权利的决定权和选择权。

认诺一旦作出当具有约束力,被告不可随意撤回,究其原因:一则在于民事诉讼法所确立的诚实信用和禁反言原则;二则亦是对原告诉讼程序利益的正当维护。此外,一审法院依被告的认诺作出判决之后,被告于二审期间撤回或否认认诺的主张当受到更为严格的限制,除非被告能够证明其作出认诺时遭受了胁迫、暴力等情形。

本案中,合生绿洲公司在一审期间不仅认可其存在违约行为,还认可陈某主张的2016年6月21日至9月18日的违约金数额和计算方法,已构成对陈某部分诉讼请求的认可，但其却又在上诉中称应当扣除上述时间段中25天的免责期，考虑到合生绿洲公司作为房屋交付方，对于履行迟延的原因应当十分清楚，且作出认诺时不存在遭受胁迫等非法情形，故其二审期间的该项主张有违诚信原则，不应得到支持。

裁判精要

违约方在一审期间对于违约行为、违约金数额及计算方法的认可构成事实上的自认和权利的处分，其在二审期间又提出新的理由要求调整违约金，法院不予支持。

《民法典》第五百七十七条规定："当事人一方不履行合同义务或者履行合同义务不符合约定的，应当承担继续履行、采取补救措施或者赔偿损失等违约责任。"与之前的《合同法》相比，《民法典》对于违约责任的规定并无本质变化。在确定违约责任的基础上，本案涉及的主要是民事诉讼领域中当事人认诺的判断，参考性要件并未因《民法典》的出台而产生变化。

（编写人：史智军）

第五章　特殊类型房屋买卖的问题

一、论借名购买按经济适用住房管理房屋的合同效力与过户登记问题

实务难题

我国《物权法》规定,不动产实行统一登记制度。但为规避法律或者相关政策,实践中大量出现各类房产借名买卖案件,使不动产物权登记制度未能得到很好落实。借名买房现象是当前社会经济发展下的产物,涉及借名人、出名人、房地产开发商、登记机关以及案外第三人等多方主体,关系合同效力认定与房屋过户登记等问题,法律关系较为复杂。

法律往往滞后于社会发展,实践中新涌现的社会问题在法律中并未有明确规定,法律空白时常呈现。本案中,所出现的借名购买按经济适用住房管理房屋现象,在实践中较为少见,现行法律又未有相应规定。对此类案件认真研究并妥善处理,既可维护市场交易安全、保护当事人合法权益,又可保障不动产登记秩序、统一司法裁判标准,具有重要的现实意义。

疑难案例

上诉人(原审原告):宫某、孙某

被上诉人(原审被告):肖某

原审被告:王某

宫某系孙某之母,陈某系王某之儿媳。诉争房屋系肖某于2011年4月7日与北京×置业公司签订前门地区风貌保护工程搬迁居民定向安置弘善家园购房合同所得,房屋所有权于2015年9月30日登记在肖某名下,房屋性质系按经

济适用住房管理。2013 年 1 月 30 日,经北京×房地产经纪有限公司居间,陈某以肖某代理人的身份与宫某签订北京市存量房屋买卖合同(经纪成交版),约定:肖某向买受人宫某出卖诉争房屋,建筑面积 76.93 平方米,房屋成交价格为 1,400,000 元,家具、家电、装饰装修等作价 360,000 元,其中定金 50,000 元于签订合同当日支付,买受人拟贷款 600,000 元。同日,双方又签订补充协议,约定:首付款 1,150,000 元(含 50,000 元定金)于签订合同当日支付,双方应于评估公司出具评估报告后 3 个工作日内共同办理贷款申请手续;因此房暂无房本,待房本下发后北京×房地产经纪有限公司全程陪同双方办理过户手续;出卖人同意买受人更换购房人,但只限买受人亲属之间更换;待房本发放之前,出卖人承诺全权配合买受人办理关于房屋的一切手续事宜。

签订上述房屋买卖合同当日,涉案房屋即交付给了宫某,宫某向王某的银行账户支付了 1,150,000 元。2013 年 5 月 20 日,宫某向王某的银行账户支付了 50,000 元。陈某就此分别以肖某的名义为宫某出具了收款证明。

一审庭审中,王某称肖某是其干儿子,诉争房屋实际上其借用肖某的购房资格购买的。经询,王某称肖某是外地户籍,现在已经联系不上了。宫某提交肖某出具的"委托书"(上载有:"甲方:肖某,今有左安门外弘善家园小区×号房一套,本是王某我干妈的,但在房本上写的是肖某我的名,现出售,我要协助乙方把各项手续办完,包括过户,直到办妥为止。如有违约我本人负法律责任。我的委托人:陈某。肖某　2011 年 4 月 29 日")、身份证复印件、付款凭证、安置协议、定向购房合同、结算协议、结算发票等资料,欲证明双方之间的房屋买卖合同合法有效,宫某已经履行了付款义务,肖某也通过其代理人交付了房屋及相关资料,宫某获得了除房产证以外的全部手续并实际占有诉争房屋。王某对此予以认可。宫某提交孙某购房资格审核结果,欲证明孙某在本市连续 5 年(含)以上缴纳社会保险,具备购房资格。王某对此予以认可。宫某称在此次交易过程中其并未见过肖某本人,"委托书"是中介人员向其出示的。

宫某、孙某向一审法院提出诉讼请求:1. 判令肖某协助孙某将北京市朝阳区弘善家园×号房屋(以下简称诉争房屋)过户登记至孙某名下,孙某同意在过户当日一次性支付剩余购房款 56 万元;2. 判令肖某支付逾期办理房屋过户登记手续的违约金 50 万元、损失 2 万元。

法院观点

一审法院认为:合同应当体现当事人真实的意思表示;当事人对自己提出的诉讼请求所依据的事实或者反驳对方诉讼请求所依据的事实有责任提供证据加以证明,没有证据或证据不足以证明当事人的事实主张的,由负有举证责任的当事人承担不利后果。本案中,诉争房屋产权证明所载的所有权人为肖某,关于陈某以肖某代理人的身份与宫某所签房屋买卖合同的效力问题,宫某所持“委托书”并未明确委托授权的范围、权利行使期限等具体事项,且在交易过程中宫某自始至终都未见过肖某本人、“委托书”授权时间距离签订上述合同将近两年,关于该合同是否为肖某真实的意思表示,本院难以确认;此外,并未有证据证明肖某授权王某代收房款,宫某称相关购房款直接支付给了王某,就此法院难以认定宫某已经履行了房屋买卖合同项下的付款义务。综上所述,关于宫某、孙某要求按照合同约定变更购房人并将诉争房屋过户至孙某名下、要求肖某支付违约金、赔偿损失等诉讼请求,法院均不予支持。肖某经法院合法传唤未到庭应诉,视为其放弃了答辩及质证等相关权利,法院依法缺席判决。

综上所述,依据《合同法》第二条、第六十条,《民事诉讼法》第一百四十四条及《最高人民法院关于适用〈中华人民共和国民事诉讼法〉的解释》第九十条之规定,一审法院判决:驳回宫某、孙某的全部诉讼请求。

判决后,宫某系孙某不服,上诉至二审法院。

二审中,关于涉案房屋能否过户的问题,二审法院前往北京市朝阳区不动产登记事务中心进行了调查,该中心表示涉案房屋性质为按经济适用住房管理房屋,与经济适用房屋性质并不相同,不受相关权属变更政策的限制,可以办理产权变更登记。

在二审审理中,经法院主持调解,各方当事人自愿达成如下协议:一、北京市朝阳区弘善家园×号房屋归孙某所有,肖某配合孙某办理过户手续,过户所需费用由孙某承担;二、孙某于2018年6月25日前给付王某剩余房款56万元及办理产权费用2万元;三、孙某履行上述协议第二项给付义务的同时王某将房屋所有权证、安置协议书(肖某于2011年4月7日与北京×置业公司所签)、购房合同(肖某于2011年4月7日与北京×置业公司所签)、购房发票、结算协议(肖某于2012年8月7日与北京×置业公司所签)等办理房屋过户所需手续原件交付孙某;四、宫某、孙某放弃其他上诉请求。

法官点评

（一）房屋性质

根据借名购买房屋性质的不同，借名买房合同可分为借名购买普通性质住房与借名购买保障性住房。商品房所有权人对商品房享有完全产权，但经济适用房、按经济适用住房管理的房屋，由于房屋属性的限制，所有权人的权属及过户登记权利往往受限。

《经济适用住房管理办法》第二条规定："本办法所称经济适用住房，是指政府提供政策优惠，限定套型面积和销售价格，按照合理标准建设，面向城市低收入住房困难家庭供应，具有保障性质的政策性住房。"

《经济适用住房管理办法》第三十条规定："经济适用住房购房人拥有有限产权。购买经济适用住房不满5年，不得直接上市交易，购房人因特殊原因确需转让经济适用住房的，由政府按照原价格并考虑折旧和物价水平等因素进行回购。购买经济适用住房满5年，购房人上市转让经济适用住房的，应按照届时同地段普通商品住房与经济适用住房差价的一定比例向政府交纳土地收益等相关价款，具体交纳比例由市、县人民政府确定，政府可优先回购；购房人也可以按照政府所定的标准向政府交纳土地收益等相关价款后，取得完全产权。"

按经济适用住房管理的房屋与经济适用住房系两种不同的房屋性质，按经济适用住房管理的房屋不适用经济适用住房关于限制交易的相关规定，法律法规亦未禁止按经济适用住房管理性质的房屋交易，按经济适用住房管理的房屋性质不影响合同的效力。

（二）合同效力

关于借名买房合同的效力问题。对于借名购买并登记普通性质住房，借名人为房屋所有权人，出名人配合借名人办理房屋过户手续，因双方签订的合同系双方当事人真实的意思表示，基于民法中的诚实信用、公平原则，双方均应按照合同约定履行，故该合同应属合法有效。

对于借名购买并登记保障性住房，则存在较大分歧。一些学者主张借名购买保障性住房合同无效,认为双方的借名买房合同系以合法形式掩盖非法目的;损害社会公共利益;属于恶意串通,损害国家、集体或第三人利益;违反法律、行政法规强制性规定。总之,适用《合同法》第五十二条的规定,可以认定借名买房合同无效。另一些学者主张借名买房合同有效,理由是合同是双方当事人真实的意思表示,《经济适用住房管理办法》在性质上属于部门规章,并非法律、行政法规的强制性规定,所以双方合同有效。

经过多年理论研究与司法实践,尤其考虑到物权与债权的相互独立属性,笔者认为,如果合同签订系双方当事人真实意思表示,且不存在《合同法》第五十二条的合同无效条款的情形,借名买房合同应属有效。

(三)过户登记

若合同签订系双方当事人真实意思表示,且不存在合同无效的情形,虽然借名人与出名人之间合同有效,但双方仅为债权关系,借名人与出名人之间关于房屋所有权归属的约定只能约束合同双方当事人,没有直接设立房屋所有权的法律效力,借名人不能根据借名买房协议的约定直接取得房屋所有权,但借名人可根据双方签订的合同,要求出借人办理过户手续。北京市高级人民法院《关于审理房屋买卖合同纠纷案件若干疑难问题的会议纪要》(京高法发〔2014〕489号)第十条中规定:"借名人以出名人(登记人)为被告提起诉讼,要求确认房屋归其所有的,法院应当向其释明,告知其可以提起合同之诉,要求出名人为其办理房屋过户登记手续。"

但上述规定适用的前提是借名人符合涉案房屋购买与过户的相关政策要求,比如,必须遵守经济适用房不满5年不得直接上市交易的规定,同时,在过户登记时亦应当补交土地收益等相关价款。

(四)案件评析

本案中的一个难点是涉案房屋是否能够变更登记的问题。

根据查明的事实,各方当事人对于签订借名买房合同的意思真实,合同应属合法有效。关于房屋过户登记政策,经过二审法院向北京市朝阳区不动产登记事务中心调查,涉案房屋性质为按经济适用住房管理房屋,与经济适用房屋性质并不相同,不受《经济适用住房管理办法》中权属变更政策的限制,可以办理产权变更登记。综上所述,二审法院在充分调查房屋性质并仔细研究了相关住房管理政策的基础上,促进双方当事人调解结案,既合理又合法,真正实现了案结事了。

裁判精要

借名购买按经济适用住房管理的房屋,双方借名买房合同意思真实,合法有效,对于房屋能否过户登记的问题,应当向当地不动产登记事务中心进行咨询,依据该类房屋的管理与过户规定进行判断。

《民法典》第二百一十条规定,不动产登记,由不动产所在地的登记机构办理。国家对不动产实行统一登记制度。统一登记的范围、登记机构和登记办法,由法律、行政法规规定。《民法典》第四百六十五条规定,依法成立的合同,受法律保护。依法成立的合同,仅对当事人具有法律约束力,但是法律另有规定的除外。民法典实施后,本案情况及裁判结果没有变化。

（编写人:玄明虎、申峻屹）

二、房屋部分坍塌不影响农村房屋买卖合同的效力

实务难题

宅基地属于农民集体所有,可以依法确定给农村村民个人使用。农村村民一户只能拥有一处宅基地,有权依法利用该土地建造住宅及其附属设施。鉴于宅基地系供农村村民建造住宅的属性,农村村民将住宅出售给同一集体经济组织其他成员的,宅基地使用权实际上一并转移,司法实践中一般对此类合同效力予以确认。但是,当合同签订时房屋已有部分坍塌,是否将使农村房屋买卖合同的买卖标的由农村房屋及宅基地变更为单一的宅基地流转,若房屋基础均已丧失则单一转让宅基地的合同效力又将如何评判,鉴于农村房屋及宅基地与特定身份相联系,因此关于此类合同效力的判断应从案件客观情况、农村房屋及宅基地的性质以及合同法关于合同效力的规定三个方面予以综合考量评判。

疑难案例

李某系某村村集体成员。2017 年 4 月 1 日李某与刘某签订买卖房产契约,合同约定刘某将位于某村的正房两间作价 70,000 元卖与李某。2015 年 5 月 13 日,刘某取得了涉案房屋翻建规划许可证,但至今没有翻建。涉案照片显示房屋已有部分坍塌。

李某诉至法院,请求法院确认李某与刘某签订的买卖房产契约有效。刘某认为,宅基地上没有房子,但买卖房产契约载明有房屋两间,因此买卖房产契约是虚假的,应当认定无效。

法院观点

一审法院认为,李某与刘某签订的买卖房产契约约定内容为房屋买卖,但依据法院查明的事实,房屋早已不存在,因此李某与刘某之间的买卖行为涉及的是宅基地的转让。故法院认为,买卖房产契约是一种以合法形式掩盖非法目的的合同。这种宅基地的转让方式违反法律、行政法规的强制性规定。故对李某诉求买卖房产契约有效,法院不予支持。法院判决驳回李某的诉讼请求。

李某不服,向二审法院提起上诉,要求撤销一审判决,改判支持李某的一审诉讼请求或发回重审。李某上诉认为,双方签约时涉案宅基地上存在房屋,签约后刘某在李某不知情的情况下将房屋拆除,双方签订契约的真实意思表示与合同内容一致,不存在掩盖非法目的的事实,契约没有违反法律、行政法规的规定。

二审法院经审理认为,本院的争议焦点为买卖房产契约是否有效。根据已查明的事实,李某与刘某签订买卖房产契约,约定"刘某现有房产两间,建筑占地叁拾壹平米,用地面积宅基地壹百(佰零)伍平米……径(经)与村民本村李某自愿协商意定将房产自愿卖给本村李某";双方另签订《协议字据》,约定"某村村民刘某现有房产两间,建筑占地叁拾壹平米,用地面积宅基地壹百(佰)另(零)伍平米……自愿给本村村民李某,价款柒万元整",通过买卖房产契约及协议字据的表述,双方约定的买卖标的不仅包含诉争房产,亦包含宅基地使用权。

首先,我国法律法规并不禁止同一集体经济组织内房产及宅基地的流转。

根据我国《土地管理法》第六十二条第一款规定:"农村村民出卖、出租住房后,再申请宅基地的,不予批准",由此规定可以看出,我国目前实际上并不禁止农民房产及宅基地的流转,只是流转后不得再申请宅基地;且根据《物权法》第一百五十五条规定,"已经登记的宅基地使用权转让或者消灭的,应当及时办理变更登记或者注销登记",这一规定实际上明示农村宅基地使用权是可以转让的。

其次,本案中诉争的买卖房产契约具备有效合同的全部要件,并不存在合同无效的情形。根据已查明的事实,李某与刘某均为某村同一集体经济组织成员,李某系可受让刘某房产及宅基地的适格主体,双方以平等主体地位订立的买卖房产契约,系双方真实意思表示,且刘某亦表示已收到李某支付的 7 万元款项,该买卖房产契约已经履行完毕,且上述流转在同一集体经济组织内部进行,没有损害集体的公共利益,没有违反相关的法律法规,不属于合同法规定的合同无效情形,亦不涉及相关法律规定的合同无效的其他情形。刘某虽主张在签订买卖房产契约时宅基地上并不存在房屋,但综合本案证据及证人当庭陈述,在签订买卖房产契约时该宅基地上虽不存在房屋的完整形态,但仍存在房屋基础,涉案房屋亦已取得了乡村建设规划许可证(平房翻建工程),且即便不存在房屋,我国法律法规亦并未禁止同一集体经济组织内宅基地的流转,故刘某以签订买卖房产契约时涉案宅院上不存在房屋为由主张合同无效,缺乏法律依据。

综上所述,李某与刘某签订的买卖房产契约应属合法有效。遂判决撤销一审判决,改判确认李某与刘某签订的买卖房产契约有效。

法官点评

依据双方当事人的诉辩对抗过程,本案的审理思路可作如下梳理:首先,从本案客观情况来看,房屋有部分坍塌是否导致农村房屋买卖合同的买卖标的发生变化,进而影响合同效力;其次,从宅基地使用权的性质来看,即便房屋全部坍塌导致买卖标的变更为宅基地使用权的转让,合同会否因此无效;最后,从合同法角度来看,合法有效的合同应当满足哪些条件。

(一)房屋部分坍塌不改变农村房屋买卖合同的买卖标的

目前,我国法律中并无关于农村房屋买卖合同的直接规定,相应规定散落于《物权法》《土地管理法》及相关行政法规、部门规章和政府文件中。但在司法实践中,要求确认农村房屋买卖合同效力的案件数量巨大,裁判规范多以会议纪要等方式予以明确。《2011 年全国民事审判工作会议纪要》(法办〔2011〕442 号)第十五条第一款、第二款规定:“在农村集体所有土地上建造房屋并向社会公开销售,应当依据合同法第五十二条和土地管理法第四十三条规定,认定该买卖合同无效。将宅基地上建造的房屋出卖给本集体经济组织成员以外的人的合同,不具有法律效力;出售给本集体经济组织成员的,应当符合法律、行政法规和国家政策关于宅基地分配、使用条件的规定。”《北京市高级人民法院农村私有房屋买卖纠纷合同效力认定及处理原则研讨会会议纪要》中亦有类似观点,农村房屋买卖合同以认定无效为原则,以认定有效为例外,如买卖双方都是同一集体经济组织的成员,经过了宅基地审批手续的,可以认定合同有效。可见,将农村房屋出售给非本集体经济组织成员的,合同无效;出售给本集体经济组织成员的,应当符合宅基地分配、使用条件。

上述裁判规则,也符合法律法规及政府文件中的规定和要求。我国法律和国家政策禁止农村村民将农村房屋出售给城镇居民,国务院办公厅 1999 年颁布的《关于加强土地转让管理严禁炒卖土地的通知》就明确规定:“农民的住宅不得向城市居民出售,也不得批准城市居民占用农民集体土地建住宅,有关部门不得为违法建造和购买的住宅发放土地使用证和房产证。”但是法律及行政法规并没有禁止同一集体经济组织成员间房产及宅基地的流转,《土地管理法》第六十二条规定:“农村村民一户只能拥有一处宅基地,其宅基地的面积不得超过省、自治区、直辖市规定的标准。农村村民建住宅,应当符合乡(镇)土地利用总体规划,并尽量使用原有的宅基地和村内空闲地。农村村民住宅用地,经乡(镇)人民政府审核,由县级人民政府批准;其中,涉及占用农用地的,依照本法第四十四条的规定办理审批手续。农村村民出卖、出租住房后,再申请宅基地的,不予批准。”由此可以看出,法律目前实际上并不禁止农村房屋及宅基地的流转,只是出卖人流转后不得再申请宅基地,且买受人应当符合“一户一宅”原则,宅基地使用面积、住房建设等应符合规划及审批要求。

本案中，双方在买卖房产契约及协议字据中明确约定，转让的内容为建筑占地31平方米的房产两间以及用地面积105平方米的宅基地，可见双方约定的买卖标的不仅包含房屋，亦包括宅基地使用权。虽然刘某主张在签订合同时宅基地上并不存在房屋，但是根据查明的事实，签订合同时宅基地上的房屋仅部分有坍塌且已经取得了乡村建设规划许可证，依然具有建造使用房屋的价值和可能，因此不宜认定宅基地上的房屋已经完全灭失，涉案农村房屋买卖合同的标的既包括房产亦包括宅基地使用权，房屋部分坍塌不改变合同的买卖标的。

（二）转让宅基地使用权不影响农村房屋买卖合同的效力

关于宅基地使用权的转让问题，学界持有三种观点：禁止转让说认为宅基地转让与宅基地分配制度互不相容；严格限制转让说主张为进城农民保留宅基地，而有条件限制转让说主张结合社会背景讨论宅基地流转问题；自由转让说则主张宅基地得以流转。从法律解释学的角度出发，可以发现，为维护集体经济组织利益，现行法律法规严格禁止宅基地向集体经济组织外流转，但并不禁止同一集体经济组织内部宅基地的流转。

《物权法》第一百五十三条规定："宅基地使用权的取得、行使和转让，适用土地管理法等法律和国家有关规定。"因此，宅基地使用权的转让，不得违反土地管理法等法律及有关行政法规的强制性规定。土地管理法并不禁止同一集体经济组织内宅基地使用权的转让，《土地管理法》第六十二条规定："农村村民一户只能拥有一处宅基地，其宅基地的面积不得超过省、自治区、直辖市规定的标准……农村村民出卖、出租住房后，再申请宅基地的，不予批准。"第六十三条规定："农民集体所有的土地的使用权不得出让、转让或者出租用于非农业建设……"由此可见，《土地管理法》没有一概否认转让宅基地使用权的效力，但是对转让宅基地使用权的用途限制为不得用于非农建设，并对转让宅基地使用权的后果明确为出让人不得再申请宅基地。此外，《物权法》第一百五十五条规定："已经登记的宅基地使用权转让或者消灭的，应当及时办理变更或者注销登记。"实际上也是在明示农村宅基地使用权是可以转让的。在行政法规及部门规章方面，国家土地管理局《确定土地所有权和使用权的若干规定》（〔1995〕国土籍字第26号）第四十九条规定，接受转让、购买房屋取得的宅基地，与原有宅基地合计面积超过当地政府规定标准,按照有关规定处理后允许继续使用的,可暂确定其集体土地建设用地使用权。在行政机关层面,严禁农村村民向城市居民出售房屋,但是认可同一集体经济组织成员间房屋的转让、购买,而在房地一体的格局下,房屋的转让势必意味着宅基地使用权的一并转让,现有行政法规及部门规章并未明令禁止宅基地使用权的单独转让,亦未对此有效力性强制性规定。

本案中,涉案房屋虽已部分坍塌,但尚且存在房屋基础及结构,我国法律和行政法规亦未禁止同一集体经济组织成员间宅基地的流转,农村房屋买卖合同也不因买卖标的出现部分损毁而归于无效。

(三)认定农村房屋买卖合同有效应符合《合同法》规定

确认合同有效应衡量合同是否具备有效合同的全部要件,且不存在合同无效的情形。《合同法》第四十四条规定:"依法成立的合同,自成立时生效。法律、行政法规规定应当办理批准、登记等手续生效的,依照其规定。"作为一种法律行为,合同有效是指完全发生了意思表示所表达的法律后果。[1]《民法总则》第一百四十三条规定:"具备下列条件的民事法律行为有效:(一)行为人具有相应的民事行为能力;(二)意思表示真实;(三)不违反法律、行政法规的强制性规定,不违背公序良俗。"故此,合同有效,应是合同双方具有签订合同的行为能力,签订合同系双方真实意思表示,且不具有法律、行政法规规定的合同无效情形。

关于合同无效的规定,有《合同法》第五十二条。该条规定:"有下列情形之一的,合同无效:(一)一方以欺诈、胁迫的手段订立合同,损害国家利益;(二)恶意串通,损害国家、集体或者第三人利益;(三)以合法形式掩盖非法目的;(四)损害社会公共利益;(五)违反法律、行政法规的强制性规定。"《最高人民法院关于适用〈中华人民共和国合同法〉若干问题的解释(一)》(以下简称《合同法解释(一)》)第四条规定:"合同法实施以后,人民法院确认合同无效,应当以全国人大及其常委会制定的法律和国务院制定的行政法规为依据,不得以地方性法规、行政规章为依据。"《合同法解释(二)》第十四条规定,《合同法》

---

〔1〕 参见韩世远:《合同法总论》(第4版),法律出版社2011年版,第201页。

第五十二条第(五)项规定的“强制性规定”,是指效力性强制性规定。同一集体经济组织内部流转农村房屋及宅基地的,并未侵害集体经济组织利益,现行法律及行政法规也未有效力性强制性规定予以禁止。而《关于以其他形式非法转让土地的具体应用问题请示的答复》中关于“原宅基地使用者未经依法批准通过他人出资翻建房屋,给出资者使用,并从中牟利或获取房屋产权,是属‘以其他形式非法转让土地’的违法行为之一”的规定,因系原国家土地管理局的答复,并非据以确认合同无效的依据。故本案协议,符合《合同法》关于合同效力的规定,实为合法有效合同。

综上所述,现行法律和行政法规并不禁止同一集体经济组织内部农村房屋及宅基地的流转,房屋部分坍塌的,不应认为农村房屋买卖合同的标的已变更为单一转让宅基地使用权,纵使合同标的仅为流转宅基地的,现有法律和行政法规也未有效力性、强制性规定予以禁止,故而从《合同法》关于合同效力的规定来看,房屋部分坍塌并非影响确认农村房屋买卖合同合法有效的因素。

裁判精要

法律和行政法规未禁止同一集体经济组织内部农村房屋及宅基地的流转,房屋部分坍塌而仍留有房屋基础和结构的,农村房屋买卖合同的标的并未变更为单一转让宅基地使用权,不违反法律和行政法规的效力性、强制性规定,并非影响确认农村房屋买卖合同合法有效的因素。

《民法典》第二编第十三章关于宅基地使用权的规定与《物权法》相比,并无实质性变化,本案仍具有典型性及参考意义。虽然《民法典》第三编第三章合同的效力中不再规定《合同法》第五十二条规定的合同无效的法定情形,但该编对合同的效力没有规定的,均适用《民法典》第一编第六章的有关规定。《民法典》第一编第六章中第一百五十三条规定:违反法律、行政法规的强制性规定的民事法律行为无效。但是,该强制性规定不导致该民事法律行为无效的除外。从该规定内容来看,该规定对本案无实质性影响,故本案观点在新《民法典》下仍然适用。

(编写人:全奕颖、佳丽)

第六章　程序性问题

一、双方在前案中达成和解并撤回起诉后另行起诉的构成重复起诉

实务难题

当事人就已经提起诉讼的事项在诉讼过程中或者裁判生效后再次起诉，同时符合下列条件的，构成重复起诉：（一）后诉与前诉的当事人相同；（二）后诉与前诉的诉讼标的相同；（三）后诉与前诉的诉讼请求相同，或者后诉的诉讼请求实质上否定前诉裁判结果。当事人重复起诉的，裁定不予受理；已经受理的，裁定驳回起诉，但法律、司法解释另有规定的除外。重复起诉系指诉的同一性，即当事人及作为诉讼标的的权利义务是相同的，且诉的利益也应当相同。在第二审程序中，原审原告申请撤回起诉，经其他当事人同意，且不损害国家利益、社会公共利益、他人合法权益的，人民法院可以准许。准许撤诉的，应当一并裁定撤销一审裁判。原审原告在第二审程序中撤回起诉后重复起诉的，人民法院不予受理。

实践中，当事人在二审程序中如果撤回起诉，再针对同一诉讼标的以同一被告同一诉讼请求提起诉讼的，一般应认定为重复起诉从而裁定驳回起诉。但是在有些情况下，当事人的诉讼请求未必完全相同，是否构成重复起诉尚存争议。我们认为，可以结合案件的背景、前案的裁判情况、当事人的调解履行情况等综合把握当事人的起诉是否构成重复起诉，避免浪费司法资源、扰乱业已形成的稳定的法律关系。

疑难案例

2016年4月10日，邵某（乙方）、姜某（甲方）在第三人（丙方）的居间服务

下签署北京市存量房屋买卖合同、补充协议、居间服务合同，约定由乙方购买甲方名下的顺义区馨港庄园二区22号楼二单元×号房屋，房价款为235万元，由乙方于2016年4月10日自行支付给甲方定金10万元，于同年6月15日前将第一笔首付款67万元以理房通托管方式支付甲方，双方于2016年6月30日前共同前往贷款机构办理贷款申请手续。居间服务费4.7万元由乙方支付。关于逾期付款责任，三方约定：甲方若出现下列情形之一的，甲方构成根本违约，且乙方有权以书面通知的方式解除房屋买卖合同：……拒绝将该房屋出售给乙方或者擅自提高房屋交易价格的……甲方出现上述根本违约情形之一的，甲方应在违约行为发生之日起十五日内，以相当于该房屋总价款的20%向乙方支付违约金，丙方收取乙方的所有费用不予退还，由甲方直接赔付乙方。乙方若出现下列情形之一的，乙方构成根本违约，且甲方有权以书面通知的方式解除房屋买卖合同：……逾期履行本补充协议第二条约定的义务超过15日的，乙方若出现上述根本违约情形之一的，乙方应在违约行为发生之日15日内，以相当于该房屋总价款的20%向甲方支付违约金。双方另在补充协议中约定：买卖双方于2016年9月1日前办理过户手续，卖方承诺此房为家庭名下满五年唯一住房。

上述合同及补充协议签订后，邵某付姜某定金10万元。2016年8月底，姜某告知第三人不再出售涉诉房屋。2016年9月下旬，邵某的父母与姜某的妻子及岳父在第三人的组织下就合同能否继续履行进行过一次商谈。因双方未能协商一致，邵某于2016年10月31日将姜某起诉至法院，诉讼请求为：1. 判令双方继续履行北京市存量房屋买卖合同及补充协议；2. 判令姜某配合邵某办理上述房屋的过户手续；3. 案件受理费由姜某承担。在该案审理过程中，姜某向一审法院提出反诉，反诉请求为：1. 判令解除双方签订的北京市存量房屋买卖合同及补充协议；2. 判令邵某按照合同第七条约定赔偿姜某违约金（总房款的20%）；3. 判令邵某承担诉讼费。在该案的审理过程中，邵某称其于2016年6月15日前已经准备好67万元首付款，但是由于此时姜某的另外一套住房还没有出售，不满足“满五唯一”的出售条件，故三方商定将付款方式改为过户当日一次性给付房屋全款，但姜某却在合同约定的过户日拒绝办理过户手续，构成根本违约。关于邵某主张的变更付款方式的问题，涉案房屋买卖经纪人陈泽轩在该案庭审时出庭作证称：邵某曾跟他说想把邵某家金汉绿港的房屋出售后，将涉诉房屋的房款支付方式由贷款改成全款，其电话告知姜某本人关于邵某变更付款方式的意见，姜某表示同意。该案中，法院向邵某释明，如果法院判决双方的买卖合同解除的话，关于合同解除的后果是否在该案中一并处理，邵某要求一并处理，要求姜某双倍返还定金并赔偿房屋总价款20%的违约金。就该案，法院于2016年12月27日作出(2016)京0113民初15615号民事判决书，认为邵某所举证据不能充分证明姜某同意变更购房款的支付时间和支付方式，邵某没有按照合同约定时间支付第一笔首付款67万元，姜某有权依据合同约定解除房屋买卖合同，并判决：一、原告(反诉被告)邵某与被告(反诉原告)姜某于二〇一六年四月十日签订的北京市存量房屋买卖合同及补充协议于二〇一六年十二月六日解除；二、被告(反诉原告)姜某于本判决生效之日起七日内返还原告(反诉被告)邵某定金10万元；三、原告(反诉被告)邵某于本判决生效之日起七日内支付被告(反诉原告)姜某违约金5万元；四、驳回原告(反诉被告)邵某全部诉讼请求；五、驳回被告(反诉原告)姜某其他反诉请求。

上述判决作出后，邵某不服提出上诉。在二审开庭过程中，姜某称其"妻子和岳父只是参与了卖房的一点点，就是谈判的过程参与了，不像对方说的签合同的过程也参与了"，姜某"妻子知道卖房的这个事，并且只是部分参与了卖房过程"，"不是非得参与了才要知情，家里都会有商量，所以阿某对这个事还是知道的"。姜某在二审阶段认可其妻子和岳父在录音中自己承认违约。经二审法院调解后，邵某撤回上诉和一审起诉，姜某撤回一审反诉。北京市第三中级人民法院于2017年2月28日作出(2017)京03民终3036号民事裁定书，裁定如下：一、撤销北京市顺义区人民法院(2016)京0113民初15615号民事判决；二、准许邵某撤回本案上诉；三、准许邵某撤回本案一审起诉；四、准许姜某撤回本案一审反诉。同时，邵某委托诉讼代理人白晓东与姜某委托诉讼代理人刘桂薇及姜某之妻阿某签订和解协议，内容为：1. 邵紫萱与姜某在2016年4月10日签订的北京市存量房屋买卖合同及补充协议于2016年12月6日解除。2. 姜某于2017年3月7日前返还邵某定金10万元。后姜某将10万元定金返还给邵某。姜某认为，其妻子和岳父在录音中承认自己违约的效力不能约束姜某，因姜某的妻子和岳父此次协商未经姜某同意和授权，故不代表本人的意思，且涉诉房屋是姜某婚前个人财产，其妻子无权就涉诉房屋的履行进行洽谈。邵某主张姜某妻子承认违约的行为已经构成表见代理，双方在履行合同的过程中曾达成协议均同意将67万元首付款的付款时间推迟至9月1日支付，但姜某后来却拒绝将涉诉房屋出售给邵某，构成违约，故要求姜某支付违约金。另外，邵某之父邵某某于2016年8月17日与案外人签署买卖协议,将其位于绿港家园的一套房屋出售,房款合计340万元。姜某主张就本案纠纷已经在上个案件的二审中达成和解协议,根据《最高人民法院关于适用〈中华人民共和国民事诉讼法〉的解释》第三百三十八条的规定,邵某违反一事不再理的原则,邵某此次起诉构成重复起诉,应予以驳回。关于居间费,第三人称其确实已向邵某收取4.7万元的居间费,但在本案判决作出前明确向法院表示不能退还邵某。关于邵某主张赔偿的其他中介费,未举证证明。

法院观点

一审法院认为,邵某与姜某及第三人签订的北京市存量房屋买卖合同及其补充协议以及居间服务合同系各方当事人真实意思表示,且不违反法律及行政法规的强制性规定,属合法有效,各方应严格遵守并全面履行约定义务。邵某主张姜某在履行合同的过程中拒绝出售涉诉房屋构成根本违约,并提交陈泽轩的证人证言及邵某父母、姜某妻子及岳父以及第三人的商谈录音为证。基于姜某的妻子及岳父,特别是姜某妻子与姜某之间的特殊身份关系,上述证据可以形成完整证据链并具备证据优势,可以据此认定姜某在履行房屋买卖的过程中拒绝出售房屋构成根本违约。在前案的二审审理过程中,邵某、姜某双方协商解除了房屋买卖合同,邵某第一次起诉要求继续履行的诉讼请求不具有实现的客观基础,故其在合同解除的前提下向法院提出本案中的诉讼请求,事实基础发生了变更,故法院认为不宜认定邵某本次起诉构成重复起诉。因姜某违反合同约定构成根本违约,邵某按照合同约定要求姜某支付违约金47万元,法院予以支持。判决:一、姜某于判决生效之日起七日内支付邵某违约金47万元;二、姜某于判决生效之日起七日内赔偿邵某居间费4.7万元;三、驳回邵某其他诉讼请求。

姜某不服,以该案构成重复起诉,且违约责任在于邵某为由要求撤销原判,改判驳回邵某的诉讼请求或发回重审。

二审法院经审理认为,本案中,邵某再次依据双方的房屋买卖合同起诉要求姜某承担违约责任,构成重复起诉。原审原告在第二审程序中撤回起诉后重复起诉的,人民法院不予受理。故裁定:一、撤销一审判决;二、驳回邵某的起诉。

法官点评

重复起诉制度源于诉讼法理论中的一事不再理原则。一事不再理是诉讼原则之一,对已经发生法律效力的判决、裁定的案件,除法律另有规定外,不得就同一事实再行起诉和受理。最早是罗马共和国时期民事诉讼的一项原则,也适用于刑事诉讼,后为封建社会所承接。理由基础是:既判的事实,应当视为真实,因而产生既判力的效果。近现代各国诉讼法普遍继承了这一原则。在英美法系,任何人不得因同一罪行受两次起诉和审判;大陆法系各国诉讼法典对此也有规定。苏联诉讼法也采用一事不再理原则。一事不再理原则起源于罗马法的“诉讼消耗”理论。所为诉讼消耗,是指所有诉权都会因诉讼系属而消耗。对同一诉权或请求权,不允许第二次诉讼系属。诉讼系属是指因为诉的提起,在特定当事人之间,就有争议的法律关系受有管辖权的法院审判的状态。在诉讼已经发生诉讼系属后,到诉讼终结的时候止,称为在诉讼系属中。

重复起诉系指诉的同一性,即当事人及作为诉讼标的的权利义务是相同的,且诉的利益也应当相同。《合同法》第一百零七条规定:“当事人一方不履行合同义务或者履行合同义务不符合约定的,应当承担继续履行、采取补救措施或者赔偿损失等违约责任。”继续履行、采取补救措施或者赔偿损失均系违约责任的承担方式,二者的请求权基础相同。

本案中,邵某再次依据双方的房屋买卖合同起诉要求姜某承担违约责任,构成重复起诉。原审原告在第二审程序中撤回起诉后重复起诉的,人民法院不予受理。首先,根据前案的民事判决书,内容主要是解除合同、姜某退还邵某10万元定金、邵某向姜某赔偿5万元违约金,同时驳回邵某全部诉讼请求、驳回姜某其他反诉请求。邵某上诉后,2017年2月28日邵某、姜某双方达成和解协议,内容是双方均同意解除2016年4月10日签订的北京市存量房屋买卖合同及补充协议,姜某返还邵某定金10万元(同时姜某放弃要求邵某支付违约金5万元),即双方之间的房屋买卖合同纠纷已经在达成和解协议后全部解决,且姜某已经按照协议约定履行了向邵某退还10万元定金的义务。因此,双方该房屋买卖合同纠纷项下的权利义务关系已经清理完毕。其次,顺义法院(2016)京0113民初15615号案件诉讼中,法院未采信陈泽轩的证人证言以及陈泽轩提供的2016年9月24日的两段录音。法院向邵某释明,如果法院判决双方的买卖合同解除的话,关于合同解除的后果是否在该案中一并处理,邵某要求一并处理,即要求姜某双倍返还定金并赔偿房屋总价款20%的违约金。此为履行合同诉讼请求(第一层次)的预备诉讼请求。从该案民事判决书内容来看,法院认定在双方房屋买卖合同履行过程中,应由邵某而非姜某承担违约责任。邵某要求赔偿房屋总价款20%的违约金,已经被该判决驳回。现邵某起诉要求姜某赔偿中介费和违约金实质上否定前诉裁判结果。

因此,综合前案的裁判情况和当事人的和解履行状况,可知虽然双方在和解协议中并未约定违约金一项,但是从双方的起诉请求以及调解的目的可知,其达成和解意在解决双方有关房屋买卖纠纷项下的争议,其并未列明违约金一项可推知为双方放弃向对方主张违约金的责任,并非双方搁置向对方追索违约金的权利以待日后行使。故即便双方的和解协议并不完备,但依然可推知当事人的本意在于权利义务的全部清理。在涉案和解协议已经达成并履行的情况下,邵某再次向法院起诉要求对方承担违约金,属于重复起诉,应裁定驳回其起诉。

实践中,有当事人滥用诉讼资源,抱着投机心态,通过多次起诉以谋求对自己有利的裁判结果。此时如果机械套用法律规定,反而使当事人有机可乘,为其谋取不当利益打开了大门。因此,审查是否构成重复起诉,可以结合案件的背景、前案的裁判情况、当事人的调解履行情况等综合把握,避免浪费司法资源、扰乱业已形成的稳定的法律关系。

裁判精要

重复起诉系指诉的同一性,即当事人及作为诉讼标的的权利义务是相同的,且诉的利益也应当相同。本案符合重复起诉的条件,应该裁定驳回起诉。

本案涉及的程序性问题,《最高人民法院关于适用〈中华人民共和国民事诉讼法〉的解释》第二百四十七条对此有明确的规定,即"当事人就已经提起诉讼的事项在诉讼过程中或者裁判生效后再次起诉,同时符合下列条件的,构成重复起诉:(一)后诉与前诉的当事人相同;(二)后诉与前诉的诉讼标的相同;(三)后诉与前诉的诉讼请求相同,或者后诉的诉讼请求实质上否定前诉裁判结果。当事人重复起诉的,裁定不予受理;已经受理的,裁定驳回起诉,但法律、司法解释另有规定的除外。"因此《民法典》施行后,本案例仍具有指导意义。

(编写人:胡新华、杨琳)

二、房屋买卖合同纠纷中抵押权人直接进入二审程序的法律适用

实务难题

随着社会经济的发展和房价的上涨,以抵押贷款方式购买房屋的现象日益普遍。当事人在转让涉抵押房屋时,应当一并解决贷款的偿还问题。当事人因合同履行问题提起诉讼,如法院拟判令合同继续履行,则应当追加抵押权人作为无独立请求权第三人进入诉讼。如一审遗漏抵押权人,二审法院依申请追加抵押权人进入诉讼后,在当事人调解不成的情况下,发回重审是否是唯一选择值得探讨。本文将结合具体案例就此进行探讨。

疑难案例

涉案房屋登记的所有权人系徐某。2015 年 10 月 18 日,出卖人徐某(甲方)与买受人李某(乙方)以及居间方北京某房地产经纪有限公司(丙方)签订房屋买卖合同及补充协议,其中关于房屋抵押情况载明,该房屋已经设定抵押的,出卖人应于 2015 年 11 月 30 日前办理抵押注销手续。合同同时约定了房屋面积、产权情况、支付方式及违约条款等内容。之后,李某依约定陆续向徐某支付购房款,并自 2015 年 12 月起实际控制涉案房屋。2016 年,双方因合同履行产生争议,李某诉至法院,要求徐某继续履行合同、协助办理过户手续,并支付违约金。

就合同未继续履行,李某称系徐某不想卖房,未配合其办理银行贷款面签。徐某称卖房一事,因徐某的丈夫许某不知情,徐某就通知李某不再卖房,但李某未同意。李某提交徐某常住人口登记卡,该登记卡上徐某的婚姻状况为未婚,拟证明徐某为涉案房屋所有权人,其有权出售该房屋。徐某认可该证据的真实性,但主张只能证明身份,不能证明财产情况。

李某提交银行存折及存款交易明细单,拟证明其有一次性支付剩余购房款的能力。徐某对该证据的真实性不清楚,证明目的不认可。

另查,案外人许某与徐某系夫妻关系,双方于 2008 年 2 月 14 日登记结婚。许某曾以李某、徐某为被告起诉至法院,要求确认徐某与李某于 2015 年 10 月 18 日签订的房屋买卖合同及补充协议无效;李某返还房屋租金 5 万元。法院经

审理认为李某在签约过程中,已经尽到了相应的审查义务,其无法知晓向其出示未婚户口本的徐某已经登记结婚。且涉案房屋所有权登记证书中记载的房屋所有权人即徐某。买受人李某信赖房屋登记簿上的物权记载及户口本的登记情况,其为善意,诉争合同应为有效。法院于2016年11月19日做出判决:驳回许某的全部诉讼请求。许某不服一审判决,向二审法院提起上诉,后撤回上诉,现一审判决已发生法律效力。

另2010年9月30日,徐某(借款人)与某银行(贷款人)签订个人购房借款(综合)合同,徐某向某银行申请个人购房贷款80万元。截至2017年4月9日,徐某尚欠某银行贷款本金共计673,035.08元。李某对上述贷款偿还情况予以认可,并同意代徐某先行向某银行偿还剩余贷款。

二审中,因徐某坚决不同意继续履行合同,双方未能达成一致的调解意见。

法院观点

北京市顺义区人民法院于2016年11月29日作出一审民事判决,判决:一、李某于判决生效之日起七日内将购房款120万元给付徐某,徐某于李某履行前述给付义务之日起三日内将涉案房屋过户至李某名下,过户费用由李某负担;二、徐某于判决生效之日起七日内给付李某违约金2.78万元;三、驳回李某的其他诉讼请求。判决后,徐某提出上诉。北京市第三中级人民法院于2017年4月19日作出二审民事判决,判决:一、维持北京市顺义区人民法院一审民事判决第二项;二、撤销北京市顺义区人民法院一审民事判决第一项、第三项;三、李某于本判决生效之日起十五日内清偿徐某因涉案房屋所欠某银行北京分行贷款及利息(金额以某银行北京分行核算为准);四、上述第三项履行完毕之日起十五日内,徐某及某银行北京分行协助李某办理涉案房屋的抵押权解除手续;五、上述第四项履行完毕之日起十五日内,李某支付徐某剩余购房款(以一百二十万元减去上述第三项中某银行北京分行核算金额);六、上述第五项履行完毕之日起十五日内,徐某协助李某将涉案房屋的所有权变更登记至李某名下,过户费用由李某负担;七、驳回李某的其他诉讼请求。

法官点评

本案基本事实清楚,李某起诉要求徐某继续履行房屋买卖合同具有事实与法律依据，应当支持。案件的特殊之处在于程序，即徐某因购房贷款在涉案房屋上设定了抵押，一审法院未予查明，亦未追加抵押权人某银行进入诉讼；现某银行请求参与二审诉讼程序，李某愿意代徐某清偿对某银行欠付的剩余贷款本息而某银行对此也并无异议，在徐某坚决不同意调解的情况下，如何处理才能最大限度地保护当事人合法权益并减轻诉累？下文将结合《最高人民法院关于适用〈中华人民共和国民事诉讼法〉的解释》的相关条款进行逐一分析说明。

（一）某银行进入二审程序的法律依据

本案涉及三方当事人（李某、徐某及某银行）与两种法律关系（房屋买卖合同关系及抵押合同关系），某银行是抵押合同中的抵押权人，并非房屋买卖合同关系的当事人，即其对房屋的买卖关系并不具有独立的请求权。但是一审法院判决徐某和李某继续履行房屋买卖合同会直接影响某银行的民事权益，即剩余贷款本息的清偿问题。换言之，某银行对争议的诉讼标的（涉案房屋）并没有独立的请求权，但案件的判决结果可能间接影响某银行的权利（其在贷款合同中的债权和在抵押合同中的抵押权），故某银行在本案中应当作为无独立请求权的第三人参加诉讼。但在一审程序中，某银行未申请加入诉讼，法院亦未追加，现某银行书面申请加入二审程序，二审法院可以准许。[1]

（二）某银行进入二审程序后的实体处理

关于未参加一审庭审的第三人进入二审程序后的实体处理，《最高人民法院关于适用〈中华人民共和国民事诉讼法〉的解释》第三百二十七条规定："必须参加诉讼的当事人或者有独立请求权的第三人，在第一审程序中未参加诉讼，第二审人民法院可以根据当事人自愿的原则予以调解；调解不成的，发回重审。"该条规定针对的是必须参加诉讼的当事人和有独立请求权的第三人，即必要共同诉讼中的共同诉讼人和对争议的诉讼标的有独立请求权的第三人。关

〔1〕《最高人民法院关于适用〈中华人民共和国民事诉讼法〉的解释》第八十一条规定："根据民事诉讼法第五十六条的规定，有独立请求权的第三人有权向人民法院提出诉讼请求和事实、理由，成为当事人；无独立请求权的第三人，可以申请或者由人民法院通知参加诉讼。第一审程序中未参加诉讼的第三人，申请参加第二审程序的，人民法院可以准许。"

于无独立请求权第三人进入二审程序后的实体处理，司法解释并未作出明确规定。如果参照对必要共同诉讼人和有独立请求权第三人的规定，在当事人不同意调解的情况下发回重审，笔者认为在本案中并无必要。具体理由如下：

第一，某银行在本案中的权利义务关系明确清晰，直接改判足以保护其合法权益。本案中，某银行加入二审程序后，明确表示徐某与李某在办理涉案房屋的过户手续前，先行足额清偿剩余贷款本息，其即同意配合办理贷款解押手续。由李某代徐某清偿涉案房屋上的剩余贷款，也足以保障某银行的债权和抵押权。虽然涉案房屋的买卖情况并未事先告知某银行，但只要李某愿意代徐某清偿剩余债务消灭抵押权，房屋的转让就是有效的。[1]现受让人李某愿意清偿剩余债务，某银行也接受李某代为清偿剩余债务，二审直接改判某银行在李某清偿剩余债务后协助办理抵押解除手续，符合法律规定，也充分尊重并保护了某银行的意见和合法权益。

第二，某银行在二审改判的判决结果中并未担责。本案中，某银行直接进入二审程序，二审改判其“协助办理解除抵押手续”，并未要求某银行承担责任。[2] 某银行作为抵押权人，在担保债务得到足额清偿的情况下协助李某办理抵押解除手续是其应当履行的合同附随义务，不构成民诉法意义上的“承担责任”，即因违反了法定、约定义务或不当行使法律权利所产生的由行为人承担的不利后果。

第三，调解不成非因某银行所致。本案中，李某和徐某的房屋买卖合同真实合法，应当继续履行。因涉及房屋上的抵押贷款，故某银行申请加入二审诉讼。审理过程中，法院主持调解工作，由李某代徐某清偿贷款后，某银行解除对房屋的抵押，因徐某不同意，故未能达成一致意见。因此，调解不成系因房屋买卖的当事人徐某不同意，而非第三人某银行不同意。《最高人民法院关于适用〈中华人民共和国民事诉讼法〉的解释》第三百二十七条的主要目的在于保护直接进入二审程序的第三人的诉讼权益，即避免一审终审剥夺第三人的上诉权利。但本案中，调解方案未能达成一致系因卖房人徐某不同意所致，而徐某已经过两审程序，其诉讼权利不因直接改判而受损；直接改判的内容亦未损害某

〔1〕《中华人民共和国物权法》第一百九十一条第二款规定：“抵押期间，抵押人未经抵押权人同意，不得转让抵押财产，但受让人代为清偿债务消灭抵押权的除外。”

〔2〕《最高人民法院关于适用〈中华人民共和国民事诉讼法〉的解释》第一百五十条第一款规定：“人民法院调解民事案件，需由无独立请求权的第三人承担责任的，应当经其同意。”

银行的诉讼权利和实体权利,无须发回重审。

第四,发回重审增加当事人负担。本案中,各方当事人权利义务关系明确,某银行向法院申请进入二审程序,明确陈述了己方意见,直接改判并未损害当事人的实体权利和诉讼权利。如仅因卖房人徐某不同意调解而发回重审,增加当事人诉讼成本,也会造成诉讼拖延和司法资源的浪费。法院准许某银行进入二审程序一并处理相关问题,并无不妥。

(三)直接改判的注意事项

根据《物权法》第一百九十一条的规定可知,(卖房人)未经抵押权人(贷款银行)同意转让抵押房屋的行为有效的先决条件,是受让人(买房人)代为清偿债务从而消灭抵押权。因此,法院在判令银行协助办理抵押解除手续前,应当确保买受人有意愿、有能力代出卖人清偿剩余债务。司法实践中可通过要求买受人提供清偿能力证明、将需要代为清偿的剩余债务提前打入法院账户等抵押权人认可的方式,保护抵押权人的合法权益免受侵害。

裁判精要

在房屋买卖合同纠纷中,如果房屋上设有抵押,应当追加抵押权人作为第三人进入诉讼。一审应当追加而未追加,抵押权人申请进入二审程序,二审法院可以准许。抵押权人进入二审程序后,法院可以组织当事人进行调解。如果非因抵押权人的原因导致调解不成,且判决结果并未侵害抵押权人的合法权益,则二审法院可以直接改判。

本案主要涉及房屋买卖合同纠纷中一审应当追加抵押权人而未追加、抵押权人直接进入二审程序的法律适用,其要点在《民法典》颁布之后并无不同。

(编写人:万丽丽、仵霞)

图书在版编目(CIP)数据

房屋买卖案件疑难问题裁判精要 / 安凤德主编. --
北京 : 法律出版社, 2021
(民商事审判疑难问题裁判精要系列)
ISBN 978-7-5197-4180-8

Ⅰ. ①房… Ⅱ. ①安… Ⅲ. ①房屋纠纷-案例-中国
Ⅳ. ①D922.385

中国版本图书馆CIP数据核字(2020)第012728号

房屋买卖案件疑难问题裁判精要
FANGWU MAIMAI ANJIAN YI'NAN
WENTI CAIPAN JINGYAO

安凤德 主编

策划编辑 冯雨春 李沂蔚
责任编辑 李沂蔚
装帧设计 李 瞻

出版 法律出版社
总发行 中国法律图书有限公司
经销 新华书店
印刷 天津嘉恒印务有限公司
责任校对 杨锦华
责任印制 吕亚莉

编辑统筹 法律应用出版分社
开本 710毫米×1000毫米 1/16
印张 14.5
字数 213千
版本 2021年1月第1版
印次 2021年1月第1次印刷

法律出版社/北京市丰台区莲花池西里7号(100073)
网址/www.lawpress.com.cn
投稿邮箱/info@lawpress.com.cn
举报维权邮箱/jbwq@lawpress.com.cn
销售热线/400-660-8393
咨询电话/010-63939796

中国法律图书有限公司/北京市丰台区莲花池西里7号(100073)
全国各地中法图分、子公司销售电话:
统一销售客服/400-660-8393/6393
第一法律书店/010-83938432/8433
西安分公司/029-85330678
重庆分公司/023-67453036
上海分公司/021-62071639/1636
深圳分公司/0755-83072995

书号:ISBN 978-7-5197-4180-8
定价:58.00元
(如有缺页或倒装,中国法律图书有限公司负责退换)